安徽省高水平高职教材建设项目成果

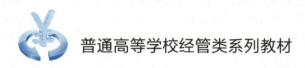
普通高等学校经管类系列教材

财务管理实务

主　编　李凌寒
副主编　陈　鹏
编写人员　凤　艳　叶凤仙　计媛媛　董金凤
　　　　　姚　芳　李仙绒　刘瑞芸

中国科学技术大学出版社

内 容 简 介

本书依据最新财税法规和理论,按不同企业类型确定项目,包括财务管理认知、财务管理的价值观念、筹资决策、资本成本和资本结构、项目投资决策、证券投资管理、营运资金管理、利润分配管理、财务分析与评价。各任务由真实中小企业的案例导入,并在知识准备中系统地进行理论讲解,针对导入案例提出实务要求,进行实务解析,开展想一想和实战训练等,并针对性地提出术语解析和特别提示。本书适合作为高等职业院校相关专业教材,也可供相关财务类从业人员参考。

图书在版编目(CIP)数据

财务管理实务/李凌寒主编. —合肥:中国科学技术大学出版社,2024.1
ISBN 978-7-312-05718-2

Ⅰ. 财⋯ Ⅱ. 李⋯ Ⅲ. 财务管理 Ⅳ. F275

中国国家版本馆 CIP 数据核字(2023)第 130968 号

财务管理实务
CAIWU GUANLI SHIWU

出版	中国科学技术大学出版社
	安徽省合肥市金寨路96号,230026
	http://press.ustc.edu.cn
	https://zgkxjsdxcbs.tmall.com
印刷	安徽国文彩印有限公司
发行	中国科学技术大学出版社
开本	787 mm×1092 mm 1/16
印张	14
字数	355 千
版次	2024 年 1 月第 1 版
印次	2024 年 1 月第 1 次印刷
定价	49.00 元

前　言

职业教育前途广阔，大有可为。党的二十大报告中强调，必须坚持科技是第一生产力、人才是第一资源、创新是第一动力，深入实施科教兴国战略、人才强国战略、创新驱动发展战略，开辟发展新领域、新赛道，不断塑造发展新动能、新优势。

为落实立德树人的根本任务，教材将职业道德、岗位规范、安全责任等内容要素融入进来，培育和传承财会人员工匠精神，引导学生养成严谨专注、敬业专业、精益求精和追求卓越的品质。财务管理实务是财务类专业的核心课程之一，也是经济管理类专业必修课程。随着数字经济的发展和企业财务工作的转型和重新定位，以管理资金运动为核心、以提升创造财务价值为目标的财务管理活动越来越重要。在财会类专业教学中，完善课程体系，强化财务管理课程学习显得尤为重要。

近年来，随着高等职业教育发展的变化，不断推进教学改革已深入人心。作为提高教育教学质量、提升教学效果的项目化教学已成为职业教育教学方法改革的主要方向之一。就"财务管理"课程而言，一方面要顺应财务管理岗位对人员能力和知识结构要求的变化重新构建教学内容体系；另一方面要针对教学对象的特点强化实务教学，深化项目导向、任务驱动的教学方法改革；同时，教学基本条件改善和教师能力提升也为进一步实施教学方法改革提供了有利条件；基于以上背景，我们在对相关院校的"财务管理"课程教学、改革情况和效果进行深入分析研究的基础上，吸收具有"双师"素质的高职高专教师和具有丰富实践经验的一线财务专家参与教材的规划和调研工作，努力适应新形势下财务管理工作岗位的能力和知识要求，采用项目导向、任务驱动的模式，重新构建知识和技能体系，编写了本教材。

该教材基于财务管理工作过程和基本工作任务，以及财务管理岗位对能力、知识及素质的要求进行选择组合，以"筹资、投资、资金营运及资金分配"四大核心任务为重点，以真实案例为载体，使学生学完本课程后，能快速掌握财务管理的基础技能。

本教材力求突破现有教材的框架结构，体现高职教育时代特征，主要特色有：

（1）体现财务管理岗位需求的项目化构建。从企业资金运动管理的各岗位要求出发，合理构建内容体系，突出"职业性"教育的特征。

（2）企业财务管理全过程的案例设计，教材选择一个典型现代公司的一个财务管理过程为背景，设置教学案例，组成全书的贯穿式教学案例，将理论知识学习与职业岗位及工作过程结合起来，使学生将知识和能力的积累与工作过程中的行动结合起来，从而实

(3) 注重学生职业发展的要求,注重财务管理基础知识的生成和融合,在教师"教"和学生"学"的过程中,通过对显性技能学习的总结和领会,实现对隐性理论知识的生成和构建。保证学生的职业发展需要,体现了职业教育与终身学习的对接。

(4) 教学资源建设。强化学生任务训练,每个项目后都配备了大量案例实务,满足学生学习和教师的教学需要。

本书由合肥财经职业学院正高级会计师、会计学教授李凌寒担任主编,对教材的编写理念、编写体系和标准进行全面规划和设计;由合肥财经职业学院副教授陈鹏担任副主编。本书在编写过程中得到了宣城职业技术学院、中国科学技术大学出版社的大力支持,在此表示感谢。本书具体编写分工为:叶凤仙编写项目一、项目二;陈鹏编写项目三;凤艳编写项目四;计媛媛编写项目五;董金凤编写项目六;姚芳编写项目七;李仙绒编写项目八;刘瑞芸编写项目九。全书由李凌寒统稿校核。

本教材是安徽省高水平高职教材建设项目的成果。

随着数字经济的发展和大数据的运用,财务管理岗位内容也在不断发展,对复合型人才的知识、素质、能力要求也在不断提高,财务管理教学资源要想完全满足实际工作岗位需求还有待进一步完善和补充;职业教育教学方法、手段也须不断更新和改进。因此,本教材难免有不妥之处,敬请各位读者批评指正。

编 者

目　　录

前言 …………………………………………………………………………………（ⅰ）

项目一　财务管理认知 ………………………………………………………（1）

任务一　财务管理基本概念 …………………………………………………（2）
一、资金运动及形式 ……………………………………………………（2）
二、财务活动与财务关系 ………………………………………………（3）
三、财务管理的内容 ……………………………………………………（4）

任务二　财务管理目标 ………………………………………………………（6）
一、企业财务管理目标的选择 …………………………………………（6）
二、不同利益主体财务管理目标的矛盾与协调 ………………………（7）

任务三　财务管理工作环节 …………………………………………………（9）
一、财务预测 ……………………………………………………………（9）
二、财务决策 ……………………………………………………………（9）
三、财务预算 ……………………………………………………………（9）
四、财务控制 ……………………………………………………………（10）
五、财务分析 ……………………………………………………………（10）

任务四　财务管理环境 ………………………………………………………（10）
一、法律环境 ……………………………………………………………（10）
二、经济环境 ……………………………………………………………（11）
三、金融市场环境 ………………………………………………………（12）

项目二　财务管理的价值观念 ………………………………………………（18）

任务一　资金的时间价值 ……………………………………………………（19）
一、资金时间价值的含义 ………………………………………………（19）
二、一次性收付款项的终值和现值 ……………………………………（19）
三、年金的终值和现值（非一次性收付款项的终值和现值） …………（22）

任务二　风险价值 ……………………………………………………………（28）
一、风险的含义 …………………………………………………………（28）
二、风险的类型 …………………………………………………………（29）
三、风险和报酬 …………………………………………………………（29）
四、风险衡量 ……………………………………………………………（30）

任务三　价值评估的基本模型 ………………………………………………（33）
一、概念 …………………………………………………………………（33）
二、类型 …………………………………………………………………（33）

项目三　筹资决策 ·· (37)
任务一　企业筹资概述 ·· (37)
一、企业筹资的概念 ·· (37)
二、企业筹资的来源 ·· (38)
三、企业筹资的方式 ·· (38)
四、筹资的基本原则 ·· (38)
五、企业资金需要量预测 ·· (39)
任务二　权益资金筹集 ·· (40)
一、吸收直接投资 ·· (40)
二、发行股票 ··· (42)
三、留存收益 ··· (44)
任务三　负债资金的筹集 ··· (44)
一、银行借款 ··· (44)
二、发行债券 ··· (46)
三、融资租赁 ··· (49)
四、商业信用 ··· (53)

项目四　资本成本和资本结构 ··· (59)
任务一　资本成本及计算 ··· (59)
一、资本成本的概念 ·· (59)
二、个别资本成本 ·· (60)
三、综合资本成本 ·· (62)
四、边际资本成本 ·· (63)
任务二　杠杆原理 ··· (65)
一、经营杠杆 ··· (65)
二、财务杠杆 ··· (66)
三、综合杠杆 ··· (68)
任务三　资本结构及其优化 ·· (69)
一、资本结构的概念 ·· (69)
二、资本结构的优化 ·· (69)

项目五　项目投资决策 ·· (77)
任务一　项目投资决策的相关概念 ··· (78)
一、项目投资的含义与类型 ··· (78)
二、项目投资的程序 ·· (78)
三、现金流量 ··· (79)
四、确定现金流量时应考虑的问题 ·· (81)
任务二　项目投资决策评价指标与应用 ··· (83)
一、非贴现指标 ··· (83)
二、贴现指标 ··· (85)

三、项目投资决策评价指标的应用 …………………………………………（90）
　任务三　所得税与折旧对项目投资的影响 ……………………………………（96）
　　一、考虑所得税与折旧因素的现金流量 ………………………………………（96）
　　二、举例 …………………………………………………………………………（97）
　任务四　投资风险分析 …………………………………………………………（101）
　　一、风险调整贴现率法 …………………………………………………………（101）
　　二、肯定当量法 …………………………………………………………………（105）

项目六　证券投资管理 ………………………………………………………………（113）
　任务一　证券投资相关知识 ……………………………………………………（113）
　　一、证券投资的含义 ……………………………………………………………（113）
　　二、企业证券投资的目的 ………………………………………………………（113）
　　三、证券投资的种类 ……………………………………………………………（114）
　　四、证券投资的特征 ……………………………………………………………（114）
　任务二　股票投资决策 …………………………………………………………（115）
　　一、股票投资的含义 ……………………………………………………………（115）
　　二、股票投资的类型 ……………………………………………………………（115）
　　三、股票投资的优缺点 …………………………………………………………（116）
　　四、股票投资的收益评价 ………………………………………………………（117）
　任务三　证券投资决策 …………………………………………………………（119）
　　一、债券投资的含义 ……………………………………………………………（119）
　　二、债券投资的种类 ……………………………………………………………（120）
　　三、债券投资的收益评价 ………………………………………………………（120）
　任务四　证券投资的风险与组合 ………………………………………………（124）
　　一、证券投资风险 ………………………………………………………………（124）
　　二、单一证券投资风险的衡量 …………………………………………………（125）
　　三、证券投资组合 ………………………………………………………………（127）

项目七　营运资金管理 ………………………………………………………………（135）
　任务一　营运资金概述 …………………………………………………………（136）
　　一、营运资金的概念 ……………………………………………………………（136）
　　二、营运资金的特点 ……………………………………………………………（136）
　　三、营运资金的管理原则与基本要求 …………………………………………（137）
　任务二　现金管理 ………………………………………………………………（138）
　　一、企业置存现金的原因和成本 ………………………………………………（138）
　　二、最佳货币资金持有量分析 …………………………………………………（139）
　　三、现金的日常管理 ……………………………………………………………（142）
　任务三　应收账款的管理 ………………………………………………………（143）
　　一、应收账款管理的目标与内容 ………………………………………………（143）
　　二、应收账款的功能与成本 ……………………………………………………（144）

  三、信用政策 …………………………………………………………… (145)
  四、应收账款的日常管理 ………………………………………………… (146)
 任务四　存货管理 …………………………………………………………… (147)
  一、存货功能与成本 ……………………………………………………… (148)
  二、存货控制的方法 ……………………………………………………… (149)

项目八　利润分配管理 …………………………………………………… (156)
 任务一　利润分配认知 ……………………………………………………… (157)
  一、利润分配基本原则 …………………………………………………… (157)
  二、利润分配的一般程序 ………………………………………………… (158)
 任务二　股利理论与股利政策 ……………………………………………… (160)
  一、股利理论 ……………………………………………………………… (160)
  二、股利政策的类型 ……………………………………………………… (163)
  三、影响股利分配的因素 ………………………………………………… (166)
 任务三　股利的种类、支付程序与分配方案 ……………………………… (168)
  一、股利的种类 …………………………………………………………… (168)
  二、股利支付程序 ………………………………………………………… (170)
  三、股利分配方案 ………………………………………………………… (170)

项目九　财务分析与评价 ………………………………………………… (176)
 任务一　财务分析与评价概述 ……………………………………………… (177)
  一、财务分析的概念及作用 ……………………………………………… (177)
  二、财务分析的目的 ……………………………………………………… (177)
  三、财务分析的内容 ……………………………………………………… (178)
 任务二　财务分析的方法 …………………………………………………… (179)
  一、比较分析法 …………………………………………………………… (179)
  二、比率分析法 …………………………………………………………… (181)
  三、因素分析法 …………………………………………………………… (181)
  四、趋势分析法 …………………………………………………………… (184)
 任务三　财务指标分析 ……………………………………………………… (185)
  一、偿债能力分析 ………………………………………………………… (185)
  二、营运能力分析 ………………………………………………………… (190)
  三、盈利能力分析 ………………………………………………………… (193)
  四、现金流量分析 ………………………………………………………… (195)
 任务四　财务综合分析 ……………………………………………………… (197)
  一、财务综合分析概述 …………………………………………………… (197)
  二、财务综合分析的方法 ………………………………………………… (198)

附表 …………………………………………………………………………… (206)

参考文献 ……………………………………………………………………… (214)

项目一　财务管理认知

【知识目标】
1. 掌握财务关系及财务管理的基本内容。
2. 理解财务管理的基本概念。
3. 了解财务管理工作环节和财务管理环境。

【能力目标】
1. 能科学表达财务管理的目标。
2. 能理解财务管理的工作内容。

兰陵借壳上市

山东环宇股份有限公司自1992年上市以来虽逐年有盈利,但呈下滑趋势,到1997年中期已亏损441万元,公司面临破产,而与环宇同处一地的兰陵集团发展呈现一片大好形势,经济效益连续6年居中国500家最大工业企业之列,并连续6年居山东省同行业第一。为谋求更大发展,吸收更多、更广泛的股份融资上市,并考虑到不浪费资质资源,避免花费巨额上市费用,在当地政府的积极撮合下,兰陵集团借环宇公司上市成功。

下面分析兰陵借壳上市的必要条件:
(1) 谋求更大发展,吸收更多、更广泛的融资,提高知名度。
(2) 资质资源的存在,作为上市公司的山东环宇股份有限公司自1992年上市以来虽说有盈利,但到1997年中期已有441万元亏损,有面临破产的趋势,为兰陵集团提供了宝贵的资质资源。
(3) 直接上市会产生巨额费用,上市对公司的条件要求严苛。
(4) 当地政府的积极撮合。

借壳上市的优势有:
(1) 节约巨额上市费用,为公司提供了更多流动资金。
(2) 与直接上市相比,借壳上市同样达到了上市的目的——提高企业知名度,吸收更多股份投资。

(3) 保证了资质资源的不浪费,使面临破产的企业有了更广泛的途径。

思考:从案例中我们可以得到什么启示?

任务一 财务管理基本概念

任何企业的生产经营活动,都是运用人力、资金、物资与信息等各项生产经营要素来进行的,其中包含了生产经营的业务活动和财务活动两个方面。与之对应,在企业中必然存在两种基本管理活动,即生产经营管理和财务管理。企业财务是指企业生产经营过程中的资金运动及其所体现的财务关系,财务管理是组织企业财务活动、处理财务关系的一项经济管理工作。理解企业财务管理的基本概念,还必须了解资金运动、财务活动及财务关系等相关概念。

一、资金运动及形式

资金是企业生产经营过程中商品价值的货币表现,其实质是再生产过程中运动着的价值。资金运动是指企业实物商品运动和金融商品运动过程中的价值运动。具体表现为两种形式:

(一) 实物商品资金运动

企业再生产过程是实物商品使用价值的生产和交换与价值的形成和实现过程的统一。实物商品经过采购、生产和销售三个基本环节,既表现为其使用价值的实现过程,又表现为实物商品的价值运动过程。这种价值运动过程可以图示为

$$G\text{——}W {<}_{P_m}^{A} \text{——} P \text{——} W' \text{——} G'$$

随着实物商品的采购、生产和销售的进行,货币资金(G)依次转化为商品资金(W 表现为一定数量的劳动力 A 和生产资料 P_m)、生产资金(P)、产成品资金(W')和更多的货币资金(G')。资金运动的结果实现了资金的增值性要求。

(二) 金融商品资金运动

金融商品是指在金融市场反复买卖,并有市场价格的各种有价证券(如股票、债券等)。企业进行的各种金融商品投资或买卖活动可以图示为

$$G\text{——}G^w\text{——}G'$$

随着金融商品买卖的进行,货币资金(G)依次转化为金融商品资金(G^w)和更多的货币资金(G')。

如果企业利用发行股票或债券筹集资金以及之后的偿付资金(如回购股票、支付股利、还本付息),完整的实物商品资金运动可以图示为

$$G^w \longrightarrow G \longrightarrow W {<}_{P_m}^{A} \longrightarrow P \longrightarrow W' \longrightarrow G' \longrightarrow G^w$$

G^w——G是实物商品运动的前提,称为筹资活动;实物商品运动称为广义的投资活动;G'——G^w是实物运动的结果,称为偿付筹资活动。

二、财务活动与财务关系

(一) 财务活动

如前所述,企业资金运动过程是资金形态的不断转化及其增值过程,这一过程是通过一系列的财务活动实现的。所谓财务活动是指资金的筹集、运用、耗资、收回及分配等一系列行为。其中资金的运用、耗资、收回又称为投资。资金运动和财务活动对应关系如下所示:

$$G^w \longrightarrow G \longrightarrow W {<}_{P_m}^{A} \longrightarrow P \longrightarrow W' \longrightarrow G' \longrightarrow G^w$$

其中,筹资活动是资金运动的前提,投资活动是资金运动的关键,分配活动是作为投资成果进行的,体现了企业投资与筹资的目标要求。

(二) 财务关系

企业的财务活动是以企业为主体进行的,企业作为法人在组织财务活动过程中,必然与企业内外部有关各方发生广泛的经济利益关系,这就是企业的财务关系。企业的财务关系可概括为以下几个方面:

1. 企业与国家行政管理者之间的财务关系

作为行政管理者,政府担负着维护社会正常的秩序、保卫国家安全、组织和管理社会活动等任务。政府为完成这一任务,必然无偿参与企业利润的分配。企业则必然按照国家税法规定缴纳各种税款,包括所得税、流转税和计入成本的税金。这种关系体现为一种强制和无偿的分配关系。

2. 企业与投资者之间的财务关系

主要是指企业的所有者向企业投入资本形成的所有权关系。企业的所有者主要有国家、个人和法人单位,具体表现为独资、控股和参股关系。企业作为独立的经营实体,独立经营,自负盈亏,实现所有者资本的保值与增值。所有者以出资人的身份,参与企业税后利润的分配,体现为所有权性质的投资与受资的关系。

3. 企业与债权人之间的财务关系

主要是指债权人向企业贷放资金,企业按借款合同的规定按时支付利息和归还本金所形成的经济关系。企业的债权人主要有金融机构、企业和个人。企业除利用权益资金进行经营活动外,还要借入一定数量的资金,以便扩大企业经营规模,降低资金成本。企业同债权人的财务关系在性质上属于债务与债权关系。在这种关系中,债权人不像资本投资者那样有权直接参与企业经营管理,对企业的重大活动不享有表决权,也不参与剩余收益的分配，但在企业破产清算时享有优先求偿权。因此，债权人投资的风险相对较小，收益也较低。

4. 企业与受资者之间的财务关系

主要是指企业以购买股票或直接投资的形式向其他企业投资所形成的经济关系。随着市场经济的不断深入发展，企业经营规模和经营范围的不断扩大，这种关系将会越来越广泛。企业与受资方的财务关系体现为所有权性质的投资与受资的关系。企业向其他单位投资，依其出资额，可形成独资、控股和参股关系，并根据其出资份额参与受资方的重大决策和利润分配。企业投资的最终目的是取得收益，但预期收益能否实现，也存在一定的投资风险。投资风险大，则要求的收益高。

5. 企业与债务人之间的财务关系

主要是指企业将资金购买债券、提供借款或商业信用等形式出借给其他单位所形成的经济关系。企业将资金借出后，有权要求其债务人按约定的条件支付利息和归还本金。企业同其他债务人的关系体现为债权与债务关系。企业在提供信用的过程中，一方面会产生直接的信用收入，另一方面也会发生相应的机会成本和坏账损失的风险，企业必须考虑两者的对称性。

6. 企业内部各单位之间的财务关系

主要是指企业内部各单位之间在生产经营各环节中相互提供产品或劳务所形成的经济关系。企业内部在实行责任预算与责任考核和评价的情况下，企业内部各责任中心之间相互提供产品与劳务时，应以内部转移价格进行核算。这种在企业内部形成的资金结算关系，体现了企业内部各单位之间的利益均衡关系。

7. 企业与职工之间的财务关系

主要是指企业向职工支付劳动报酬过程中所形成的经济关系。职工是企业的劳动者，他们以自身提供的劳动作为参加企业分配的依据。企业根据职工的劳动情况，向其支付工资、津贴和奖金，并按规定提取公益金等，这体现着职工个人和集体在劳动成果上的分配关系。

三、财务管理的内容

根据以上分析，财务管理是基于企业再生产过程中客观存在的财务活动和财务关系而产生的，是企业组织财务活动、处理与各方面财务关系的一项经济管理工作。企业筹资、投资和利润分配构成了完整的企业财务活动，与此相对应，企业筹资管理、投资管理和利润分配管理便成为企业财务管理的基本内容。

（一）筹资管理

筹资管理是企业财务管理的首要环节，是企业投资活动的基础。事实上，在企业发展过程中，筹资及筹资管理是贯穿始终的。无论是在企业创立之时，还是在企业成长过程中追求规模扩张，甚至在日常经营周转过程中，都可能需要筹措资金。可见筹资是指企业为了满足投资和用资的需要，筹措和集中所需资金的过程。在筹资过程中，企业一方面要确定筹资的总规模，以保证投资所需要的资金；另一方面要选择筹资方式，降低筹资的代价和筹资风险。

企业的资金来源按产权关系可以分为权益资金和负债资金。一般来说，企业完全通过权益资金筹资是不明智的,不能得到负债经营的好处,但负债的比例大则风险也大,企业随时可能陷入财务危机。因此,筹资决策的一个重要内容是确定最佳的资本结构。

企业资金来源按使用的期限可分为长期资金和短期资金,长期资金和短期资金的筹资速度、筹资成本、筹资风险以及借款时企业受到的限制不同。因此,筹资决策要解决的另一个重要内容是安排长期资金与短期资金的比例关系。

(二) 投资管理

投资是指企业对资金的运用,是企业为了获得收益或避免风险而进行的资金投放活动。在投资过程中,企业必须考虑投资规模;同时,企业还必须通过投资方向和投资方式的选择,确定合理的投资结构,提高投资效益,降低投资风险。投资是企业财务管理的重要环节,投资决策的失败,对企业未来经营成败具有根本性影响。

投资按其方式,可分为直接投资和间接投资。直接投资是指将资金投放在生产经营性资产上,以便获得利润的投资,如购买设备、兴建厂房、开办商店等。间接投资又称证券投资,是指将资金投放在金融商品上,以便获得利息或股利收入的投资,如购买政府债券、企业债券和企业股票等。

按投资影响的期限长短,可分为长期投资和短期投资。长期投资是指其影响超过一年以上的投资,如固定资产投资和长期证券投资,又称资本性投资。短期投资是指其影响和回收期限在一年以内的投资,如应收账款、存货和短期证券投资,短期投资又称流动资产投资或营运资金投资。长期投资涉及的时间长、风险大,直接决定着企业的生存和发展,因此,在决策分析时更重视资金的时间价值和投资风险价值。

按其投资的范围,可分为对内投资和对外投资。对内投资是对企业自身生产经营活动的投资,如购置流动资产、固定资产、无形资产等。对外投资是以企业合法资产对其他单位或金融资产进行投资,如企业与其他企业联营,购买其他企业的股票、债券等。

(三) 利润(股利)分配管理

企业通过投资必然会取得收入,获得资金的增值。分配总是作为投资的结果而出现的,它是对投资成果的分配,投资成果表现为取得各种收入,并在扣除各种成本费用后获得利润,所以广义地说,分配是指对投资收入(如销售收入)和利润进行分割和分派的过程,而狭义的分配仅指对利润的分配。利润(股利)分配管理就是要解决在交纳所得税后企业获得的税后利润中,有多少分配给投资者,有多少留在企业作为再投资之用。如果利润发放过多,会影响企业再投资能力,使未来收益减少,不利于企业长期发展;如果利润分配过少,可能引起投资者不满。因此,利润(股利)决策的关键是确定利润(股利)的支付率。影响企业股利决策的因素很多,企业必须根据情况制定出企业的最佳利润(股利)政策。

任务二　财务管理目标

一、企业财务管理目标的选择

任何管理都是有目的的行为,财务管理也不例外,财务管理目标是企业财务管理工作尤其是财务决策所依据的最高准则,是企业财务活动所要达到的最终目标。

目前,人们对财务管理目标的认识尚未统一,主要有三种观点:利润最大化、资本利润率(每股利润)最大化和企业价值最大化。

(一)利润最大化

这种观点认为,利润代表了企业新创造的财富,利润越多,则说明企业的财富增加越多,越接近企业的目标。

这种观点的缺陷是:

(1)利润最大化是一个绝对指标,没有考虑企业的投入与产出之间的关系,难以在不同资本规模的企业或同一企业的不同期间进行比较。

(2)没有区分不同时期的收益,没有考虑资金的时间价值。投资项目收益现值的大小,不仅取决于其收益将来值总额的大小,还要受取得收益时间的制约。因为早取得收益,就能早进行再投资,进而早获得新的收益,利润最大化目标则忽视了这一点。

(3)没有考虑风险问题。一般而言,收益越高,风险越大。追求最大利润,有时会增加企业风险,但利润最大化的目标不考虑企业风险的大小。

(4)利润最大化可能会使企业财务决策带有短期行为,即片面追求利润的增加,而不考虑企业长远的发展。

(二)资本利润率(每股利润)最大化

这种观点认为,应该把企业利润与投入的资本相联系,用资本利润率(每股利润)概括企业财务管理目标。其观点本身概念明确,将企业实现的利润与投入的资本或股本进行对比,可以在不同资本规模的企业或期间进行对比,揭示其盈利水平的差异。但是这种观点仍然存在两个问题:一是没有考虑资金的时间价值;二是没有考虑风险问题。

(三)企业价值最大化

投资者建立企业的重要目的在于创造尽可能多的财富。这种财富首先表现为企业的价值。企业价值的大小取决于企业全部财产的市场价值和企业潜在或预期获利能力。这种观点认为:企业价值最大化可以通过企业的合理经营,采用最优的财务决策,充分考虑资金的时间价值和风险与报酬的关系,在保证企业长期稳定发展的基础上,使企业总价值达到最大。这是现代西方财务管理理论普遍公认的财务目标,被认为是衡量企业财务行为和财务决策的合理标准。

对于股份制企业，企业价值最大化可表述为股东财富最大化。对于上市的股份公司，股东财富最大化可用股票市价最大化来代替。股票市价是企业经营状况及业绩水平的动态描述，代表了投资大众对公司价值的客观评价。股票价格是由公司未来的收益和风险决定的，其股价的高低，不仅反映了资本和获利之间的关系，而且体现了预期每股收益的大小、取得的时间、所冒的风险以及企业股利政策等诸多因素的影响。企业追求市场价值最大化，有利于避免企业在追求利润上的短期行为，因为不仅目前的利润会影响企业的价值，未来的预期利润对企业价值的影响所起的作用更大。

企业是一个通过一系列合同或契约关系将各种利益主体联系在一起的组织形式。企业应将长期稳定发展摆在首位，强调在企业价值增长中满足企业相关各利益主体的利益。企业只有通过维护与企业相关者的利益，承担起应有的社会责任（如保护消费者利益、保护环境、支持社会公众活动等），才能更好地实现企业价值最大化这一财务管理目标。

由于企业价值最大化是一个抽象的目标，在运用时也存在一些缺陷：

（1）非上市企业的价值确定难度较大。虽然通过专门评价（如资产评估）可以确定其价值，但评估过程受评估标准和评估方式的影响使估价不易实现客观和标准化，从而影响企业价值的准确与客观性。

（2）股票价格的变动除受企业经营因素影响外，还要受到其他企业无法控制的因素影响。

二、不同利益主体财务管理目标的矛盾与协调

企业从事财务管理活动，必然发生企业与各个方面的经济利益关系，在企业财务关系中最为重要的关系是所有者、经营者与债权人之间的关系。企业必须处理、协调好这三者之间的矛盾与利益关系。

（一）所有者与经营者的矛盾与协调

企业是所有者的企业，企业价值最大化代表了所有者的利益。现代公司制企业所有权与经营权完全分离，经营者不持有公司股票或持部分股票，其经营的积极性就会降低，因为经营者拼命工作所得不能全部归自己所有。此时他会选择干得轻松点，不愿意为提高股价而冒险，并想方设法用企业的钱为自己谋福利，如坐豪华轿车、享受奢侈的出差旅行等，因为这些开支可计入企业成本，由全体股东分担；甚至蓄意压低股票价格，以自己的名义借款买回，导致股东财富受损，自己从中渔利。由于两者行为目标不同，必然导致经营者利益最大化和股东财富最大化的冲突，即经理个人利益最大化和股东财富最大化的矛盾。

为了协调所有者与经营者的矛盾，防止经理背离股东目标，一般有两种方法：

（1）监督。经理背离股东目标的条件是双方的信息不一致。经理掌握企业实际的经营控制权，对企业财务信息的掌握远远多于股东。为了协调这种矛盾，股东除要求经营者定期公布财务报表外，还应尽量获取更多信息，对经理进行必要的监督。但监督只能减少经理违背股东意愿的行为，因为股东是分散的，得不到充分的信息，全面监督实际上做不到，同时也会受到合理成本的制约。

(2) 激励。是指将经理的管理绩效与经理所得的报酬联系起来,使经理分享企业增加的财富,鼓励他们自觉采取符合股东目标的行为。如允许经理在未来某个时期以约定的固定价格购买一定数量的公司股票。股票价格提高后,经理自然获取股票涨价收益;或以每股收益、资产报酬率、净资产收益率以及资产流动性指标等对经理的绩效进行考核,以其增长率为标准,给经理以现金、股票奖励。但激励作用与激励成本相关,报酬太低,不起激励作用;报酬太高,又会加大股东的激励成本,减少股东自身利益。可见,激励也只能减少经理违背股东意愿的行为,不能解决全部问题。

通常情况下,企业采用监督和激励相结合的办法使经理的目标与企业目标协调起来,力求使监督成本、激励成本和经理背离股东目标的损失之和最小。

除了企业自身的努力外,由于外部市场竞争的作用,也促使经理把公司股票价格最高化作为经营的首要目标。主要表现在:

1. 经理人才市场评价

经理人才作为一种人力资源,其价值是由市场决定的。来自资本市场的信息反映了经理的经营绩效,公司股价高,说明经理经营有方,股东财富增加,同时经理在人才市场上的价值也高,聘用他的公司会向他付出高报酬。此时经理追求利益最大化的愿望便与股东财富最大化的目标一致。

2. 经理被解聘的威胁

现代公司股权的分散使个别股东很难通过投票表决来撤换不称职的总经理。同时由于经理被授予了很大的权力,他们实际上控制了公司。股东即使看到他们经营企业不力、业绩欠佳也无能为力。进入20世纪80年代以来,许多大公司为机构投资者控股,养老基金、共同基金和保险公司在大企业中占的股份足以使他们有能力解聘总经理。高级经理被解聘的威胁会动摇他们稳固的地位,从而促使他们不断创新、努力经营,为股东的利益最大化服务。

3. 公司被兼并的威胁

当公司经理经营不力或决策错误,导致股票价格下降到应有的水平时,就会有被其他公司兼并的危险。被兼并公司的经理在合并公司的地位一般都会下降或被解雇,这对经理利益的损害是很大的,因此经理人员为保住自己的地位和已有的权力,会竭尽全力使公司的股价最高化,这和股东利益是一致的。

(二) 所有者与债权人的矛盾与协调

企业的资本来自股东和债权人。债权人的投资回报是固定的,而股东收益随企业经营效益而变化。当企业经营得好时,债权人所得的固定利息只是企业收益中的一小部分,大部分利润归股东所有;当企业经营状况差、陷入财务困境时,债权人承担了资本无法追回的风险。这就使得所有者的财务目标与债权人希望实现的目标可能发生矛盾。首先,所有者可能未经债权人同意,要求经营者投资比债权人预计风险要高的项目,这会增加负债的风险。若高风险的项目一旦成功,额外利润就会被所有者独享,但若失败,债权人却要与所有者共同负担由此而造成的损失,这对债权人来说风险与收益是不对称的。其次,所有者或股东未征得现有债权人同意,而要求经营者发行新债券或借新债,这增大了企业破产风险,致使旧债券或老债券的价值降低,侵犯了债权人的利益。因此,在企业财务拮据时,所有者和债权人之间的利益冲突会加剧。

上述所有者与债权人的矛盾,一般通过以下方式解决:

(1)限制性借款。它是通过对借款的用途限制、借款的担保条款和借款的信用条件来防止和迫使股东不能利用上述两种方法剥夺债权人的债权价值。

(2)收回借款,不再借款。当债权人发现公司有侵蚀其债权价值的意图时,采取收回债权和不给予公司重新放款的措施,从而保护自身的权益。

除债权人外,与企业经营者有关的各方都与企业有合同关系,都存在着利益冲突和限制条款。企业经营者若侵犯职工、客户、供应商和所在社区的利益,都将影响企业目标的实现。所以说企业是在一系列限制条件下实现价值最大化的。

任务三 财务管理工作环节

财务管理工作环节是指财务管理的工作步骤和一般程序。企业财务管理一般包括以下几个环节。

一、财务预测

财务预测是企业根据财务活动的历史资料(如财务分析),考虑现实条件与要求,运用特定方法对企业未来的财务活动和财务成果作出科学的预计或测算。财务预测是进行财务决策的基础,是编制财务预算的前提。

财务预测所采用的方法主要有两种:一是定性预测,是指在企业缺乏完整的历史资料或有关变量之间不存在较为明显的数量关系下,专业人员进行的主观判断与推测。二是定量预测,是指企业根据比较完备的资料,运用数学方法,建立数学模型,对事物的未来进行的预测。实际工作中,通常将两者结合起来进行财务预测。

二、财务决策

决策即决定。财务决策是企业财务人员按照企业财务管理目标,利用专门方法对各种备选方案进行比较分析,并从中选出最优方案的过程。它不是拍板决定的瞬间行为,而是提出问题、分析问题和解决问题的全过程。正确的决策可使企业起死回生,错误的决策可导致企业毁于一旦,所以财务决策是企业财务管理的核心,其成功与否直接关系到企业的兴衰成败。

三、财务预算

财务预算是指企业运用科学的技术手段和数量方法,对未来财务活动的内容及指标进行综合平衡与协调的具体规划。财务预算是以财务决策确立的方案和财务预测提供的信息为基础编制的,是财务预测和财务决策的具体化,是财务控制和财务分析的依据,贯穿企业财务活动的全过程。

四、财务控制

财务控制是在财务管理过程中,利用有关信息和特定手段,对企业财务活动所施加的影响和进行的调节。实行财务控制是落实财务预算、保证预算实现的有效措施,也是责任绩效考评与奖惩的重要依据。

五、财务分析

财务分析是一项根据企业核算资料,运用特定方法对企业财务活动过程及其结果进行分析和评价的工作。财务分析既是本期财务活动的总结,也是下期财务预测的前提,具有承上启下的作用。通过财务分析,可以掌握企业财务预算的完成情况,评价财务状况,研究和掌握企业财务活动的规律,提高企业财务管理水平。

任务四　财务管理环境

财务管理环境是指对企业财务活动和财务管理产生影响作用的企业内外部的各种条件。通过环境分析,提高企业财务行为对环境的适应能力、应变能力和利用能力,以便更好地实现企业财务管理目标。

企业财务管理环境按其存在的空间,可分为内部财务环境和外部财务环境。内部财务环境的主要内容包括企业资本实力、生产技术条件、经营管理水平和决策者的素质四个方面。内部财务环境存在于企业内部,是企业可以从总体上采取一定的措施加以控制和改变的因素。而外部财务环境由于存在于企业外部,它们对企业财务行为的影响无论是有形的硬环境还是无形的软环境,企业都难以控制和改变,更多的是适应和因势利导。因此本任务主要介绍外部财务环境。影响企业外部财务环境有各种因素,主要有法律环境、经济环境和金融市场环境等因素。

一、法律环境

财务管理的法律环境是指企业和外部发生经济关系时所应遵守的各种法律、法规和规章。市场经济是一种法治经济,企业的一切经济活动总是在一定法律规范范围内进行的。一方面,法律提出了企业从事一切经济业务所必须遵守的规范,从而对企业的经济行为进行约束;另一方面,法律也为企业合法从事各项经济活动提供了保护。企业财务管理中应遵循的法律、法规主要包括:

（一）企业组织法

企业是市场经济的主体，不同组织形式的企业适用的法律不同。按照国际惯例，企业划分为独资企业、合伙企业和公司制企业，各国均有相应的法律来规范这三类企业的行为。因此，不同组织形式的企业在进行财务管理时，必须熟悉其企业组织形式对财务管理的影响，从而作出相应的财务决策。

（二）税收法规

税法是税收法律制度的总称，是调整税收征纳关系的法规规范。与企业相关的税种主要有以下五种：

（1）所得税类。包括企业所得税、外商投资企业和外国企业所得税、个人所得税等。
（2）流转税类。包括增值税、消费税、营业税、城市维护建设税等。
（3）资源税类。包括资源税、土地使用税、土地增值税等。
（4）财产税类。包括财产税等。
（5）行为税类。包括印花税、车船使用税等。

（三）财务法规

企业财务法规制度是规范企业财务活动，协调企业财务关系的法令文件。目前我国企业财务管理法规制度有企业财务通则、行业财务制度和企业内部财务制度三个层次。

（四）其他法规

有《证券交易法》《票据法》《银行法》等。

从整体上说，法律环境对企业财务管理的影响和制约主要表现在以下方面：

（1）在筹资活动中，国家通过法律规定了筹资的最低规模和结构，如《公司法》规定股份有限公司的注册资本的最低限额为人民币1 000万元；规定了筹资的前提条件和基本程序，如《公司法》就对公司发行债券和股票的条件作出了严格的规定。

（2）在投资活动中，国家通过法律规定了投资的方式和条件，如《公司法》规定股份公司的发起人可以用货币资金出资，也可以用实物、工业产权、非专利技术、土地使用权作价出资；规定了投资的基本程序、投资方向和投资者的出资期限及违约责任，如企业进行证券投资必须按照《证券法》规定的程序来进行，企业投资必须符合国家的产业政策，符合公平竞争的原则。

（3）在分配活动中，国家通过法律如《税法》《公司法》《企业财务通则》及《企业财务制度》规定了企业成本开支的范围和标准，企业应缴纳的税种及计算方法，利润分配的前提条件、利润分配的去向、一般程序及重大比例。在生产经营活动中，国家规定的各项法律也会引起财务安排的变动或者是在财务活动中必须予以考虑。

二、经济环境

财务管理作为一种微观管理活动，与其所处的经济管理体制、经济结构、经济发展状况、宏观经济调控政策等经济环境密切相关。

（一）经济管理体制

经济管理体制是指在一定的社会制度下，生产关系的具体形式以及组织、管理和调节国民经济的体系、制度、方式和方法的总称。分为宏观经济管理体制和微观经济管理体制两类。宏观经济管理体制是指整个国家宏观经济的基本经济制度，而微观经济管理体制是指一国的企业体制及企业与政府、企业与所有者的关系。宏观经济管理体制对企业财务行为的影响主要体现在企业必须服从和服务于宏观经济管理体制，在财务管理的目标、财务主体、财务管理的手段与方法等方面与宏观经济管理体制的要求相一致。微观经济管理体制对企业财务行为的影响与宏观经济体制相联系，主要体现在如何处理企业与政府、企业与所有者之间的财务关系。

（二）经济结构

一般指从各个角度考察社会生产和再生产的构成，包括产业结构、地区结构、分配结构和技术结构等。经济结构对企业财务行为的影响主要体现在产业结构上。一方面，产业结构会在一定程度上影响甚至决定财务管理的性质，不同产业所要求的资金规模或投资规模不同，不同产业所要求的资本结构也不一样；另一方面，产业结构的调整和变动要求财务管理作出相应的调整和变动，否则企业日常财务运作艰难，财务目标难以实现。

（三）经济发展状况

任何国家的经济发展都不可能呈长期的快速增长之势，而总是表现为"波浪式前进，螺旋式上升"的状态。当经济发展处于繁荣时期，经济发展速度较快，市场需求旺盛，销售额大幅度上升。企业为了扩大生产，需要增加投资，与此相适应则需筹集大量的资金以满足投资扩张的需要。当经济发展处于衰退时期，经济发展速度缓慢，甚至出现负增长，企业的产量和销售量下降，投资锐减，资金时而紧缺、时而闲置，财务运作出现较大困难。另外，经济发展中的通货膨胀也会给企业财务管理带来较大的不利影响，主要表现在：资金占用额迅速增加；利率上升，企业筹资成本加大；证券价格下跌，筹资难度增加；利润虚增、资金流失。

（四）宏观经济调控政策

政府具有对宏观经济发展进行调控的职能。在一定时期，政府为了协调经济发展，往往通过计划、财税、金融等手段对国民经济总运行机制及子系统提出一些具体的政策措施。这些宏观经济调控政策对企业财务管理的影响是直接的，企业必须按国家政策办事，否则将寸步难行。例如，国家采取收缩的调控政策时，会导致企业的现金流入减少，现金流出增加，资金紧张，投资压缩；反之，当国家采取扩张的调控政策时，企业财务管理则会出现与之相反的情形。

三、金融市场环境

金融市场是指资金筹集的场所。广义的金融市场是指一切资本流动（包括实物资本和货币资本）的场所,其交易对象为货币借贷、票据承兑和贴现、有价证券的买卖、黄金和外汇买卖、办理国内外保险、生产资料的产权交换等。狭义的金融市场一般是指有价证券市场,即股票和债券的发行和买卖市场。

（一）金融市场的分类

（1）按交易的期限分为短期资金市场和长期资金市场。短期资金市场是指期限不超过一年的资金交易市场,因为短期有价证券易于变成货币或作为货币使用,所以也叫货币市场。长期资金市场是指期限在一年以上的股票和债券交易市场,因为发行股票和债券主要用于固定资产等资本货物的购置,所以也叫资本市场。

（2）按交易的性质分为发行市场和流通市场。发行市场是指从事新证券和票据等金融工具买卖的转让市场,也叫初级市场或一级市场。流通市场是指从事已上市的旧证券或票据等金融工具买卖的转让市场,也叫次级市场或二级市场。

（3）按交易的直接对象分为同业拆借市场、国债市场、企业债券市场、股票市场和金融期货市场等。

（4）按交割的时间分为现货市场和期货市场。现货市场是指买卖双方成交后,当场或几天之内买方付款、卖方交出证券的交易市场。期货市场是指买卖双方成交后,在双方约定的未来某一特定的时日才交割的交易市场。

（二）金融市场与企业财务活动

企业从事投资活动所需要的资金,除了所有者投入以外,主要从金融市场取得。金融政策的变化必然影响企业的筹资与投资,所以金融市场环境是企业最为主要的环境因素。它对企业财务活动的影响主要有：

1. 金融市场为企业提供了良好的投资和筹资的场所

当企业需要资金时,可以在金融市场上选择合适的方式筹资;而当企业有闲置的资金时,又可以在市场上选择合适的投资方式,为其资金寻找出路。

2. 金融市场为企业的长短期资金相互转化提供方便

企业可通过金融市场将长期资金如股票、债券,变现为短期资金,也可以通过金融市场购进股票、债券等,将短期资金转化为长期资金。

3. 金融市场为企业财务管理提供有意义的信息

金融市场的利率变动反映资金的供求状况,有价证券市场的行情反映投资人对企业经营状况和盈利水平的评价。这些都是企业生产经营和财务管理的重要依据。

（三）我国主要的金融机构

（1）中国人民银行。中国人民银行是我国的中央银行,它代表政府管理全国的金融机构和金融活动,承担国库现金管理有关工作。

（2）政策银行。政策银行是指由政府设立,以贯彻国家产业政策、区域发展政策为目的,而不以盈利为目的的金融机构。我国目前有三家政策银行：国家开发银行、中国进出口银行、中国农业发展银行。

（3）商业银行。商业银行是以经营存款、放款、办理转账结算为主要业务,以盈利为主要经营目标的金融企业。我国商业银行有国有独资商业银行、股份制商业银行。

(4) 非银行金融机构。我国主要的非银行金融机构有保险公司、信托投资公司、证券机构、财务公司、金融租赁公司等。

(四) 金融市场利率

在金融市场上,利率是资金使用权的价格,其计算公式为

$$利率＝纯利率＋通货膨胀附加率＋风险附加率$$

纯利率是指在没有风险和通货膨胀情况下的平均利率。在没有通货膨胀时,国库券的利率可以视为纯利率。

通货膨胀附加率是由于通货膨胀会降低货币的实际购买力,为弥补其购买力损失而在纯利率的基础上附加的利率。

风险附加率是由于存在违约风险、流动性风险和期限风险而要求在纯利率和通货膨胀之外附加的利率。其中,违约风险附加率是指为了弥补因债务人无法按时还本付息而带来的风险,由债权人要求附加的利率;流动性风险附加率是指为了弥补因债务人资产流动不好而带来的风险,由债权人要求附加的利率;期限风险附加率是指为了弥补因偿债期长而带来的风险,由债权人要求附加的利率。

项目小结

1. 财务活动是指资金的筹集、运用、耗资、收回及分配等一系列行为。其中,资金的运用、耗资、收回又称为投资,筹资活动、投资活动和分配活动构成财务活动的基本内容。

2. 财务关系是指组织财务活动发生的企业与各方面的经济利益关系。其内容包括:① 企业与国家行政管理者之间的财务关系;② 企业与投资者之间的财务关系;③ 企业与债权人之间的财务关系;④ 企业与受资者之间的财务关系;⑤ 企业与债务人之间的财务关系;⑥ 企业内部各单位之间的财务关系;⑦ 企业与职工之间的财务关系。在企业财务关系中最为重要的财务关系是所有者、经营者与债权人之间的关系,企业要处理、协调好所有者与经营者、所有者与债权人之间的矛盾及利益关系。

3. 企业财务是指企业生产经营过程中的资金运动及其所体现的财务关系。

4. 财务管理是企业组织财务活动、处理财务关系的一项经济管理工作。其基本内容包括筹资管理、投资管理和利润分配管理。

5. 财务管理目标是企业财务管理工作(尤其是财务决策)所依据的最高准则,是企业财务活动所要达到的最终目标。财务管理目标主要有三种观点,即利润最大化、资本利润率(每股利润)最大化和企业价值最大化。

6. 财务管理工作环节是指财务管理的工作步骤和一般程序。其内容包括财务预测、财务决策、财务预算、财务控制和财务分析等。

7. 财务管理环境是指对企业财务活动和财务管理产生影响作用的企业内外部的各种条件,包括内部财务管理环境和外部财务管理环境。了解财务环境的目的在于使企业在规划财务行为时更加合理、有效,以提高企业财务活动对环境的适应能力、应变能力和利用能力。因此,企业财务管理环境一般是指外部财务管理环境。影响企业外部财务管理环境的

因素主要包括法律环境、经济环境和金融市场环境等。

技能训练

一、判断题

1. 企业与政府之间的财务关系体现为投资与受资的关系。（   ）
2. 金融市场的纯利率是指没有风险和通货膨胀情况下的平均利率。（   ）
3. 企业股东财富越多，企业市场价值也就越大，但追求股东财富最大化并不一定能达到企业资产保值增值的目的。（   ）
4. 以每股利润最大化作为财务管理的目标，考虑了资金的时间价值但没有考虑投资的风险价值。（   ）
5. 企业财务管理是基于企业再生产过程中客观存在的资金运动而产生的，是企业组织资金运动的一项经济管理工作。（   ）
6. 企业财务活动的内容也是企业财务管理的基本内容。（   ）
7. 企业组织财务活动中与有关各方发生的经济利益关系称为财务关系，但不包括企业与职工之间的关系。（   ）
8. 解聘是一种通过市场约束经营者的办法。（   ）
9. 在企业财务关系中最为重要的关系是企业与作为社会管理者的政府有关部门、社会公众之间的关系。（   ）
10. 股票市价是一个能够较好地反映企业价值最大化目标实现程度的指标。（   ）

二、单项选择题

1. 企业筹措和集中资金的财务活动是指（   ）。
   A. 分配活动   B. 投资活动
   C. 决策活动   D. 筹资活动
2. 企业财务管理的核心工作环节为（   ）。
   A. 财务预测   B. 财务决策
   C. 财务预算   D. 财务控制
3. 以企业价值最大化作为财务管理目标存在的问题有（   ）。
   A. 没有考虑资金的时间价值   B. 没有考虑投资的风险价值
   C. 企业的价值难以评定   D. 容易引起企业的短期行为
4. （   ）是财务预测和财务决策的具体化，是财务控制和财务分析的依据。
   A. 财务预测   B. 财务决策
   C. 财务控制   D. 财务预算
5. 财务管理目标是（   ）。
   A. 现金流量最大化   B. 市场份额最大化
   C. 预期盈利最大化   D. 股价最大化
6. 股东与经营者发生冲突的原因可归结为（   ）。
   A. 信息不对称   B. 权益不同

C. 地位不同 D. 行为目标不同

7. 企业价值最大化目标强调的是企业（　　）。
   A. 预期获利能力 B. 实际获利能力
   C. 现有生产能力 D. 潜在销售能力

8. 作为企业财务管理目标，每股利润最大化目标较利润最大化目标的优点在于（　　）。
   A. 考虑了资金的时间价值 B. 考虑了投资风险价值
   C. 反映了创造利润与投入资本之间的关系 D. 能够避免企业的短期行为

9. 财务管理的目标可用股东财富最大化来表示，能表明股东财富的指标是（　　）。
   A. 利润总额 B. 每股利润
   C. 资本利润率 D. 每股股价

10. 企业财务关系中最为重要的关系是（　　）。
    A. 股东与经营者之间的关系
    B. 股东与债权人之间的关系
    C. 股东、经营者与债权人之间的关系
    D. 企业与作为社会管理者的政府有关部门、社会公众之间的关系

三、多项选择题

1. 企业财务活动主要包括（　　）。
   A. 筹资活动 B. 投资活动
   C. 人事管理活动 D. 分配活动

2. 由于（　　），以企业价值最大化作为财务管理目标，通常被认为是一个较为合理的财务管理目标。
   A. 更能揭示市场认可企业的价值 B. 考虑了资金的时间价值
   C. 考虑了投资风险价值 D. 企业价值确定容易

3. 若将企业财务管理目标定为利润最大化，则它存在的缺点为（　　）。
   A. 没有考虑资金的时间价值 B. 没有考虑投资风险价值
   C. 不能反映利润与投入资本的关系 D. 可能导致企业短期行为

4. 企业财务管理包括（　　）环节。
   A. 财务预决策 B. 财务预算
   C. 财务控制 D. 财务分析

5. 财务管理环境主要包括（　　）。
   A. 经济环境 B. 法律环境
   C. 金融市场环境 D. 政治环境

6. 为协调经营者与所有者之间的矛盾，股东必须支付（　　）
   A. 约束成本 B. 监督成本
   C. 激励成本 D. 经营成本

7. 为协调所有者与债权人之间的矛盾，可采取的措施包括（　　）。
   A. 规定资金的用途 B. 提供信用条件
   C. 限制新债的数额 D. 规定担保条件

8. 企业价值包括（　　）。
   A. 当前资产的市场价值　　　　　　　B. 潜在的获利能力
   C. 当前资产的账面价值　　　　　　　D. 当前资产的成本价值
9. 金融市场利率由（　　）构成。
   A. 每股利润最大化　　　　　　　　　B. 纯利率
   C. 通货膨胀附加率　　　　　　　　　D. 风险附加率
10. 财务管理十分重视股价的高低，其原因是（　　）
   A. 股价代表了公众对企业价值的评价
   B. 股价反映了资本与获利之间的关系
   C. 股价反映了每股利润和风险的大小
   D. 股价反映了财务管理目标的实现程度

项目二　财务管理的价值观念

【知识目标】
1. 理解资金时间价值的含义,掌握风险衡量的方法。
2. 了解风险的种类,了解投资风险与报酬的关系。
3. 了解价值评估的基本模型的基本概念、前提条件。

【能力目标】
1. 能进行资金时间价值的运用。
2. 能结合企业实际情况进行风险衡量。
3. 能运用价值评估模型进行简单的价值评估。

　　1797年3月,拿破仑在卢森堡第一国立小学演讲时说了这样一番话:"为了答谢贵校对我,尤其是对我夫人约瑟芬的盛情款待,我不仅在今天呈上一束玫瑰花,并且在未来的日子里,只要我们法兰西存在一天,每年的今天我将亲自派人送给贵校一束价值相等的玫瑰花,作为法兰西与卢森堡友谊的象征。"时过境迁,拿破仑穷于应付连绵的战争和此起彼伏的政治事件,最终惨败而被流放到圣赫勒拿岛,将对卢森堡的诺言忘得一干二净。可卢森堡这个小国对"这位欧洲巨人与卢森堡孩子亲切、和谐相处的一刻"念念不忘,并载入了它们的史册。1984年底,卢森堡旧事重提,向法国提出违背"赠送玫瑰花"诺言的索赔:要么从1797年起,用3路易作为一束玫瑰花的本金,以5厘复利(即利滚利)计息全部清偿这笔"玫瑰花"债;要么在法国政府各大报刊上公开承认拿破仑是个言而无信的小人。

　　起初,法国政府准备不惜重金赎回拿破仑的声誉,但又被电脑算出的数字惊呆了:原本3路易的许诺,本息竟高达1 375 596法郎。经苦思冥想,法国政府斟词酌句的答复是:"以后,无论是在精神上还是在物质上,法国将始终不渝地对卢森堡大公国的中小学教育事业予以支持与赞助,以此来兑现我们的拿破仑将军那一诺千金的玫瑰花承诺。"这一措辞最终得到了卢森堡人民的谅解。

　　请同学们思考:为何本案例中每年赠送价值3路易的玫瑰花相当于在187年后一次性支付1 375 596法郎?

任务一　资金的时间价值

一、资金时间价值的含义

（一）资金时间价值的概念

资金的时间价值是指一定量资金在不同时点上价值量的差额,也称为货币的时间价值。资金在周转过程中会随着时间的推移而发生增值,使资金在投入、收回的不同时点上价值不同,形成价值差额。

日常生活中,经常会遇到这样一种现象:一定量的资金在不同时点上具有不同价值,现在的一元钱比将来的一元钱更值钱。例如我们现在有 1 000 元,存入银行,银行的年利率为 5%,1 年后可得到 1 050 元,于是现在 1 000 元与 1 年后的 1 050 元相等,因为这 1 000 元经过 1 年的时间增值了 50 元,这增值的 50 元就是资金经过 1 年时间的价值。同样,企业的资金投入到生产经营中,经过生产过程的不断运行,资金的不断运动,随着时间的推移,会创造新的价值,使资金得以增值。因此,将一定量的资金投入生产经营或存入银行,会取得一定量的利润和利息,从而产生资金的时间价值。

（二）资金时间价值产生的条件

资金时间价值产生的前提条件,是由于商品经济的高度发展和借贷关系的普遍存在,出现了资金使用权与所有权的分离,资金的所有者把资金使用权转让给使用者,使用者必须把资金增值的一部分支付给资金的所有者作为报酬,资金占用的金额越大,使用的时间越长,所有者所要求的报酬就越高。而资金在周转过程中的价值增值是资金时间价值产生的根本原因。

（三）资金时间价值的表示

资金时间价值可用绝对数(利息)和相对数(利息率)两种形式表示,通常用相对数表示。资金时间价值的实际内容是在没有风险和没有通货膨胀条件下的社会平均资金利润率,是企业资金利润率的最低限度,也是使用资金的最低成本率。

因为资金在不同时点上具有不同的价值,不同时点上的资金就不能直接比较,必须换算到相同的时点上才能比较,所以掌握资金时间价值的计算就很重要。资金时间价值的计算包括一次性收付款项和非一次性收付款项(年金)的终值、现值。

二、一次性收付款项的终值和现值

一次性收付款项是指在某一特定时点上一次性支出或收入,经过一段时间后再一次性收回或支出的款项。例如,现在将一笔 10 000 元的现金存入银行,5 年后一次性取出本利和。

资金时间价值的计算涉及两个重要的概念:现值和终值。现值又称本金,是指未来某一时点上的一定量现金折算到现在的价值。终值又称将来值或本利和,是指现在一定量的现金在将来某一时点上的价值。终值与现值的计算与利息的计算方法有关,而利息的计算有复利和单利两种,因此终值与现值的计算也有复利和单利之分。在财务管理中,一般按复利来计算。

(一) 单利的现值和终值

单利是指只对本金计算利息,利息部分不再计息,通常用 P 表示现值,F 表示终值,i 表示利率(贴现率、折现率),n 表示计算利息的期数,I 表示利息。

1. 单利的利息

$$I = P \times i \times n$$

2. 单利的终值

$$F = P \times (1 + i \times n)$$

3. 单利的现值

$$P = F / (1 + i \times n)$$

【例 2-1】 某人将一笔 5 000 元的现金存入银行,银行一年期定期利率为 5%。计算第一年和第二年的终值、利息。

解 $I_1 = P \times i \times n = 5\,000 \times 5\% \times 1 = 250(元)$
  $I_2 = P \times i \times n = 5\,000 \times 5\% \times 2 = 500(元)$
  $F_1 = P \times (1 + i \times n) = 5\,000 \times (1 + 5\% \times 1) = 5\,250(元)$
  $F_2 = P \times (1 + i \times n) = 5\,000 \times (1 + 5\% \times 2) = 5\,500(元)$

从上面计算中,显而易见,第一年的利息在第二年不再计息,只有本金在第二年计息。此外,无特殊说明,给出的利率均为年利率。

【例 2-2】 某人希望 5 年后获得 10 000 元本利和,银行利率为 5%。问某人现在须存入银行多少资金?

解 $P = F / (1 + i \times n) = 10\,000 / (1 + 5\% \times 5) = 8\,000(元)$

上面求现值的计算,也可称贴现值的计算,贴现使用的利率称贴现率。

(二) 复利的现值和终值

复利是指不仅对本金要计息,而且对本金所生的利息也要计息,即"利滚利"。

1. 复利的终值

复利的终值是指一定量的本金按复利计算的若干年后的本利和。

复利终值的计算公式为

$$F = P \times (1 + i)^n$$

式中,$(1+i)^n$ 称为"复利终值系数"或"1 元复利终值系数",用符号 $(F/P, i, n)$ 表示,其数值可查阅 1 元复利终值表。

【例 2-3】 某人现在将 5 000 元存入银行,银行利率为 5%。计算第一年和第二年的本利和。

解 第一年的 $F = P \times (1+i)^1$
$= 5\,000 \times (F/P, 5\%, 1)$
$= 5\,000 \times 1.05 = 5\,250(元)$

第二年的 $F = P \times (1+i)^2$
$= 5\,000 \times (F/P, 5\%, 2)$
$= 5\,000 \times 1.102\,5 = 5\,512.5(元)$

上式中的 $(F/P, 5\%, 2)$ 表示利率为 5%,期限为 2 年的复利终值系数,在复利终值表上,我们可以从横行中找到利息 5%,纵列中找到期数 2 年,纵横相交处,可查到 $(F/P, 5\%, 2) = 1.102\,5$。该系数表明,在年利率为 5% 的条件下,现在的 1 元与 2 年后的 1.102 5 元相等。

将单利终值与复利终值比较,可以发现在第一年,单利终值和复利终值是相等的,在第二年,单利终值和复利终值不相等,两者相差 $5\,512.5 - 5\,500 = 12.5(元)$,这是因为第一年本金所生的利息在第二年也要计算利息,即 $250 \times 5\% = 12.5(元)$。因此,从第二年开始,单利终值和复利终值是不相等的。

2. 复利的现值

复利现值是指在将来某一特定时间取得或支出一定数额的资金,按复利折算到现在的价值。

复利现值的计算公式为

$$P = F/(1+i)^n = F \times (1+i)^{-n}$$

式中,$(1+i)^{-n}$ 称为"复利现值系数"或"1 元复利现值系数",用符号 $(P/F, i, n)$ 表示,其数值可查阅 1 元复利现值表。

【例 2-4】 某人希望 5 年后获得 10 000 元本利,银行利率为 5%。问某人现在应存入银行多少资金?

解 $P = F \times (1+i)^{-n}$
$= F \times (P/F, 5\%, 5)$
$= 10\,000 \times 0.783\,5$①
$= 7\,835(元)$

$(P/F, 5\%, 5)$ 表示利率为 5%,期限为 5 年的复利现值系数。同样,我们在复利现值表上,从横行中找到利率 5%,纵列中找到期限 5 年,两者相交处,可查到 $(P/F, 5\%, 5) = 0.783\,5$。该系数表明,在年利率为 5% 的条件下,5 年后的 1 元与现在的 0.783 5 元相等。

3. 复利利息的计算

$$I = F - P$$

【例 2-5】 根据例 2-4 资料,计算 5 年的利息。

解 $I = F - P = 10\,000 - 7\,835 = 2\,165(元)$

4. 名义利率和实际利率

在前面的复利计算中,所涉及的利率均假设为年利率,并且每年复利一次。但在实际业

---

① 全书默认最多保留到小数点后四位,统一用"="。

务中,复利的计算期不一定是 1 年,可以是半年、一季、一月或一天复利一次。当利息在一年内要复利几次时,给出的年利率称名义利率,用 r 表示,根据名义利率计算出的每年复利一次的年利率称实际利率,用 i 表示。实际利率和名义利率之间的关系如下:

$$i=(1+r/m)^m-1$$

式中,m 表示每年复利的次数。

【例 2-6】 某人现存入银行 10 000 元,年利率为 5%,每季度复利一次。问 2 年后能取得多少本利和?

解 (1) 先根据名义利率与实际利率的关系,将名义利率折算成实际利率,有

$$\begin{aligned}i&=(1+r/m)^m-1\\&=(1+5\%/4)^4-1\\&=5.09\%\end{aligned}$$

再按实际利率计算资金的时间价值,有

$$\begin{aligned}F&=P\times(1+i)^n\\&=10\,000\times(1+5.09\%)^2\\&=11\,043.91(元)\end{aligned}$$

(2) 将已知的年利率 r 折算成期利率 r/m,期数变为 $m\times n$,有

$$\begin{aligned}F&=P\times(1+r/m)^{m\times n}\\&=10\,000\times(1+5\%/4)^{4\times2}\\&=10\,000\times(1+0.012\,5)^8\\&=11\,044.86(元)\end{aligned}$$

三、年金的终值和现值(非一次性收付款项的终值和现值)

年金是指一定时期内,每隔相同的时间,收入或支出相同金额的系列款项。例如折旧、租金、等额分期付款、养老金、保险费、零存整取等都属于年金问题。年金具有连续性和等额性特点。连续性要求在一定时间内,间隔相等时间就要发生一次收支业务,中间不得中断,必须形成系列;等额性要求每期收付款项的金额必须相等。

年金根据每次收付发生的时点不同,可分为普通年金、预付年金、递延年金和永续年金四种。

要注意的是,在财务管理中,讲到年金一般是指普通年金。

(一)普通年金

普通年金是指在每期的期末,间隔相等时间,收入或支出相等金额的系列款项。每一间隔期,有期初和期末两个时点,由于普通年金是在期末这个时点上发生收付,又称后付年金。

1. 普通年金的终值

普通年金的终值是指每期期末收入或支出的相等款项,按复利计算,在最后一期所得的本利和。每期期末收入或支出的款项用 A 表示,利率用 i 表示,期数用 n 表示,那么每期期末收入或支出的款项,折算到第 n 年的终值如图 2-1 所示。

第 n 年支付或收入的款项 A 折算到最后一期(第 n 年),其终值为 $A\times(1+i)^0$;

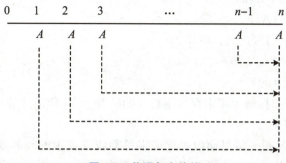

图 2-1 普通年金终值

第 $n-1$ 年支付或收入的款项 A 折算到最后一期(第 n 年),其终值为 $A\times(1+i)^1$;

……

第 3 年支付或收入的款项 A 折算到最后一期(第 n 年),其终值为 $A\times(1+i)^{n-3}$;

第 2 年支付或收入的款项 A 折算到最后一期(第 n 年),其终值为 $A\times(1+i)^{n-2}$;

第 1 年支付或收入的款项 A 折算到最后一期(第 n 年),其终值为 $A\times(1+i)^{n-1}$。

那么 n 年的年金终值和

$$F_A = A\times(1+i)^0 + A\times(1+i)^1 + \cdots + A\times(1+i)^{n-3} + A\times(1+i)^{n-2} + A\times(1+i)^{n-1}$$

经整理:

$$F_A = A\times\frac{(1+i)^n-1}{i}$$

式中,$\frac{(1+i)^n-1}{i}$ 称为"年金终值系数"或"1元年金终值系数",记为 $(F/A,i,n)$,表示年金为 1 元、利率为 i、经过 n 期的年金终值,其值可直接查 1 元年金终值表。

【例 2-7】 某人连续 5 年每年年末存入银行 10 000 元,利率为 5%。计算第 5 年年末的本利和。

解 $F_A = A\times(F/A,5\%,5)$
    $= 10\,000 \times 5.525\,6$
    $= 55\,256$(元)

上面计算表明,每年年末存 10 000 元,连续存 5 年,到第 5 年年末可得 55 256 元。

2. 年偿债基金

计算年金终值,一般是已知年金,然后求终值。有时我们会碰到已知年金终值,反过来求每年支付的年金数额,这是年金终值的逆运算,我们把它称作年偿债基金的计算,计算公式如下:

$$A = F_A \times \frac{i}{(1+i)^n-1}$$

式中,$\frac{i}{(1+i)^n-1}$ 称作"偿债基金系数",记为 $(A/F,i,n)$,可查偿债基金系数表,也可根据年金终值系数的倒数来得到。即 $(A/F,i,n)=1/(F/A,i,n)$。利用偿债基金系数可把年金终值折算为每年需要支付的年金数额。

【例 2-8】 某人在 5 年后要偿还一笔 50 000 元的债务,银行利率为 5%。求为归还这笔债务,每年年末应存入银行多少元。

解　$A = F_A \times (A/F, i, n)$
　　　$= 50\,000 \times (A/F, 5\%, 5)$
　　　$= 50\,000 \times [1/(F/A, 5\%, 5)]$
　　　$= 50\,000 \times 1/5.525\,6$
　　　$= 9\,048.79(元)$

在银行利率为 5% 时,每年年末存入银行 9 048.79 元,5 年后才能还清债务 50 000 元。

3. 普通年金的现值

普通年金的现值是指一定时期内每期期末等额收支款项的复利现值之和,实际上就是指为了在每期期末取得或支出相等金额的款项,现在需要一次投入或借入多少金额,年金现值用 P_A 表示,其计算如图 2-2 所示。

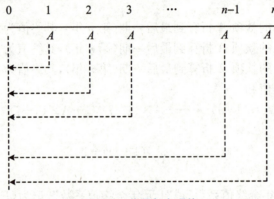

图 2-2　普通年金现值

要将每期期末的收支款项全部折算到时点 0,则

第 1 年年末的年金 A 折算到时点 0 的现值为 $A \times (1+i)^{-1}$;

第 2 年年末的年金 A 折算到时点 0 的现值为 $A \times (1+i)^{-2}$;

第 3 年年末的年金 A 折算到时点 0 的现值为 $A \times (1+i)^{-3}$;

……

第 $n-1$ 年年末的年金 A 折算到时点 0 的现值为 $A \times (1+i)^{-(n-1)}$;

第 n 年年末的年金 A 折算到时点 0 的现值为 $A \times (1+i)^{-n}$。

那么,n 年的年金现值之和

$$P_A = A \times (1+i)^{-1} + A \times (1+i)^{-2} + A \times (1+i)^{-3} + \cdots + A \times (1+i)^{-(n-1)} + A \times (1+i)^{-n}$$

$$P_A = A \times \left[\frac{1-(1+i)^{-n}}{i} \right]$$

式中,$\frac{1-(1+i)^{-n}}{i}$ 称为"年金现值系数"或"1元年金现值系数",记作 $(P/A, i, n)$,表示年金 1 元,利率为 i,经过 n 期的年金现值,其值可查 1 元年金现值表。

【例 2-9】某人希望每年年末取得 10 000 元,连续取 5 年,银行利率为 5%。问第 1 年年初应一次存入多少元?

解　$P_A = A \times (P/A, i, n)$

$$=10\,000×(P/A,5\%,5)$$
$$=10\,000×4.329\,5$$
$$=43\,295(元)$$

为了每年年末取得 10 000 元,第 1 年年初应一次存入 43 295 元。

4. 年回收额

上题是在已知年金的条件下计算年金的现值,也可以反过来在已知年金现值的条件下求年金,这是年金现值的逆运算,可称作年回收额的计算,计算公式如下:

$$A = P_A × \frac{i}{1-(1+i)^{-n}}$$

式中,$\frac{i}{1-(1+i)^{-n}}$ 称作"回收系数",记作 $(A/P,i,n)$,是年金现值系数的倒数,可查表获得,也可利用年金现值系数的倒数来求得。

【例 2-10】 某人购入一套商品房,须向银行按揭贷款 100 万元,准备 20 年内于每年年末等额偿还,银行贷款利率为 5%。问每年应归还多少元?

解 $A = P_A × (A/P,i,n)$
$\qquad =100×(A/P,5\%,20)$
$\qquad =100×[1/(P/A,5\%,20)]$
$\qquad =100×1/12.462\,2$
$\qquad =8.024\,3(万元)$

(二)预付年金

预付年金是指每期收入或支出相等金额的款项是发生在每期的期初,而不是期末,也称先付年金或即付年金。

预付年金与普通年金的区别在于收付款的时点不同,普通年金在每期的期末收付款项,预付年金在每期的期初收付款项,收付时间如图 2-3 所示。

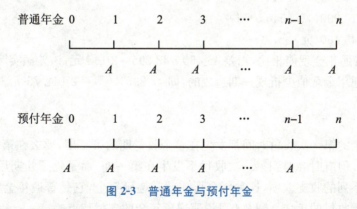

图 2-3 普通年金与预付年金

从图 2-3 可见,n 期的预付年金与 n 期的普通年金,其收付款次数是一样的,只是收付款时点不一样。如果计算年金终值,预付年金要比普通年金多计一年的利息;如果计算年金现值,预付年金要比普通年金少折现一年,因此,在普通年金的现值、终值的基础上,乘上 $(1+i)$ 便可计算出预付年金的现值与终值。

1. 预付年金的终值

$$F_A = A \times \left[\frac{(1+i)^{n+1}-1}{i} - 1\right]$$

式中，$\left[\frac{(1+i)^{n+1}-1}{i} - 1\right]$称"预付年金系数"，记作$[(F/A,i,n+1)-1]$，可利用普通年金终值表查得$n+1$期的终值，然后减去1，就可得到1元预付年金终值。

【例2-11】 将例2-7中收付款的时间改为每年年初，其余条件不变。求第5年年末的本利和。

解 $F_A = A \times [(F/A,i,n+1)-1]$
$= 10\,000 \times [(F/A,5\%,5+1)-1]$
$= 10\,000 \times (6.801\,9 - 1)$
$= 58\,019(元)$

与例2-7的普通年金终值相比，$58\,019 - 55\,256 = 2\,763$元，该差额实际上就是预付年金比普通年金多计一年利息造成的，即$55\,256 \times 5\% = 2\,762.80$元。

2. 预付年金的现值

$$P_A = A \times \left[\frac{1-(1+i)^{-n}}{i}\right] \times (1+i)$$

$$= A \times \left[\frac{1-(1+i)^{-(n-1)}}{i} + 1\right]$$

式中，$\left[\frac{1-(1+i)^{-(n-1)}}{i} + 1\right]$称"预付年金现值系数"，记作$[(P/A,i,n-1)+1]$，可利用普通年金现值表查得$n-1$期的现值，然后加上1，就可得到1元预付年金现值。

【例2-12】 将例2-9中收付款的时间改在每年年初，其余条件不变。问第1年年初应一次存入多少钱？

解 $P_A = A \times [(P/A,i,n-1)+1]$
$= 10\,000 \times [(P/A,5\%,5-1)+1]$
$= 10\,000 \times (3.546\,0 + 1)$
$= 45\,460(元)$

与例2-9普通年金现值相比，相差$45\,460 - 43\,295 = 2\,165$元，该差额实际上是由于预付年金现值比普通年金现值少折现一期造成的，即$43\,295 \times 5\% = 2\,164.75$元。

（三）递延年金

前两种年金的第一次收付时间都发生在整个收付期的第一期，要么在第一期期末，要么在第一期期初。但有时会遇到第一次收付不发生在第一期，而是隔了几期后才在以后的每期期末发生一系列的收支款项，这种年金形式就是递延年金，它是普通年金的特殊形式，是不在第一期开始收付的年金。图2-4可说明递延年金的支付特点。

从图2-4中可知，递延年金的第一次年金收付没有发生在第一期，而是隔了m期（这m期就是递延期），在第$m+1$期的期末才发生第一次收付，并且在以后的n期内，每期期末均发生等额的现金收支。与普通年金相比，尽管期限一样，都是$m+n$期，但普通年金在$m+n$期内，每个期末都要发生收支，而递延年金在$m+n$期内，只在后n期发生收支，前m期无收支发生。

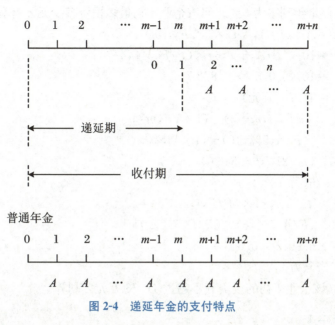

图 2-4 递延年金的支付特点

1. 递延年金的终值

在图 2-4 中,先不看递延期,年金一共支付了 n 期,只要将这 n 期年金折算到期末,即可得到递延年金终值,所以,递延年金终值的大小与递延期无关,只与年金共支付了多少期有关,它的计算方法与普通年金相同。

$$F_A = A \times (F/A, i, n)$$

【例 2-13】 某企业于年初投资一项目,估计从第 5 年开始至第 10 年,每年年末可得收益 10 万元,假定年利率为 5%。计算投资项目年收益的终值。

解 $F_A = A \times (F/A, i, n)$
    $= 10 \times (F/A, 5\%, 6)$
    $= 10 \times 6.801\,9$
    $= 68.019(万元)$

2. 递延年金的现值

递延年金的现值可用三种方法来计算。

(1) 把递延年金视为 n 期的普通年金,求出年金在递延期期末 m 点的现值,再将 m 点的现值调整到第一期期初,计算公式为

$$P_A = A \times (P/A, i, n) \times (P/F, i, m)$$

(2) 先假设递延期也发生收支,则变成一个 $m+n$ 期的普通年金,算出 $m+n$ 期的年金现值,再扣除并未发生年金收支的 m 期递延期的年金现值,即可求得递延年金现值,计算公式为

$$P_A = A \times [(P/A, i, m+n) - (P/A, i, m)]$$

(3) 先算出递延年金的终值,再将终值折算到第一期期初,即可求得递延年金的现值,计算公式为

$$P_A = A \times (F/A, i, n) \times (P/F, i, m+n)$$

【例2-14】 某企业年初投资一项目,希望从第5年开始每年年末取得10万元收益,投资期限为10年,假定年利率为5%。问该企业年初最多投资多少元才有利?

解 (1) $P_A = A \times (P/A, i, n) \times (P/F, i, m)$
$= 10 \times (P/A, 5\%, 6) \times (P/F, 5\%, 4)$
$= 10 \times 5.075\ 7 \times 0.822\ 7$
$= 41.76(万元)$

(2) $P_A = A \times [(P/A, i, m+n) - (P/A, i, m)]$
$= 10 \times [(P/A, 5\%, 10) - (P/A, 5\%, 4)]$
$= 10 \times (7.721\ 7 - 3.546\ 0)$
$= 41.76(万元)$

(3) $P_A = A \times (F/A, i, n) \times (P/F, i, m+n)$
$= 10 \times (F/A, 5\%, 6) \times (P/F, 5\%, 10)$
$= 10 \times 6.801\ 9 \times 0.613\ 9$
$= 41.76(万元)$

由计算可知,该企业年初的投资额不超过41.76万元才划算。

(四)永续年金

永续年金是指无限期的收入或支出相等金额的年金,也称永久年金。它也是普通年金的一种特殊形式,永续年金的期限趋于无限,没有终止时间,因而也没有终值,只有现值。永续年金的现值计算公式如下:

$$P_A = A \times \frac{1-(1+i)^{-n}}{i}$$

当 $n \to +\infty$ 时,$(1+i)^{-n} \to 0$,$P_A = A/i$。

【例2-15】 某企业要建立一项永久性帮困基金,计划每年拿出5万元帮助失学儿童,年利率为5%。问现应筹集多少资金?

解 $P_A = A/i$
$= 5/5\%$
$= 100(万元)$

现应筹集到100万元资金,就可每年拿出5万元帮助失学的儿童。

任务二 风险价值

一、风险的含义

风险是指一定条件下、一定时期内,某一项行动具有多种可能但结果不确定。风险是由于缺乏信息和决策者不能控制未来事物的发展过程而引起的。风险具有多样性和不确定性,可以事先估计采取某种行动可能导致的各种结果,以及每种结果出现的可能性大小,但无法确定最终的结果是什么。例如,掷一枚硬币,我们可事先知道硬币落地时有正面朝上和反面朝上两种结果,并且每种结果出现的可能性各为50%,但谁也无法事先知道硬币落地时是正面朝上还是反面朝上。

值得注意的是,风险和不确定性是不同的。不确定性是指对于某种行动,人们知道可能出现的各种结果,但不知道每种结果出现的概率,或者可能出现的各种结果及每种结果出现的概率都不知道,只能作出粗略的估计,如购买股票,投资者无法在购买前确定所有可能达到的期望报酬率以及该报酬率出现的概率。而风险问题出现的各种结果的概率一般可事先估计和测算,只是不准确而已。如果对不确定性问题先估计一个大致的概率,则不确定性问题就转化为风险性问题了。在财务管理实务中,对两者不作严格区分。讲到风险,可能是指一般意义上的风险,也可能指不确定性问题。

风险是客观的、普遍的,广泛地存在于企业的财务活动中,并影响着企业的财务目标。由于企业的财务活动经常是在有风险的情况下进行的,各种难以预料和无法控制的原因可能使企业遭受风险,蒙受损失。如果只有损失,没人会去冒风险,企业冒着风险投资的最终目的是得到额外收益,因此,风险不仅会带来预期的损失,而且会带来预期的收益。仔细分析风险,以承担最小的风险来换取最大的收益就十分必要了。

二、风险的类型

企业面临的风险主要有两种:市场风险和企业特有风险。

(一)市场风险

是指影响所有企业的风险。它由企业的外部因素引起,企业无法控制、无法分散,涉及所有的投资对象,又称系统风险或不可分散风险,如战争、自然灾害、利率的变化、经济周期的变化等。

(二)企业特有风险

是指个别企业的特有事件造成的风险。它是随机发生的,只与个别企业和个别投资项目有关,不涉及所有企业和所有项目,可以分散,又称非系统风险和可分散风险,如产品开发失败、销售份额减少、工人罢工等。非系统风险根据风险形成的原因不同,又可分为经营风险和财务风险。

1. 经营风险

是指由于企业生产经营条件的变化对企业收益带来的不确定性,又称商业风险。这些生产经营条件的变化可能来自企业内部的原因,也可能来自企业外部的原因,如顾客购买力发生变化、竞争对手增加、政策变化、产品生产方向不对路、生产组织不合理等。这些内外因素,使企业的生产经营产生不确定性,最终引起收益变化。

2. 财务风险

是指由于企业举债而给财务成果带来的不确定性,又称筹资风险。企业借款虽然可以解决企业资金短缺的困难,提高自有资金的盈利能力,但也改变了企业的资金结构和自有资金利润率,还须还本付息,并且借入资金所获得的利润是否大于支付的利息额具有不确定性,因此借款就有风险。在全部资金来源中,借入资金所占的比重大,企业的负担就重,风险程度也就增加;借入资金所占的比重小,企业的负担就轻,风险程度也就减轻。因此,必须确定合理的资金结构,既能提高资金盈利能力,又可防止财务风险加大。

三、风险和报酬

如上所述,企业的财务活动和经营管理活动总是在有风险的状态下进行的,只不过风险有大有小。投资者冒着风险投资,是为了获得更多的报酬,风险越大,要求的报酬就越高。风险和报酬之间存在密切的对应关系,高风险的项目必然有高报酬,低风险的项目必然有低报酬,因此,风险报酬是投资报酬的组成部分。

那么,什么是风险报酬呢?它是指投资者冒着风险进行投资而获得的超过货币时间价值的那部分额外收益,是对人们所遇到的风险的一种价值补偿,也称风险价值。它的表现形式可以是风险报酬额或风险报酬率,在实务中一般以风险报酬率来表示。

如果不考虑通货膨胀,投资者冒着风险进行投资所希望得到的投资报酬率是无风险报酬率与风险报酬率之和,即

$$投资报酬率 = 无风险报酬率 + 风险报酬率$$

无风险报酬率就是资金的时间价值,是在没有风险状态下的投资报酬率,是投资者投资某一项目,能够肯定得到的报酬,具有预期报酬的确定性,并且与投资时间的长短有关,可用政府债券利率或存款利率表示。风险报酬率是风险价值,是超过资金时间价值的额外报酬,具有预期报酬的不确定性,与风险程度和风险报酬斜率的大小有关,并成正比关系。风险报酬斜率可根据历史资料用高低点法、直线回归法或由企业管理人员会同专家根据经验确定,风险程度用期望值、标准差来确定。风险报酬率=风险报酬斜率×风险程度,如图 2-5 所示。

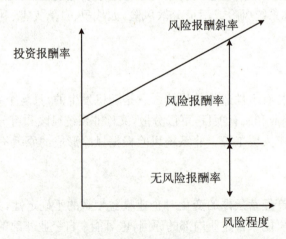

图 2-5 投资报酬率

【例 2-16】 资金的时间价值为 5%,某项投资的风险报酬率为 10%。在不考虑通货膨胀时,计算投资报酬率。

解 投资报酬率=无风险报酬率+风险报酬率

$$=5\%+10\%$$
$$=15\%$$

四、风险衡量

由于风险具有普遍性和广泛性,正确地衡量风险就十分重要了。既然风险是可能值对期望值的偏离,因此利用概率分布、期望值和标准差来计算与衡量风险的大小,是一种最常用的方法。

(一) 概率

在完全相同的条件下,某一事件可能发生,也可能不发生,可能出现这种结果,也可能出现另外一种结果,这类事件称为随机事件。概率就是用来反映随机事件发生的可能性大小的数值,一般用 X 表示随机事件,X_i 表示随机事件的第 i 种结果,P_i 表示第 i 种结果出现的概率。一般随机事件的概率在 0 与 1 之间,即 $0 \leqslant P_i \leqslant 1$,$P_i$ 越大,表示该事件发生的可能性越大;反之,P_i 越小,表示该事件发生的可能性越小。所有可能的结果出现的概率之和一定为 1,即 $\sum P_i = 1$。肯定发生的事件概率为 1,肯定不发生的事件概率为 0。

【例 2-17】 某企业投资生产了一种新产品,在不同市场情况下,各种可能收益及概率如表 2-1 所示。

表 2-1 市场收益与概率

市场情况	年收益 X_i(万元)	概率 P_i
繁荣	200	0.3
正常	100	0.5
疲软	50	0.2

从表 2-1 中可见,所有的 P_i 均在 0 和 1 之间,且 $P_1+P_2+P_3=0.3+0.5+0.2=1$。

如果我们将该企业年收益的各种可能结果及相应的各种结果出现的概率按一定规则排列出来,构成分布图,则称为概率分布。概率分布一般用坐标图来反映,横坐标表示某一事件的结果,纵坐标表示每一结果相应的概率。概率分布有两种类型:一是离散型概率分布,其特点是各种可能结果只有有限个值,概率分布在各个特定点上,是不连续图像;二是连续型概率分布,其特点是各种可能结果有无数个值,概率分布在连续图像上的两点之间的区间上。如图 2-6 所示。

(二) 期望值

期望值是指可能发生的结果与各自概率之积的加权平均值,反映投资者的合理预期,用 E 表示。根据概率统计知识,一个随机变量的期望值为

$$E = \sum_i X_i P_i$$

【例 2-18】 利用例 2-17 中的资料,计算预期年收益的期望值。

解 $E = 200 \times 0.3 + 100 \times 0.5 + 50 \times 0.2 = 120$(万元)

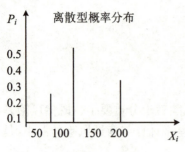
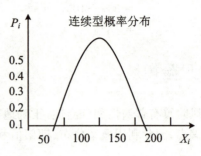

图 2-6 概率分布

(三) 标准差

标准差是用来衡量概率分布中各种可能值对期望值的偏离程度,反映风险的大小,标准差用 σ 表示。

标准差的计算公式为

$$\sigma = \sqrt{\sum_{i=1}^{n}(X_i - E)^2 \times P_i}$$

标准差用来反映决策方案的风险,是一个绝对数。在 n 个方案的情况下,若期望值相同,则标准差越大,表明各种可能值偏离期望值的幅度越大,结果的不确定性越大,风险也越大;反之,标准差越小,表明各种可能值偏离期望值的幅度越小,结果的不确定性越小,则风险也越小。

【例 2-19】 利用例 2-17 的数据,计算标准差。

解 $\sigma = \sqrt{\sum_{i=1}^{n}(X_i - E)^2 \times P_i}$
$= \sqrt{(200-120)^2 \times 0.3 + (100-120)^2 \times 0.5 + (50-120)^2 \times 0.2}$
$= 55.68$

表明新产品的年收益与期望收益的标准差为 55.68。

(四) 标准差系数

标准差作为反映可能值与期望值偏离程度的一个指标,可用来衡量风险,但它只适用于在期望值相同条件下风险程度的比较,对于期望值不同的决策方案,则不适用。于是,我们引入标准差系数这个概念。

标准差系数是指标准差与期望值的比值,也称离散系数,用 q 表示,计算公式如下:

$$q = \frac{\sigma}{E}$$

标准差系数是一个相对数,在期望值不同时,标准差系数越大,表明可能值与期望值的偏离程度越大,结果的不确定性越大,风险也越大;反之,标准差系数越小,表明可能值与期望值的偏离程度越小,结果的不确定性越小,风险也越小。

【例 2-20】 利用例 2-17 的数据,计算标准差系数。

解 $q = \dfrac{\sigma}{E} = 0.464$

有了期望值和标准差系数,我们可利用这两个指标来确定方案风险的大小,选择决策方案。对于单个方案,可将标准差(系数)与设定的可接受的此项指标最高限值比较;对于多个方案,选择标准差低、期望值高的方案,具体情况还要具体分析。

任务三　价值评估的基本模型

一、概念

企业价值评估模型是企业对整体经济价值进行判断、估计的模型。企业价值评估模型的建立,可以将预期经济数据通过模型转变为当前的企业价值。通常情况下,企业价值评估模型的类型主要包括现金流量折现模型以及经济利润折现模型两种。

现金流量折现模型是按照项目现金流量折现原理,将项目未来现金流量折现,以体现未来现金流量现值的价值评估方法。

经济利润折现模型突出体现了企业价值与超出资本成本报酬之间的关系,只有当企业每年的息税后利润大于债权人和股东的必要报酬时,企业价值才能高于投资资本价值。

二、类型

(一) 现金流量折现(Discount Cash Flow,DCF)模型

这是按照项目现金流量折现原理,将项目未来现金流量折现,以体现其未来现金流量现值的价值评估方法。

应当看到,企业本身就是一个项目,或者说是一个项目组合。这个项目组合可以为投资者带来现金流量,并且这种现金流量具有不确定性。利用现金流量折现模型就可以兼顾项目的收益性和风险性。

在利用现金流量折现模型评估企业价值 i 时,也应当认识到企业价值评估与投资项目评估的不同。主要体现在:

(1) 投资项目的寿命是有限的,而企业寿命往往无法预知,因此企业价值评估需要处理无限期现金流量折现问题。

(2) 投资项目产生的现金流量可以预知,而企业现金流量的分配导向无法预知,这就不便于作出统一的估算,为此需要根据不同情况作出不同的估算。

(二) 经济利润折现(Discount Economic Profit,DEP)模型

经济利润亦称经济增加值,是指超过投资者必要资本成本的投资报酬,计算公式为

经济利润＝投资资本×(投资资本报酬率－加权平均资本成本)
　　　＝投资资本×投资资本报酬率－投资资本×加权平均资本成本
　　　＝息前税后利润－资本成本

按照经济利润折现模型评估企业价值,需要将投资资本现值和预计经济利润现值综合起来,即

企业价值＝投资资本现值＋预计经济利润现值

经济利润折现模型突出体现了企业价值与资本成本报酬之间的关系。如果每年的息前税后利润正好等于债权人股东的必要报酬,则经济利润为零,企业价值只能等于投资资本价值;只有当企业每年的息前税后利润大于债权人和股东的必要报酬时,企业价值才能高于投资资本价值。

一、单选题

1. 下列表述中,不正确的是(　　)。
   A. 普通年金终值系数和偿债基金系数互为倒数
   B. 普通年金终值系数和普通年金现值系数互为倒数
   C. 复利终值系数和复利现值系数互为倒数
   D. 普通年金现值系数和投资回收系数互为倒数

2. 已知甲方案投资收益率的期望值为15%,乙方案投资收益率的期望值为12%,两个方案都存在投资风险。比较甲、乙两方案风险大小应采用的指标是(　　)。
   A. 方差　　　B. 净现值　　　C. 标准差　　　D. 标准差系数

3. 已知某投资项目按13%的折现率计算的净现值大于零,按15%的折现率计算的净现值小于零,则该项目的内部收益率肯定(　　)。
   A. 大于13%,小于15%　　　　B. 小于13%
   C. 等于15%　　　　　　　　D. 大于15%

4. 偿债基金系数是(　　)
   A. 复利终值的逆运算　　　　B. 年金现值的逆运算
   C. 年金终值的逆运算　　　　D. 复利现值的逆运算

5. 某人希望在第5年末取得本利和20 000元,则在年利率为2%、单利计息的方式下,此人现在应当存入银行(　　)元。
   A. 18 114　　B. 18 181.82　　C. 18 004　　D. 18 000

6. 下列有关资本成本表述正确的是(　　)。
   A. 资本成本是企业筹集和使用资金而付出的代价
   B. 资本成本是企业投资者对投入企业的资本所要求的必要报酬率
   C. 资本成本包括资金筹集费和资金占用费
   D. 资本成本是投资项目的机会成本

7. 企业向银行取得借款100万元,年利率为5%,期限为3年。每年付息一次,到期还本,所得税税率为30%,手续费忽略不计,则该项借款的资金成本为(　　)

A. 3.5%　　　　B. 5%　　　　C. 4.5%　　　　D. 3%

8. 企业价值是指企业全部资产的市场价值，即（　　）。
   A. 债券未来市场价值　　　　B. 股票未来市场价值
   C. 未来预期现金流量的现值　　D. 企业新创造的价值

9. 某公司从本年度起每年年末存入银行一笔固定金额的款项，若按复利计算用最简便算法计算第 n 年年末可以从银行取出的本利和，则应选用的时间价值系数是（　　）。
   A. 复利终值系数　　　　　　B. 复利现值系数
   C. 普通年金终值系数　　　　D. 普通年金现值系数

10. 下列各项中，可视为纯利率的是（　　）。
    A. 银行存款利率　　　　　　B. 公司债券利率
    C. 金融债券利率　　　　　　D. 国库券利率

二、多选题

1. 影响资金时间价值大小的因素主要包括（　　）。
   A. 单利　　　B. 复利　　　C. 资金额　　　D. 利率和期限

2. 在财务管理中，衡量风险大小的指标有（　　）。
   A. 期望值　　B. 标准差　　C. 标准差系数　　D. 概率分布

3. 货币的时间价值是指（　　）。
   A. 货币随时间自行增值的特性
   B. 货币经过一段时间的投资和再投资所增加的价值
   C. 没有通货膨胀条件下的社会平均资金利润率
   D. 没有通货膨胀和风险条件下的社会平均资金利润率

4. 企业持有现金的总成本主要包括（　　）。
   A. 机会成本　　B. 转换成本　　C. 管理成本　　D. 短缺成本

5. 下列指标中，用于衡量企业投资风险的指标有（　　）。
   A. 标准差　　B. 预期收益率　　C. 标准差系数　　D. 投资平均报酬率

6. 下列选项中属于不可分散风险的有（　　）。
   A. 经济衰退风险　　B. 违约风险　　C. 利率风险　　D. 通货膨胀风险

7. 计算个别资金成本时必须考虑所得税因素的是（　　）。
   A. 优先股资金成本　　　　　B. 普通股资金成本
   C. 债券成本　　　　　　　　D. 银行借款成本

8. 下列因素引起的风险中，可以分散的有（　　）。
   A. 通货膨胀　　　　　　　　B. 某公司工人罢工
   C. 公司在市场竞争中失败　　D. 市场风险

9. 在期数和利率一定的条件下，下列等式不正确的有（　　）。
   A. 偿债基金系数＝1/普通年金现值系数
   B. 资本回收系数＝1/普通年金终值系数
   C. 单利现值系数＝1/单利终值系数
   D. $(P/F,i,n) \times (F/P,i,n) = 1$

10. 下列公式正确的有（　　）。

A. 风险收益率＝风险价值系数×标准差系数

B. 风险收益率＝风险价值系数×标准差

C. 必要收益率＝无风险收益率＋风险收益率

D. 必要收益率＝无风险收益率＋风险价值系数×标准差系数

三、计算题

1. 某企业购买一台车床，有两种付款方案。

方案一：立即支付购买价 35 万元。

方案二：采取融资租赁方式，每年年末支付租金 4 万元。

假设车床寿命为 10 年，年利率为 6%，试问方案二的现值是多少？应选哪个方案？

已知：$(P/A,6\%,10)=7.360$，$(P/F,6\%,10)=0.558$。

2. 某人购买商品房，有三种付款方式：① 每年年初支付购房款 80 000 元，连续支付 8 年；② 从第三年开始，在每年的年末支付房款 132 000 元，连续支付 5 年；③ 现在支付房款 100 000 元，以后在每年年末支付房款 90 000 元，连续支付 6 年。在市场资金收益率为 14% 的条件下，应该选择何种付款方式？

已知：$(P/A,14\%,7)=4.2882$，$(P/A,14\%,2)=1.6467$，$(P/A,14\%,6)=3.8880$。

3. 某公司拟购置一处房屋，房主提出两种付款方案。

甲方案：从现在起，每年年初支付 20 万元，连续支付 10 次，共 200 万元。

乙方案：从第 5 年开始，每年年初支付 25 万元，连续支付 10 次，共 250 万元。

假设该公司的最低报酬率为 10%，你认为该公司应该选择哪个方案？

已知：$(F/A,10\%,10)=15.937$，$(P/A,10\%,10)=6.144$，$(P/A,10\%,13)=7.103$，$(P/A,10\%,14)=7.366$，$(P/A,10\%,3)=2.486$，$(P/A,10\%,2)=1.735$。

4. 某人现在存入银行 20 000 元，在银行利率为 6% 的情况下，今后 10 年内每年年末可以提取现金多少元？

已知：$(F/A,6\%,10)=13.181$，$(P/A,6\%,10)=7.36$，$(F/P,6\%,10)=1.791$，$(P/F,6\%,10)=0.558$。

5. 张先生将 10 000 元借给李先生，双方商定复利计息，年利率为 5%，则 5 年后张先生能收回多少钱？

已知：$(F/P,5\%,5)=1.2763$，$(P/A,5\%,5)=4.3290$。

四、简答题

1. 如何理解风险与报酬的关系？
2. 什么是市场风险和可分散风险？两者有何区别？
3. 简述单利的概念。
4. 简述单利终值的概念和计算方法。
5. 简述单利现值概念。
6. 简述复利的概念。
7. 简述复利现值的概念。
8. 简述普通年金(后付年金)的概念。
9. 偿债基金(积累基金)是什么？
10. 递延年金现值是什么？

项目三　筹资决策

【知识目标】
1. 理解不同融资方式的含义。
2. 了解不同融资方式的优缺点。
3. 了解权益资金、负债资金筹集的各种方式。

【能力目标】
1. 能进行资金需求量预测。
2. 能对股票、债券发行价格进行计算。

有一个妇人有一只母鸡,这只母鸡每天生一个鸡蛋,过段时间妇人就拿鸡蛋去卖,得到的钱买些小麦回来糊口。妇人贪心,常常想,如果能让母鸡每天多生一个蛋就好了,那样就可以多换一倍的小麦回来。如何才能每天得到两个鸡蛋呢?为了这个问题,她常常睡不好觉。一天,她突然"开窍"了,想到一个办法:每天给那只鸡吃双倍的粮食。过了一段时间,母鸡变得肥肥胖胖,但不再生蛋了。妇人气愤地说:"我给你吃双倍的粮食,你不但不多生蛋,连一个也不生了!"这个妇人真的很笨,以为母鸡吃得多就生得多。然而不少企业的管理者也有这种思想,以为筹集越多的资金投入运营就会赚更多的钱,但结果并非如此,你知道为什么吗?

任务一　企业筹资概述

一、企业筹资的概念

企业筹资是指企业由于生产经营、对外投资和调整资本结构等活动对资金的需要,采取适当的方式,获取所需资金的一种行为。资金是企业生存和发展的必要条件。筹集资金既是保证企业正常生产经营的前提,又是谋求企业发展的基础。筹资工作做得好,不仅能降低资本成本,给经营或投资创造较大的可行或有利的空间,而且能降低财务风险,增大企业经济效益。筹集资金是企业资金运动的起点,它会影响乃至决定企业资金运动的规模及效果。企业的经营管理者必须把握企业何时需要资金、需要多少资金、以何种合理的方式取得资金。

二、企业筹资的来源

企业筹资的来源有两个方面:一方面是由投资人提供的,称为所有者权益,这部分资金称为权益资金;另一方面是由债权人提供的,称为负债,这部分资金称为负债资金。

三、企业筹资的方式

企业筹资的方式是指企业筹措资金采用的具体形式,主要有以下六种:
(1) 吸收直接投资。
(2) 发行股票。
(3) 发行债券。
(4) 融资租赁。
(5) 银行借款。
(6) 商业信用。
以上这些筹资方式,将在本项目任务二、任务三中作详细介绍。

四、筹资的基本原则

采取一定的筹资方式,有效地组织资金供应,是一项重要而复杂的工作。为此,企业筹集资金应遵循以下基本原则。

(一) 合理性原则

不论采取什么方式筹资,都必须预先合理确定资金的需要量,以需定筹。既要防止筹资不足,影响生产经营的正常进行,又要防止筹资过多,造成资金闲置。

(二) 及时性原则

按照资金时间价值的原理,同等数量的资金,在不同时点上具有不同的价值。企业筹集资金应根据资金投放使用时间来合理安排,使筹资和用资在时间上相衔接。既要避免过早筹资使资金过早到位,形成资金投放前的闲置,又要避免资金到位滞后,丧失资金投放的最佳时机。

(三) 效益性原则

不同资金来源的资本成本各不相同,取得资金的难易程度也有差异。筹集资金应从资金需要的实际情况出发,采用合适的方式操作,追求降低成本,谋求最大的经济效益。

（四）优化资金结构原则

企业的自有资金和借入资金要有合适的比例，长期资金和短期资金也应比例适当。资金筹集应注意这两方面内容，使企业减少财务风险，优化资金结构。

五、企业资金需要量预测

企业筹集资金应以需定筹，测算企业资金需要量是筹集资金的基础工作。企业资金需要量的预测有很多种方法，本节仅介绍销售百分比法。所谓销售百分比法是指以未来销售收入变动的百分比为主要参数，考虑随销售变动的资产负债项目及其他因素对资金需求的影响，从而预测未来需要追加的资金量的一种定量计算方法。

销售百分比法下企业需要追加资金量的基本计算公式为

$$\Delta F = K(A-L) - R$$

式中，ΔF 表示企业在预测年度需从企业外部追加筹措资金的数额。

K 表示预测年度销售收入对于基年度增长的百分比。

A 表示随销售收入变动而成正比例变动的资产项目基期金额。资产项目与销售收入的关系一般可分为三种情况：第一种情况是随销售收入变动成正比例变动，如货币资金、应收账款、存货等流动资产项目，这些是公式中 A 的计量对象；第二种情况是与销售收入变动没有必然因果关系，如长期投资、无形资产等，这些项目不是 A 的计量对象；第三种情况是与销售收入关系有多种可能，如固定资产。假定基期固定资产的利用已经饱和，那么增加销售必须追加固定资产投资，且一般可以认为与销售增长成正比，应把基期固定资产净额计入 A 之内；假定基期固定资产的剩余生产能力足以满足销售增长的需要，则不必追加资金添置固定资产；在销售百分比法中，固定资产仅作上述两种假定。

L 表示随销售收入变动而成正比例变动的负债项目基期金额。负债项目与销售收入的关系一般可分为两种情况：第一种情况是随销售收入变动成正比例变动，如应付账款、应交税金等流动负债项目，这些是公式中 L 的计量对象；第二种情况是与销售收入变动没有必然因果关系，如各种长期负债等，这些项目不是 L 的计量对象。L 在公式中前面取"－"号，是因为它能给企业带来可用资金，"资产是资金的占用，负债是资金的来源"。

R 表示预测年度增加的可以使用的留存收益，在销售净利率、股利发放率等确定的情况下计算得到。R 是企业内部形成的可用资金，可以作为向外界筹资的扣减数。

关于销售百分比法的使用应注意：资产、负债中各项目与销售收入的关联情况各企业不一定是相同的，上面的叙述存在着假定性，应当考察企业本身的历史资料，确定 A 与 L 的计量范围。所有者权益类项目与销售收入变动无关，公式中没有涉及。

【例 3-1】 某公司 2021 年实现销售额 30 万元，销售净利率为 10%，并按净利润的 40% 发放股利。假定该公司的固定资产利用能力已经饱和，2020 年底的资产负债表如表 3-1 所示。

表 3-1　资产负债表　　　　　　　　　（单位：万元）

资产		负债及所有者权益		
1. 货币资金	10	负债：	1. 应付账款	25
2. 应收账款	20		2. 应交税金	5
3. 存货	30		3. 长期负债	10
4. 固定资产	55	所有者权益：	1. 实收资本	60
5. 无形资产	5		2. 留存收益	20
合计	120			120

若该公司计划在 2021 年把销售额提高到 36 万元，销售净利率、股利发放率仍保持 2020 年水平。用销售百分比法预测该公司 2021 年需向外界融资额。

解　$K=\dfrac{36-30}{30}=20\%$

$A=10+20+30+55=115$（万元）

$L=25+5=30$（万元）

$R=36\times10\%\times(1-40\%)=2.16$（万元）

$\Delta F=20\%\times(115-30)-2.16$

$\quad\quad=14.84$（万元）

该公司 2021 年需向外界融资 14.84 万元。

任务二　权益资金筹集

企业的全部资产由两部分构成：投资人提供的所有者权益和债权人提供的负债。所有者权益是企业资金的最主要来源，是企业筹集债务资金的前提与基础。所有者权益是指投资人对企业净资产的所有权，包括投资者投入企业的资本金及企业在经营过程中形成的积累，如盈余公积金、资本公积金和未分配利润等。资本金是企业在工商行政管理部门登记的注册资金，是企业设立时的启动资金，资本金的数额不能低于国家规定的开办此类企业的最低资本数额（法定资本金）。企业通过吸收直接投资、发行股票、内部积累等方式筹集的资金都称为权益资金，权益资金不用还本，因而也称为自有资金或主权资金。

一、吸收直接投资

吸收直接投资是指非股份制企业按照"共同投资、共同经营、共担风险、共享利润"的原则直接吸收国家、法人、个人、外商投入资金的一种筹资方式，吸收直接投资不以股票为媒介，无需公开发行证券。吸收直接投资中的出资者都是企业的所有者，他们对企业拥有经营管理权，并按出资比例分享利润、承担损失。

（一）吸收直接投资的渠道

企业通过吸收直接投资方式筹集资金有以下四种渠道：

1. 吸收国家投资

吸收国家投资是指有权代表国家投资的政府部门或者机构以国有资产投入企业，由此形成国家资本金。

2. 吸收法人投资

法人投资是指其他企业、事业单位以其可支配的资产投入企业，由此形成法人资本金。

3. 吸收个人投资

个人投资是指城乡居民或本企业内部职工以其个人合法财产投入企业，形成个人资本金。

4. 吸收外商投资

外商投资是指外国投资者或我国港澳台地区投资者将其资金投入企业，形成外商资本金。

（二）吸收直接投资的出资方式

吸收直接投资中的投资者可采用现金、实物、无形资产等多种形式出资。主要出资方式有：

1. 现金投资

现金投资是吸收直接投资中最重要的出资形式。企业有了现金，就可获取所需物资，就可支付各种费用，具有最大的灵活性。因此，企业要争取投资者尽可能采用现金方式出资。

2. 实物投资

实物投资是指以房屋、建筑物、设备等固定资产和原材料、商品等流动资产所进行的投资。实物投资应符合以下条件：(1) 适合企业生产经营、科研开发等的需要；(2) 技术性能良好；(3) 作价公平合理；(4) 实物不能涉及抵押、担保、诉讼冻结。投资实物的作价，除由出资各方协商确定外，也可聘请各方都同意的专业资产评估机构评估确定。

3. 无形资产投资

无形资产投资是指以商标权、专利权、非专利技术、知识产权、土地使用权等所进行的投资。企业在吸收无形资产投资时应持谨慎态度，避免吸收短期内会贬值的无形资产，避免吸收对本企业利益不大及不适宜的无形资产，还应注意符合法定比例，即吸收无形资产的出资额一般不能超过注册资本的20%（不包括土地使用权），对于高新技术等特殊行业，经有关部门审批最高放宽至30%。

（三）吸收直接投资的程序

企业吸收直接投资，一般要遵循如下程序：

1. 确定吸收直接投资所需的资金数量

企业新建或扩大经营规模时，应先确定资金的总需要量及理想的资本结构，然后据以确定吸收直接投资所需的资金数量。

2. 寻求投资单位，商定投资数额和出资方式

吸收直接投资中的双方是双向选择的结果。受资单位要选择适宜的投资者，投资单位要选择收益理想或对自身发展有利的受资者。为此，要做好信息交流工作，企业既要广泛了解有关投资者的财力和意向，又要主动传递自身的经营状况和盈利能力，以利于在较多的投资者中寻求最好的合作者。投资单位确定后，双方便可进行具体的协商，确定投资数额和出资方式。落实现金出资计划及实物、无形资产的评估作价。

3. 签署投资协议

企业与投资者商定投资意向和具体条件后，便可签署投资协议，明确双方的权利和责任。

4. 执行投资协议

企业与投资者按协议约定，做好投资交接及有关手续，并在以后确保投资者参与经营管理的权利及盈利分配权利。

（四）吸收直接投资的优缺点

1. 吸收直接投资的优点

（1）筹资方式简便，筹资速度快。吸收直接投资的双方直接接触磋商，没有中间环节。只要双方协商一致，筹资即可成功。

（2）有利于增强企业信誉。吸收直接投资所筹集的资金属于自有资金，与借入资金比较，能提高企业的信誉和借款能力。

（3）有利于尽快形成生产能力。吸收直接投资可直接获得现金、先进设备和先进技术，与通过有价证券间接筹资相比，能尽快地形成生产能力，尽快开拓市场。

（4）有利于降低财务风险。吸收直接投资可以根据企业的经营状况向投资者支付报酬，没有固定的财务负担，比较灵活，所以财务风险较小。

2. 吸收直接投资的缺点

（1）资金成本较高。企业向投资者支付的报酬是根据企业实现的净利润和投资者的出资额计算的，不能减免企业所得税，当企业盈利丰厚时，企业向投资者支付的报酬很大。

（2）企业控制权分散。吸收直接投资的新投资者享有企业经营管理权，这会造成原有投资者控制权的分散与减弱。

二、发行股票

股票是股份公司为筹集主权资金而发行的有价证券，是持股人拥有公司股份的凭证，它表示了持股人在股份公司中拥有的权利和应承担的义务。本项目仅介绍股票与筹资有关的内容，有关股票的其他内容将在证券投资部分介绍。

股票按股东权利和义务的不同，有普通股和优先股之分。

（一）普通股筹资

普通股是股份公司发行的具有管理权而股利不固定的股票，是股份制企业筹集权益资金的最主要方式。

1. 普通股的特点

(1) 普通股股东对公司有经营管理权。

(2) 普通股股东对公司有盈利分享权。

(3) 普通股股东有优先认股权。

(4) 普通股股东有剩余财产要求权。

(5) 普通股股东有股票转让权。

2. 普通股的发行价格

普通股的发行价格可以按照不同情况采取两种办法：一是按票面金额等价发行；二是按高于票面金额的价格发行，即溢价发行。

公司始发股的发行价格与票面金额通常是一致的，增发新股的发行价格则需根据公司盈利能力和资产增值水平加以确定，主要有以下三种：

(1) 以未来股利计算：

$$每股价格 = \frac{预期股利}{利息率} = \frac{票面价值 \times 股利率}{利息率}$$

式中的利息率最好使用金融市场平均利率，也可用投资者的期望报酬率。

(2) 以市盈率计算：

$$每股价格 = 每股税后利润 \times 合适的市盈率$$

(3) 以资产净值计算：

$$每股价格 = \frac{资产总额 - 负债总额}{普通股总股数} = \frac{所有者权益总额}{普通股总股数}$$

不论用以上三种方法中的哪一种，如果计算得到的结果低于股票面值，那么股票的发行价格就取股票面值。

3. 普通股筹资的优缺点

(1) 普通股筹资的优点：

① 能提高股份公司的信誉。普通股筹资能增加股份公司主权资金的比重，较多的主权资金为债务人提供了较大的偿债保障，这有助于提高公司的信誉和举债能力。

② 能降低股份公司的风险。普通股既无到期日，又无固定的股利负担，因此不存在不能偿付的风险。

③ 能增强公司经营的灵活性。普通股筹资比发行优先股或债券限制少，其价值很少会因通货膨胀而贬值，筹集和使用都较灵活。

(2) 普通股筹资的缺点：

① 资金成本较高。发行普通股的资金成本一般高于债务资金，因为普通股股东期望报酬高，又因为股利要从税后净利润中支付，且发行费用也高于其他证券。

② 新股东的增加分散和削弱了原股东对公司的控股权。

③ 有可能降低原股东的收益水平。

(二) 优先股筹资

优先股是股份公司发行的具有一定优先权的股票。它既具有普通股的某些特征，又与债券有相似之处。从法律上讲，企业对优先股不承担还本义务，因此它是企业自有资金的一部分。

1. 优先股的特点

优先股的特点是较普通股有某些优先权利,同时也有一定限制,其"优先"表现在:

(1) 优先分配股利权。优先股股利的分配在普通股之前,其股利率是固定的。

(2) 优先分配剩余财产权。当企业清算时,优先股的剩余财产请求权位于债权人之后,但位于普通股之前。

2. 优先股筹资的优缺点

(1) 优先股筹资的优点:

① 没有固定的到期日,不用偿还本金。

② 股利支付率虽然固定,但无约定性。当公司财务状况不佳时,也可暂不支付,不像债券到期无力偿还本息,则有破产风险。

③ 优先股属于自有资金,既能提高公司信誉及借款能力,又能保持原普通股股东的控制权。

(2) 优先股筹资的缺点:

① 资金成本高,优先股股利要从税后利润中支付,股利支付虽无约定性且可以延时,但终究是一种较重的财务负担。

② 优先股较普通股限制条款多。

三、留存收益

留存收益也是权益资金的一种,是指企业的盈余公积、未分配利润等。与其他权益资金相比,其取得更为主动简便,它不需作筹资活动,又无筹资费用,因此这种筹资方式既节约了成本,又增强了企业的信誉。留存收益的实质是投资者对企业的再投资。但这种筹资方式受制于企业盈利的多寡及企业的分配政策。

任务三 负债资金的筹集

负债是企业所承担的能以货币计量、需以资产或劳务偿付的债务。企业通过银行借款、发行债券、融资租赁、商业信用等方式筹集的资金属于企业的负债。因为负债要归还本金和利息,所以称为企业的借入资金或债务资金。

一、银行借款

银行借款是指企业根据借款合同向银行或非银行金融机构借入的需要还本付息的款项。

(一)银行借款的种类

1. 按借款期限长短

按借款期限长短可分为短期借款和长期借款。短期借款是指借款期限在 1 年以内的借款;长期借款是指借款期限在 1 年以上的借款。

2. 按借款担保条件

按借款担保条件可分为信用借款、担保借款和票据贴现。

3. 按借款用途

按借款用途可分为基本建设借款、专项借款和流动资金借款。

4. 按提供贷款的机构

按提供贷款的机构可分为政策性银行贷款和商业性银行贷款。

(二)银行借款的程序

1. 企业提出借款申请

企业要向银行借入资金,必须向银行提出申请,填写包括借款金额、借款用途、偿还能力、还款方式等内容的《借款申请书》,并提供有关资料。

2. 银行进行审查

银行对企业的借款申请要从企业的信用等级、基本财务情况、投资项目的经济效益、偿债能力等多方面作必要的审查,以决定是否提供贷款。

3. 签订借款合同

借款合同是规定借款单位和银行双方的权利、义务和经济责任的法律文件。借款合同包括基本条款、保证条款、违约条款及其他附属条款等内容。

4. 企业取得借款

双方签订借款合同后,银行应如期向企业发放贷款。

5. 企业归还借款

企业应按借款合同规定按时足额归还借款本息。如因故不能按期归还,应在借款到期之前的 3~5 天,提出展期申请,由贷款银行审定是否给予展期。

(三)银行借款的信用条件

向银行借款往往附带一些信用条件,主要有:

1. 补偿性余额

补偿性余额是银行要求借款企业在银行中保留一定数额的存款余额,一般为借款额的 10%~20%,其目的是降低银行贷款风险,但对借款企业来说,加重了利息负担。

【例 3-2】 某企业按年利率 9% 向银行借款 100 万元,补偿性余额比例为 10%。计算企业实际借款利率。

解 企业实际借款利率 $= \dfrac{\text{名义利率}}{1-\text{补偿性余额比率}}$

$= \dfrac{9\%}{1-10\%} = 10\%$

2. 信贷额度

信贷额度是借款企业与银行在协议中规定的借款最高限额。在信贷额度内,企业可以随时按需要支用借款。但如果协议是非正式的,则银行并无必须按最高借款限额保证贷款的法律义务。

3. 周转信贷协议

周转信贷协议是指银行具有法律义务承诺提供不超过某一最高限额的贷款协议。企业享用周转信贷协议,要对贷款限额中的未使用部分付给银行一笔承诺费。

【例 3-3】 某企业与银行商定的周转信贷额度为 2 000 万元,承诺费为 1%,该企业年度内实际借款额为 1 600 万元。计算该企业应向银行支付的承诺费。

解 应付承诺费=(2 000-1 600)×1%=4(万元)

(四)银行借款的优缺点

1. 银行借款的优点

(1) 筹资速度快。与发行证券相比,不需印刷证券、报请批准等,一般所需时间短,可以较快满足资金的需要。

(2) 筹资的成本低。与发行债券相比,借款利率较低,且不需支付发行费用。

(3) 借款灵活性大。企业与银行可以直接接触,商谈借款金额、期限和利率等具体条款。借款后如情况变化可再次协商。到期还款有困难,如能取得银行谅解,也可延期归还。

2. 银行借款的缺点

(1) 筹资数额往往不可能很多。

(2) 银行会提出对企业不利的限制条款。

二、发行债券

债券是企业依照法定程序发行的、承诺按一定利率定期支付利息,并到期偿还本金的有价证券,是持券人拥有公司债权的凭证。

(一)债券的种类

1. 按发行主体分类

按发行主体可分为政府债券、金融债券和企业债券。

政府债券是由中央政府或地方政府发行的债券。风险小、流动性强。

金融债券是银行或其他金融机构发行的债券。风险不大、流动性较强、利率较高。

企业债券是由各类企业发行的债券。风险较大、利率较高、流动性差别较大。

2. 按有无抵押担保分类

按有无抵押担保可分为信用债券、抵押债券和担保债券。

信用债券又称无抵押担保债券,是以债券发行者自身的信誉发行的债券。政府债券属于信用债券,信誉良好的企业也可发行信用债券。企业发行信用债券往往有一些限制条件,如不准企业将其财产抵押给其他债权人,不能随意增发企业债券,未清偿债券之前股利不能分得过多等。

抵押债券是指以一定抵押品作抵押而发行的债券。当企业不能偿还债券时,债权人可将抵押品拍卖以获取债券本息。

担保债券是指由一定保证人作担保而发行的债券。当企业没有足够资金偿还债券时,债权人可以要求保证人偿还。

3. 按偿还期限分类

按偿还期限可分为短期债券和长期债券。

短期债券是指偿还期在一年以内的债券。

长期债券是指偿还期在一年以上的债券。

4. 按是否记名分类

按是否记名可分为记名债券和无记名债券。

5. 按计息标准分类

按计息标准可分为固定利率债券和浮动利率债券。

6. 按是否标明利息率分类

按是否标明利息率可分为有息债券和贴现债券。

7. 按是否可转换成普通股分类

按是否可转换成普通股可分为可转换债券和不可转换债券。

(二)债券的发行

国有企业、股份公司、责任有限公司只要具备发行债券的条件,都可以依法申请发行债券。

1. 发行方式

债券的发行方式有委托发行和自行发行。委托发行是指企业委托银行或其他金融机构承销全部债券,并按总面额的一定比例支付手续费。自行发行是指债券发行企业不经过金融机构直接把债券配售给投资单位或个人。

2. 发行债券的要素

(1) 债券的面值。债券面值包括两个基本内容:币种和票面金额。币种可以是本国货币,也可以是外国货币,这取决于债券发行的地区及对象。票面金额是债券到期时偿还本金的金额。票面金额印在债券上,固定不变,到期必须足额偿还。

(2) 债券的期限。债券从发行之日起至到期日之间的时间称为债券的期限。

(3) 债券的利率。债券上一般都注明年利率,利率有固定的,也有浮动的。面值与利率相乘即为年利息。

(4) 偿还方式。债券的偿还方式有分期付息、到期还本及到期一次还本付息三种。

(5) 发行价格。债券的发行价格有三种:一是按债券面值等价发行,等价发行又叫面值发行;二是按低于债券面值折价发行;三是按高于债券面值溢价发行。

债券之所以会偏离面值发行是因为债券票面利率与金融市场平均利率不一致。如果债券利率大于市场利率,则由于未来利息多计,导致债券内在价值大而应采用溢价发行;如果债券利率小于市场利率,则由于未来利息少计,导致债券内在价值小而应采用折价发行。这是基于债券发行价格应该与它的价值贴近。债券溢价、折价可依据资金时间价值原理算出的内在价值确定。

若每年末支付利息,到期支付面值的债券发行价格计算公式为

$$\text{债券发行价格} = \text{债券面值} \times \text{按市场利率和债券期限计算的现值系数} + \text{债券应付年利息} \times \text{按市场利率和债券期限计算的年金现值系数}$$

若到期一次还本付息,债券发行价格计算公式为

$$\text{债券发行价格} = \text{按票面利率和期限计算债券到期的本利和} \times \text{按市场利率和债券期限计算的现值系数}$$

【例 3-4】 某公司发行债券筹资,面值 500 元,期限为 5 年,发行时市场利率为 10%,每年末付息,到期还本。要求分别按票面利率为 8%、10%、12%计算债券的发行价格。

解 若票面利率为 8%,有

发行价格 = $500 \times 8\% \times (P/A, 10\%, 5) + 500 \times (P/F, 10\%, 5)$
        = $40 \times 3.7908 + 500 \times 0.6209 = 462.08$(元)

若票面利率为 10%,有

发行价格 = $500 \times 10\% \times (P/A, 10\%, 5) + 500 \times (P/F, 10\%, 5)$
        = $50 \times 3.7908 + 500 \times 0.6209 = 500$(元)

若票面利率为 12%,有

发行价格 = $500 \times 12\% \times (P/A, 10\%, 5) + 500 \times (P/F, 10\%, 5)$
        = $60 \times 3.7908 + 500 \times 0.6209 = 537.90$(元)

从上例结果可见,上述三种情况分别以折价、等价、溢价发行。此类问题的市场利率是复利年利率,当债券以单利计息,到期一次还本付息时,即使票面利率与市场利率相等,也不应是面值发行。

【例 3-5】 将例 3-4 改成单利计息,到期一次还本付息,其余不变。要求分别按票面利率为 8%、10%、12%计算债券的发行价格。

解 若票面利率为 8%,有

发行价格 = $500 \times (1 + 5 \times 8\%) \times (P/F, 10\%, 5)$
        = $700 \times 0.6209 = 434.63$(元)

若票面利率为 10%,有

发行价格 = $500 \times (1 + 5 \times 10\%) \times (P/F, 10\%, 5)$
        = $750 \times 0.6209 = 465.68$(元)

若票面利率为 12%,有

发行价格 = $500 \times (1 + 5 \times 12\%) \times (P/F, 10\%, 5)$
        = $800 \times 0.6209 = 496.72$(元)

(三)债券筹资的优缺点

1. 债券筹资的优点

(1) 债券利息作为财务费用在税前列支,而股票的股利需由税后利润发放,利用债券筹资的资金成本较低。

(2) 债券持有人无权干涉企业的经营管理,因而不会减弱原有股东对企业的控制权。

(3) 债券利率在发行时就确定,如遇通货膨胀,则实际减轻了企业负担;如企业盈利情况好,在财务杠杆作用下可使原有投资者获取更大的得益。

2. 债券筹资的缺点

(1) 筹资风险高。债券筹资有固定到期日,要承担还本付息义务。当企业经营不善时,会减少原有投资者的股利收入,甚至会因不能偿还债务而导致企业破产。

(2) 限制条件多。债券持有人为保障债权的安全,往往要在债券合同中签订保护条款,这会对企业造成较多约束,影响企业财务灵活性。

(3) 筹资数量有限。债券筹资的数量比一般银行借款要多,但它筹集的毕竟是债务资金,不可能太多,否则会影响企业信誉,也会因资金结构变差而导致总体资金成本的提高。

三、融资租赁

租赁是承租人向出租人交付租金,出租人在契约或合同规定的期限内将资产的使用权让渡给承租人的一种经济行为。

(一) 租赁的种类

租赁的种类很多,按租赁的性质可分为经营性租赁和融资性租赁两大类。

1. 经营性租赁

经营性租赁又称服务性租赁。它是由承租人向出租人交付租金,由出租人向承租人提供资产使用及相关的服务,并在租赁期满时由承租人把资产归还给出租人的租赁。经营性租赁通常为短期租赁,其特点是:

(1) 资产所有权属于出租人,承租人仅为获取资产使用权,不是为了融资。

(2) 经营租赁是一个可解约的租赁,承租企业在租期内可按规定提出解除租赁合同。

(3) 租赁期短,一般只是租赁物使用寿命期的小部分。

(4) 出租企业向承租企业提供资产维修、保养及人员培训等服务。

(5) 租赁期满或合同中止时,租赁资产一般归还给出租企业。

2. 融资性租赁

融资性租赁又称财务租赁、资本租赁。它是承租人为融通资金而向出租人租用,由出租人出资、按承租人要求购买租赁物的租赁。它是以融物为形式、以融资为实质的经济行为,是出租人为承租人提供信贷的信用业务。融资性租赁通常为长期租赁,其特点是:

(1) 资产所有权形式上属于出租方,但承租方能实质性地控制该项资产,并有权在承租期内取得该项资产的所有权。承租方应把融资租入资产作自有资产对待,如要在资产账户上作记录、要计提折旧。

(2) 融资租赁是一种不可解约的租赁,租赁合同比较稳定,在租赁期内,承租人必须连续交纳租金,非经双方同意,中途不得退租。这样既能保证承租人长期使用该项资产,又能保证出租人收回投资并有所得益。

(3) 租赁期长,租赁期一般是租赁资产使用寿命期的绝大部分。

(4) 出租方一般不提供维修、保养方面的服务。

(5) 租赁期满,承租人可选择留购、续租或退还,通常由承租人留购。

(二) 融资租赁的形式

融资租赁有以下三种形式:

1. 直接租赁

直接租赁是指承租人直接向出租人租入所需要的资产。直接租赁的出租人主要是制造厂商、租赁公司。直接租赁是融资租赁中最为普遍的一种,是融资租赁的典型形式。

2. 售后回租

售后回租是指承租人先把其拥有主权的资产出售给出租人,然后再将该项资产租回的租赁,这种租赁方式既使承租人通过出售资产获得一笔资金,以改善其财务状况,满足企业对资金的需要;又使承租人通过回租而保留了企业对该项资产的使用权。

3. 杠杆租赁

杠杆租赁是由资金出借人为出租人提供部分购买资产的资金,再由出租人购入资产租给承租人的方式。因此,杠杆租赁涉及出租人、承租人和资金出借人三方。从承租人的角度来看,它与其他融资租赁形式并无多大区别。从出租人的角度看,它只支付购买资产的部分资金(20%～40%),其余部分(60%～80%)是向资金出借人借来的。在杠杆租赁方式下,出租人具有三重身份,即资产所有权人、出租人、债务人。出租人既向承租人收取租金,又向借款人偿还本息,其间的差额就是出租人的杠杆收益。从资金出借人的角度看,它向出租人借出资金是由出租人以租赁物为抵押的,它的债权对出租人没有追索权,但对租赁物有第一留置权。即当承租人不履行支付租金义务时,资金出借人不能向出租人追索债务,但可向法院申请执行其担保物权。该项租赁物被清偿的所得,首先用以清偿资金出借人的债务,如有剩余,再给出租人。

(三)融资租赁的程序

1. 作出租赁决策

当企业需要长期使用某项设备而又没有购买该项设备所需资金时,一般有两种选择:一是筹措资金购买该项设备;二是融资租入该项设备。可以通过现金流量的分析计算作出合适的抉择。

2. 选择租赁公司

当企业决定采用融资租赁方式取得某项设备时,即应开始选择租赁公司。从融资条件、租赁费率等有关资料比较,择优选定。

3. 办理租赁委托

当企业选定租赁公司后,便可向其提出申请,办理委托。这种委托包括填写"租赁申请书"及提供财务状况的文件资料。

4. 签订购货协议

租赁公司受理租赁委托后,即由租赁公司与承租企业的一方或双方选择设备的制造商或销售商,与其进行技术与商务谈判,签订购货协议。

5. 签订租赁合同

租赁合同由承租企业与租赁公司签订。租赁合同用以明确双方的权利与义务,它是租赁业务最重要的文件,具有法律效力。融资租赁合同的内容包括一般条款和特殊条款两部分。

6. 办理验货及投保

承租企业收到租赁设备,首先要进行验收。验收合格后签发租赁设备收据及验收合格证并提交租赁公司,租赁公司据以向制造商或销售商付款。同时,承租企业向保险公司办理投保事宜。

7. 交付租金

承租企业在租赁期内按合同规定的租金数额、交付日期、交付方式,向租赁公司交付租金。

8. 租赁期满的设备处理

融资租赁合同期满,承租企业可按合同规定对租赁设备留购、续租或退还。一般来说,租赁公司会把租赁设备在期满时以低价甚至无偿转给承租企业。

(四)融资租赁租金的计算

融资租赁租金是承租企业支付给租赁公司让渡租赁设备的使用权或价值的代价。租金的数额大小、支付方式对承租企业的财务状况有直接的影响,也是租赁决策的重要依据。

1. 租金的构成

(1)租赁资产的价款。包括设备的买价、运杂费及途中保险费等。
(2)利息。即租赁公司所垫资金的应计利息。
(3)租赁手续费。包括租赁公司承办租赁业务的营业费用及应得到的利润。租赁手续费的高低由租赁公司与承租企业协商确定,一般以租赁资产价款的某一百分比收取。

2. 租金的支付方式

(1)按支付时期长短,可分为年付、半年付、季付、月付。
(2)按每期支付租金的时间,可分为先付租金和后付租金。先付租金指在期初支付,后付租金指在期末支付。
(3)按每期支付金额,可分为等额支付和不等额支付。

3. 租金的计算方法

融资租赁租金计算方法较多,常用的有平均分摊法和等额年金法。

(1)平均分摊法。平均分摊法是指先以商定的利息率和手续费率计算出租赁期间的利息和手续费,然后连同租赁设备的购置成本的应摊销总额按租金支付次数平均计算出每次应付租金的数额的方法。

平均分摊法下,每次应付租金数额的计算公式为

$$R = \frac{(C-S)+I+F}{N}$$

式中,R——每次应付租金数额;
C——租赁设备的购置成本;
S——期满时由租入方留购,支付给出租方的转让价;
I——租赁期间利息;
F——租赁期间手续费;
N——租赁期间租金支付次数。

【例3-6】某企业向租赁公司租入一套设备,设备原价为100万元,租期为5年,预计租赁期满租入企业支付的转让价为5万元。年利率为10%,手续费为设备原价的2%,租金每年末支付一次。计算该企业每年应付租金的数额。

解 $R = \dfrac{(100-5)+[100\times(1+10\%)^5-100]+100\times 2\%}{5}$

$= 31.61(万元)$

(2) 等额年金法。等额年金法是运用年金现值的计算原理计算每次应付租金的方法。在这种方法下,要将利息率和手续费率综合在一起确定一个租费率,作为贴现率。这种方法与平均分摊法比,计算是复杂了,但因为考虑了资金的时间价值,结论更具客观性。

等额年金法下,每次应付租金数额的计算公式为

$$R = \dfrac{C - S\times(P/F,i,n)}{(P/A,i,n)}$$

式中,R——每次期末应付租金数额;

C——租赁设备的购置成本;

S——期满时由租入方留购,支付给出租方的转让价;

i——租费率;

n——租赁期间支付租金次数。

关于这一公式的正确使用应注意以下三点:

第一,这一公式假定每期租金是期末支付的,即租金是普通年金。假如每期租金是期初支付的,即租金是即付年金,那么计算公式应为

$$R = \dfrac{C - S\times(P/F,i,n)}{(P/A,i,n-1)+1}$$

第二,公式中的 i 是租费率,是综合了资金利息率和租赁手续费率后由租赁双方认可的,比纯粹的借款利率要大些。当租赁手续费是在租赁开始时一次付清的,也即各期租金不含手续费时,租费率与租金利息率相同。

第三,公式中分子、分母的 i 是同一的,都是租费率,否则会造成租赁期结束时账面余额与预计残值不一致。

【例 3-7】 仍用例 3-6 的资料,分别对以下三种情况用等额年金法计算该企业每年应付租金额:

① 租费率为 12%,租金在每年年末支付。

② 租费率为 12%,租金在每年年初支付。

③ 租金在每年年末支付,但租赁手续费在租入设备时一次付清。

解 设三种情况的每年应付租金额分别为 R_1, R_2, R_3,则

$$R_1 = \dfrac{100 - 5\times(P/F,12\%,5)}{(P/A,12\%,5)} = \dfrac{100 - 5\times 0.5674}{3.6048} = 26.95(万元)$$

$$R_2 = \dfrac{100 - 5\times(P/F,12\%,5)}{(P/A,12\%,4)+1} = \dfrac{100 - 5\times 0.5674}{3.0373+1} = 24.07(万元)$$

$$R_3 = \dfrac{100 - 5\times(P/F,10\%,5)}{(P/A,10\%,5)} = \dfrac{100 - 5\times 0.6209}{3.7908} = 25.56(万元)$$

(五) 融资租赁的优缺点

1. 融资租赁的优点

(1) 融资租赁的实质是融资,当企业资金不足,举债购买设备困难时,更显示其"借鸡生

蛋,以蛋还鸡"办法的优势。

(2) 融资租赁的资金使用期限与设备寿命周期接近,比一般借款期限要长,使承租企业偿债压力较小;在租赁期内租赁公司一般不得收回出租设备,使用有保障。

(3) 融资与融物的结合,减少了承租企业直接购买设备的中间环节和费用,有助于迅速形成生产能力。

2. 融资租赁的缺点

(1) 资金成本高。融资租赁的租金比举债利息高,因此总的财务负担重。

(2) 不一定能享有设备残值。

四、商业信用

商业信用是指商品交易中的延期付款、预收货款或延期交货而形成的借贷关系,是企业之间的直接信用行为。商业信用是商品交易中钱与货在时间上的分离,它的表现形式主要是先取货后付款和先付款后取货两种,是自然性融资。商业信用产生于银行信用之前,在银行信用出现以后,商业信用依然存在。企业之间商业信用的形式有很多,主要有应付账款、应付票据、预收货款等。

(一) 应付账款

应付账款即赊购商品形成的欠款,是一种典型的商业信用形式。应付账款是卖方向买方提供信用,允许买方收到商品后不立即付款,可延续一定时间。这样做既解决了买方暂时性的资金短缺困难,又便于卖方推销商品。

卖方在销售中推出信用期限的同时,往往会推出现金折扣条款。如(2/10,n/30)表示信用期为30天,允许买方在30天内免费占用资金;如买方在10天内付款,可以享有2%的现金折扣。这时,买方就面临一项应付账款决策——要不要提前在现金折扣期内付款。例如:A企业向B企业购入一批原材料,价款总数为100万元,付款约定为(2/10,n/30)。以下分析A企业该如何决策:A企业可以在第30天付款100万元,也可以在第10天付款98万元,若放弃现金折扣,把98万元占用20(即30-10)天,就需支付利息2万元,放弃现金折扣的成本率为:$\frac{2}{98} \times \frac{360}{20} = 36.73\%$。放弃现金折扣的成本是一种机会成本,是买方该不该放弃现金折扣的决策依据。假定银行贷款利率为10%,则A企业不应该放弃现金折扣,宁可向银行借钱在第10天付款98万元,享有现金折扣。因为借款20天的利息为$98 \times 10\% \times \frac{20}{360} = 0.54$(万元),花0.54万元省下2万元是划算的。当放弃现金折扣成本率大于银行贷款利率时不应放弃现金折扣。不难得到计算公式:

$$放弃现金折扣成本率 = \frac{现金折扣率 \times 360}{(1-现金折扣率) \times (信用期-折扣期)}$$

(二) 应付票据

应付票据是企业在对外经济往来中,对应付债务所开出的票据。应付票据主要是商业汇票,商业汇票根据承兑人的不同,可分为商业承兑汇票和银行承兑汇票。商业承兑汇票是由收款人开出,经付款人承兑,或由付款人开出并承兑的汇票。银行承兑汇票是由收款人或承兑申请人开出,由银行审查同意承兑的汇票。商业承兑汇票由付款人承兑,若到期时付款人银行存款账户余额不足以支付票款,银行不承担付款责任,只负责将汇票退还收款人,由收款人与付款人自行协商处理。银行承兑汇票由承兑银行承兑,若到期时承兑申请人存款余额不足以支付票款,承兑银行应向收款人或贴现银行无条件支付票款,同时对承兑申请人执行扣款,并对未扣回的承兑金额按每天万分之五计收罚息。商业汇票是一种期票,最长期限为6个月,对于买方(即付款人)来说,它是一种短期融资方式;对于卖方(即收款人)来说,也可能产生一种融资行为,就是票据贴现。票据贴现是指持票人把未到期的商业票据转让给银行,贴付一定的利息以取得银行资金的一种借贷行为。它是一种以票据为担保的贷款,是一种银行信用。票据贴现涉及贴现利息和银行实付贴现金额,有关计算公式为

$$贴现利息=票据到期金额×贴现率×贴现期$$

$$银行实付贴现金额=票据到期金额-贴现利息$$

其中,贴现期是指自贴现日至票据到期前一日的实际天数。

【例3-8】 某公司在2021年7月10日将一张出票日为4月10日、期限为6个月、票面价值为1 000万元、票面利率月息为5‰的商业汇票向银行贴现,贴现率为月息6‰。计算贴现利息及银行实付贴现金额。

解 该汇票到期日为10月10日,贴现期为91天,则

$$汇票到期金额=1\,000×(1+5‰×6)=1\,030(万元)$$

$$贴现利息=1\,030×6‰÷30×91=18.746(万元)$$

$$银行实付贴现金额=1\,030-18.746=1\,011.254(万元)$$

如果办理贴现的是商业承兑汇票,而该票据到期时债务人未能付款,那么贴现银行因收不到款项而向贴现企业行使追索权。贴现企业办理贴现后对于这种或有负债的应在资产负债表的附注中予以披露。

(三)预收货款

预收货款是指卖方按照合同或协议的规定,在发出商品前向买方预收的部分或全部货款的信用行为。它等于卖方向买方先借一笔款项,然后用商品偿还。这种情况中的商品往往是紧俏的,买方乐意预付货款而取得期货,卖方由此筹集到资金。但应防止卖方企业乘机乱收预收货款,不合理地占用其他企业资金。

商业信用融资具有简单方便、无实际成本、约束和限制少等优点,但缺点是融资期限短。

项目小结

1. 企业筹集资金是资金运动的起点,它会影响乃至决定企业资金运动的规模及效果。

2. 企业资金可用不同方式筹措,但适时适量是共同的要求,可以用销售百分比法预测企业资金需要量。

3. 企业资金总的来说有两种来源:一部分是投资者提供的,称为权益资金;另一部分是债权人提供的,称为负债资金。

4. 权益资金包括吸收直接投资、发行股票、内部积累等。

5. 股票按股东权利和义务的不同，有普通股和优先股之分。

6. 普通股是股份公司发行的具有管理权而股利不固定的股票，是股份制企业筹集权益资金的最主要方式。普通股股票可按面值发行，也可按溢价发行，但不能按折价发行。

7. 优先股是股份公司发行的具有一定优先权的股票。优先股有优先分配股利权、优先分配剩余财产权。

8. 负债资金包括银行借款、发行债券、融资租赁、商业信用。

9. 债券是企业依照法定程序发行的、承诺按一定利率定期支付利息，并到期偿还本金的有价证券，是持券人拥有公司债券的凭证。债券可按折价、面值、溢价发行。

10. 融资性租赁是承租人为融通资金而向出租人租用，由出租人出资，按承租人要求购买租赁物的租赁。它是以融物为形式、以融资为实质的经济行为，是出租人为承租人提供信贷的信用业务。

11. 商业信用是指商品交易中的延期付款、预收货款或延期交货而形成的借贷关系，是企业之间的直接信用行为。商业信用是商品交易中钱与货在时间上的分离，其表现形式主要有先取货后付款和先付款后取货两种，是自然性融资。商业信用产生于银行信用之前，在银行信用出现以后，商业信用依然存在。企业之间商业信用的形式有很多，主要有应付账款、应付票据、预收货款等。

一、判断题

1. 吸收投资中的出资者都是企业的所有者，但他们对企业并不一定具有经营管理权。（　　）

2. 所有者权益是企业可以使用的资本，因此所有者权益就是资本金。（　　）

3. 普通股股东不具有审查公司账目的权利。（　　）

4. 发行普通股股票可以按票面金额等价发行，也可以偏离票面金额按溢价、折价发行。（　　）

5. 票据贴现是一种担保贷款，因此企业把应收票据贴现后是没有任何风险的。（　　）

6. 经营性租赁和融资性租赁都是租赁，它们在会计处理上是没有区别的。（　　）

7. 企业资金的来源只有两种：投资人提供的权益资金、债权人提供的负债资金。（　　）

8. 吸收直接投资按投资主体的不同可将资本金分为国家资本金、法人资本金、个人资本金、外商资本金。（　　）

9. 债券面值应包括两个基本内容：币种和票面金额。（　　）

10. 债券利息和优先股股利都作为财务费用在所得税前支付。（　　）

二、单项选择题

1. 下列各项中属于优先股的优先权的是（　　）。
   A. 优先配股权　　　　　　B. 优先转让权
   C. 优先经营决策权　　　　D. 优先分配股利权

2. 吸收投资的优点是( )。
   A. 资金成本低 B. 控制权集中
   C. 产权关系明晰 D. 较快形成生产能力
3. 融资性租赁实质上是由出租人提供给承租人使用固定资产的一种( )。
   A. 信用业务 B. 买卖活动
   C. 租借业务 D. 服务活动
4. 根据我国有关规定,股票不得( )。
   A. 平价发行 B. 溢价发行
   C. 折价发行 D. 市价发行
5. 当股份公司由于破产进行清算时,优先股的索赔权应位于( )的持有者之前。
   A. 债券 B. 商业汇票
   C. 借据 D. 普通股
6. 下列各项中,不属于商业信用的是( )。
   A. 应付账款 B. 应付工资
   C. 应付票据 D. 预收账款
7. 下列各项中,不能作为银行借款抵押品的是( )。
   A. 无形资产 B. 固定资产
   C. 原材料 D. 债券
8. 普通股每股净资产反映了普通股的( )。
   A. 票面价值 B. 市场价值
   C. 投资价值 D. 账面价值
9. 发行普通股股票是一种( )
   A. 筹资方式 B. 销售方式
   C. 投资方式 D. 借债行为
10. 商业信用是( )之间的信用行为。
    A. 企业与国家 B. 企业与企业
    C. 企业与员工 D. 企业与银行

三、多项选择题

1. 债券共有的要素为( )。
   A. 面值 B. 期限
   C. 担保 D. 利率
2. 企业筹集资金应遵循的原则包括( )。
   A. 合理性 B. 及时性
   C. 效益性 D. 优化资本结构
3. 企业权益性筹资方式有( )。
   A. 吸收直接投资 B. 发行债券
   C. 发行优先股 D. 发行普通股
4. 以杠杆租赁方式进行融资租赁,涉及的当事人有( )。
   A. 承租人 B. 出租人

C. 资金出借人　　　　　　　D. 中介人

5. 下列属于融资租赁形式的有(　　)。
   A. 直接租赁　　　　　　　B. 售后回租
   C. 服务租赁　　　　　　　D. 杠杆租赁

6. 普通股的特点是(　　)。
   A. 有经营管理权　　　　　B. 有盈利分配权
   C. 有优先认股权　　　　　D. 有优先分配剩余财产权

7. 向银行借款筹资的优点有(　　)。
   A. 筹资金额多　　　　　　B. 筹资速度快
   C. 筹资灵活性大　　　　　D. 筹资成本低

8. 下列筹资方式中筹集资金属于企业负债的有(　　)。
   A. 银行借款　　　　　　　B. 发行债券
   C. 融资租赁　　　　　　　D. 商业信用

9. 融资租赁租金的构成内容有(　　)
   A. 租赁设备的价款　　　　B. 利息
   C. 租赁手续费　　　　　　D. 租赁设备维修费

10. 下列各项中对带息票据贴现会有影响的是(　　)
    A. 出票日　　　　　　　　B. 到期日
    C. 贴现日　　　　　　　　D. 贴现率

四、计算题

1. 某公司 2021 年度实现销售收入 100 万元，获得税后净利 8 万元，发放股利 6 万元。年末资产负债表如表 3-2 所示。

表 3-2　资产负债表　　　　　　　2021 年 12 月 31 日(单位:万元)

资产		负债及所有者权益	
现金	2	短期借款	1
应收账款	8	应付账款	8
存货	14	长期债券	6
固定资产净值	15	实收资本	15
无形资产	1	留存收益	10
资产合计	40	权益合计	40

该公司预计 2022 年销售收入增长到 120 万元，现有设备足以满足生产增长需要，销售净利率、股利发放率仍保持 2021 年水平。用销售百分比法预测该公司 2022 年需要追加多少资金?

2. 某公司拟发行每股面值为 10 元、股利率保持 5% 的股票，当前市场利率为 2%。求该股票发行价格。

3. 某公司去年普通股每股税后利润为 0.25 元，今年该公司打算增发新股筹资，以市盈率为 20 计算。求该股票发行价格。

4. 某公司股本总额为 1 000 万元,负债总额为 4 000 万元,资产总额为 8 000 万元,企业发行的普通股每股面值为 10 元。求新股发行价格。

5. 某公司按年利率 5% 向银行借款 500 万元,补偿性余额比例为 15%。计算企业实际借款利率。

6. 某公司与银行商定的周转信贷额度为 1 000 万元,承诺费率为 3%,该企业年度内实际借款额为 900 万元。问该企业应向银行支付多少承诺费?

7. 某公司拟发行面值为 100 元的债券一批。该债券期限为 5 年,单利计息,票面利率为 5%,到期一次还本付息。计算市场利率分别为 4%、5%、6% 时的发行价格。

8. 某公司向租赁公司租赁一套设备,设备原价为 500 万元,租赁期为 10 年,期满时企业支付的转让价为 10 万元,借款年利率按 8% 计算,租赁手续费为设备原价的 3%,租金在每年末支付一次。按下列情况分别计算每年应交租金金额数(答案精确到 0.01 万元):

(1) 采用平均分摊法。

(2) 采用等额年金法,手续费在租入时一次付清。

(3) 采用等额年金法,手续费摊入租金,租赁双方商定租费率为 10%。

(4) 采用等额年金法,条件同(2),但每年租金要求在年初支付。

9. A 公司向 B 公司购入一批商品,约定付款办法为 (3/10, n/60)。计算 A 公司放弃现金折扣成本率。

项目四　资本成本和资本结构

【知识目标】
1. 理解资本成本、杠杆效应及资本结构的概念。
2. 了解资金时间价值与资本成本的联系与区别。

【能力目标】
1. 能进行资本成本、杠杆计算。
2. 能进行资本结构优化。

"给我一个支点,我能撬起地球。"阿基米德这句脍炙人口的名言形象地描述了自然科学中的杠杆作用。杠杆能产生神奇的力量,而杠杆作用在财务管理中同样存在,你知道吗?

任务一　资本成本及计算

一、资本成本的概念

企业从事生产经营活动必须要用资金,在市场经济条件下又不可能无偿使用资金,因此,企业除了必须节约使用资金外,还必须分析把握各种来源的资金的使用代价。资本成本,又称资金成本,它是企业为筹集和使用长期资金而付出的代价。资本成本包括资金筹集费和资金占用费两部分。

（一）资金筹集费

资金筹集费是指企业为筹集资金而付出的代价。如向银行支付的借款手续费,向证券承销商支付的发行股票、债券的发行费等。筹资费用通常是在筹措资金时一次支付的,在用资过程中不再发生,可视为筹资总额的一项扣除。

(二) 资金占用费

资金占用费主要包括资金时间价值和投资者要考虑的投资风险报酬两部分,如向银行借款所支付的利息、发放股票的股利等。资金占用费与筹资金额的大小、资金占用时间的长短有直接联系。

资本成本是在商品经济条件下,资金所有权与资金使用权分离的产物。资本成本是资金使用者对资金所有者转让资金使用权利的价值补偿,我们有时也以如下思维方式考虑问题:投资者的期望报酬就是受资者的资本成本。

资本成本与资金时间价值既有联系,又有区别。联系在于两者考察的对象都是资金;区别在于资本成本既包括资金时间价值,又包括投资风险价值。

资本成本是企业选择筹资来源和方式、拟定筹资方案的依据,也是评价投资项目可行性的衡量标准。

资本成本可以用绝对数表示,也可以用相对数表示。资本成本用绝对数表示即资本总成本,它是筹资费用和用资费用之和。因为它不能反映用资多少,所以较少使用。资本成本用相对数表示,即资本成本率,它是资金占用费与筹资净额的比率,一般讲资本成本多指资本成本率。其计算公式为

$$资本成本率 = \frac{资金占用费}{筹资总额 - 资金筹集费}$$

资金筹集费一般以筹资总额的某一百分比计算,因此上述计算公式也可表示为

$$资本成本率 = \frac{资金占用费}{筹资总额 \times (1 - 筹资费率)}$$

企业以不同方式筹集的资金所付出的代价一般是不同的,企业总的资本成本是由各项个别资本成本及资金比重所决定的。我们对资本成本的计算必须从个别资本成本开始。

二、个别资本成本

个别资本成本是指各种筹资方式所筹资金的成本。主要包括银行借款成本、债券成本、优先股成本、普通股成本和留存收益成本。

(一) 银行借款资本成本

银行借款资本成本的计算公式为

$$K_1 = \frac{I_1(1-t)}{P_1(1-f_1)} = \frac{i_1(1-t)}{1-f_1}$$

式中,K_1——银行借款资本成本;

I_1——银行借款年利息;

P_1——银行借款筹资总额;

t——所得税税率;

f_1——银行借款筹资费率;

i_1——银行借款年利息率。

(二) 债券资本成本

债券资本成本的计算公式为

$$K_2 = \frac{I_2(1-t)}{P_2(1-f_2)} = \frac{B \times i_2(1-t)}{P_2(1-f_2)}$$

式中,K_2——债券资本成本;

I_2——债券年利息;

P_2——债券筹资总额;

t——所得税税率;

f_2——债券筹资费率;

B——债券面值总额;

i_2——债券年利息率。

【例 4-1】 某公司发行债券 1 000 万元,筹资费率为 2%,债券利息率为 10%,所得税率为 30%。计算该债券资本成本。

解 债券资本成本 $K_2 = \dfrac{10\% \times (1-30\%)}{1-2\%} = 7.14\%$

【例 4-2】 某公司发行债券 1 000 万元,面额为 1 000 元,按溢价 1 050 元发行,票面利率为 10%,所得税率为 30%,发行筹资费率为 1%。计算该债券资本成本。

解 债券资本成本 $K_2 = \dfrac{1\,000 \times 10\% \times (1-30\%)}{1\,050 \times (1-1\%)} = 6.73\%$

(三) 优先股资本成本

优先股资本成本的计算公式为

$$K_3 = \frac{D}{P_3(1-f_3)}$$

式中,K_3——优先股资本成本;

D——优先股年股利额;

P_3——优先股筹资总额;

f_3——优先股筹资费率。

【例 4-3】 某公司发行优先股,每股 10 元,年支付股利 1 元,发行费率为 3%。计算该优先股资本成本。

解 优先股资本成本 $K_3 = \dfrac{1}{10 \times (1-3\%)} = 10.31\%$

(四) 普通股资本成本

普通股资本成本的计算公式为

$$K_4 = \frac{D_1}{P_4(1-f_4)} + G$$

式中,K_4——普通股资本成本;

D_1——预期第 1 年普通股股利;

P_4——普通股筹资总额；

f_4——普通股筹资费率。

G——普通股年股利增长率。

【例 4-4】 某公司发行普通股，每股面值 10 元，溢价 12 元发行，筹资费率为 4%，第一年末预计股利率为 10%，以后每年增长 2%。计算该普通股资本成本。

解 普通股资本成本 $K_4 = \dfrac{10 \times 10\%}{12 \times (1-4\%)} + 2\% = 10.68\%$

（五）留存收益资本成本

一般企业都不会把盈利以股利形式全部分给股东，且在宏观政策上也不允许这样做，因此企业只要有盈利，总会有留存收益。留存收益是企业的可用资金，它属于普通股股东所有，其实质是普通股股东对企业的追加投资。留存收益资本成本可以参照市场利率，也可以参照机会成本，更多的是参照普通股股东的期望收益，即普通股资本成本，但它不会发生筹资费用。其计算公式为

$$K_5 = \dfrac{D_1}{P_4} + G$$

式中，K_5——留存收益资本成本，其余同普通股。

【例 4-5】 某公司留用利润 50 万元，其余条件与例 4-4 相同。计算该留存收益资本成本。

解 留存收益资本成本 $K_5 = \dfrac{10 \times 10\%}{12} + 2\% = 10.33\%$

三、综合资本成本

在实际工作中，企业筹措资金往往同时采用几种不同的方式。综合资本成本就是指一个企业各种不同筹资方式总的平均资本成本，它是以各种资本所占的比重为权数，对各种资本成本进行加权平均计算出来的，所以又称加权平均资本成本。其计算公式为

$$K_W = \sum_{j=1}^{n} K_j W_j$$

式中，K_W——综合资本成本（加权平均资本成本）；

K_j——第 j 种资金的资本成本；

W_j——第 j 种资金占全部资金的比重。

【例 4-6】 A 公司共有资金 1 000 万元，其中银行借款占 50 万元，长期债券占 250 万元，普通股占 500 万元，优先股占 150 万元，留存收益占 50 万元，各种来源资金的资本成本率分别为 7%，8%，11%，9%，10%。计算综合资本成本。

解 综合资本成本 $K_W = \dfrac{50 \times 7\% + 250 \times 8\% + 500 \times 11\% + 150 \times 9\% + 50 \times 10\%}{1\ 000}$

$= 9.7\%$

上述综合资本成本的计算中所用权数是按账面价值确定的。使用账面价值权数容易从资产负债表上取得数据，但当债券和股票的市价与账面值相差过多的话，计算得到的综合资

本成本显得不客观。

计算综合资本成本也可选采用市场价值权数和目标价值权数。市场价值权数是指债券、股票等以当前市场价格来确定的权数,这样做比较能反映当前实际情况,但因市场价格变化不定而难以确定。目标价值权数是指债券、股票等以未来预计的目标市场价值确定的权数,但未来市场价值只能是估计的。概括地说,以上三种权数分别有利于了解过去、反映现在、预知未来。在计算综合资本成本时,如无特殊说明,则要求采用账面价值权数。

四、边际资本成本

边际资本成本是指资金每增加一个单位而增加的成本。当企业需要追加筹措资金时应考虑边际资本成本的高低。企业追加筹资,可以只采用某一种筹资方式,但这对保持或优化资本结构不利。当筹资数额较大,资本结构又有既定目标时,应通过边际资本成本的计算,确定最优的筹资方式的组合。

下面举例说明边际资本成本的计算和应用。

【例 4-7】 A 公司现有资金 1 000 万元,其中长期借款为 100 万元,长期债券为 200 万元,普通股为 700 万元。公司考虑扩大经营规模,拟筹集新的资金。经分析,认为目前的资本结构是最优的,希望筹集新资金后能保持目前的资本结构。经测算,随筹资额的增加,各种资本成本的变动情况如表 4-1 所示。

表 4-1　A 公司筹资资料

资金种类	目标资本结构	新筹资的数量范围(元)	资本成本
长期借款	10%	0～50 000 大于 50 000	6% 7%
长期债券	20%	0～140 000 大于 140 000	8% 9%
普通股	70%	0～210 000 210 000～630 000 大于 630 000	10% 11% 12%

(一) 计算筹资总额的分界点(突破点)

根据目标资本结构和各种个别资本成本变化的分界点(突破点),计算筹资总额的分界点(突破点)。其计算公式为

$$BP_j = \frac{TF_j}{W_j}$$

式中,BP_j——筹资总额的分界点;

TF_j——第 j 种个别资本成本的分界点;

W_j——目标资本结构中第 j 种资金的比重。

某公司的筹资总额分界点如表 4-2 所示。

表 4-2　筹资总额分界点计算表

资金种类	资本结构	资本成本	新筹资的数量范围（元）	新筹资总额分界点（元）
长期借款	10%	6% 7%	0～50 000 大于 50 000	0～500 000 大于 500 000
长期债券	20%	8% 9%	0～140 000 大于 140 000	0～700 000 大于 700 000
普通股	70%	10% 11% 12%	0～210 000 210 000～630 000 大于 630 000	0～300 000 300 000～900 000 大于 900 000

在表 4-2 中，新筹资总额分界点是指引起某资金种类资本成本变化的分界点。如长期借款，筹资总额不超过 50 万元，资本成本为 6%；超过 50 万元，资本成本就要增加到 7%。那么筹资总额在 50 万元左右时，尽量不要超过 50 万元，然而要维持原有资本结构，必然要多种资金按比例同时筹集，单考虑某个别资本成本是不成立的，必须考虑综合的边际资本成本。

（二）计算各筹资总额范围的边际资本成本

根据表 4-2 计算结果，可知有 4 个分界点，应有 5 个筹资范围。计算 5 个筹资范围的边际资本成本，结果如表 4-3 所示。

表 4-3　边际资本成本计算表

序号	筹资总额范围(元)	资金种类	资本结构	资本成本	边际资本成本
1	0～300 000	长期借款 长期债券 普通股	10% 20% 70%	6% 8% 10%	0.6% 1.6% 7%
2	300 000～500 000	长期借款 长期债券 普通股	10% 20% 70%	6% 8% 11%	0.6% 1.6% 7.7%
3	500 000～700 000	长期借款 长期债券 普通股	10% 20% 70%	7% 8% 11%	0.7% 1.6% 7.7%
4	700 000～900 000	长期借款 长期债券 普通股	10% 20% 70%	7% 9% 11%	0.7% 1.8% 7.7%
5	900 000 以上	长期借款 长期债券 普通股	10% 20% 70%	7% 9% 12%	0.7% 1.8% 8.4%

注：第 1 个筹资范围的边际资本成本＝9.2%，第 2 个筹资范围的边际资本成本＝9.9%，第 3 个筹资范围的边际资本成本＝10%，第 4 个筹资范围的边际资本成本＝10.2%，第 5 个筹资范围的边际资本成本＝10.9%。

A公司可以按照表4-3的结果规划追加筹资,尽量不要由一段范围突破到另一段范围。

任务二 杠杆原理

杠杆原理是物理学中的概念,财务管理中用杠杆原理来描述一个量的变动会引起另一个量的更大变动。财务管理中的杠杆有经营杠杆、财务杠杆、综合杠杆。

一、经营杠杆

(一)经营杠杆效应

企业在生产经营中会有这么一种现象:在单价和成本水平不变的条件下,销售量的增长会引起息税前利润以更大的幅度增长,这就是经营杠杆效应。经营杠杆效应产生的原因是不变的固定成本,当销售量增加时,变动成本将同比增加,销售收入也同比增加,但固定成本总额不变,单位固定成本以反比例降低,这就导致单位产品成本降低,每单位产品利润增加,于是利润比销量增加得更快。

考察A公司连续3年的销量、利润资料,如表4-4所示。

表4-4 A公司盈利情况资料 （金额单位:元）

项目	第一年	第二年	第三年
单价	150	150	150
单位变动成本	100	100	100
单位边际贡献	50	50	50
销售量	10 000	20 000	30 000
边际贡献	500 000	1 000 000	1 500 000
固定成本	200 000	200 000	200 000
息税前利润($EBIT$)	300 000	800 000	1 300 000

由表4-4可见,从第一年到第二年,销售量增加了原来的100%,息税前利润增加了原来的166.67%;从第二年到第三年,销售量增加了原来的50%,息税前利润增加了原来的62.5%。利用经营杠杆效应,企业在可能的情况下适当增加产销会取得更多的盈利,这就是经营杠杆利益。但我们也必须认识到,当企业遇上不利而销售量下降时,息税前利润会以更大的幅度下降,即经营杠杆效应也会带来经营风险。

(二)经营杠杆系数及其计算

经营杠杆系数,也称经营杠杆率(DOL),是指息税前利润的变动率相对于销售量变动率的倍数。其定义公式为

$$经营杠杆系数(DOL) = \frac{息税前利润变动率}{销售量变动率} = \frac{\Delta EBIT/EBIT_0}{\Delta x/x_0}$$

按表 4-4 资料，可以算得第二年经营杠杆系数为 1.666 7，第三年经营杠杆系数为 1.25。利用上述 DOL 的定义公式计算经营杠杆系数必须掌握利润变动率与销售量变动率，这是事后反映，不便于利用 DOL 进行预测，为此，我们设法推导出一个只需用基期数据计算经营杠杆系数的公式。

以下标"0"表示基期数据，下标"1"表示预测期数据，推导如下：

$$DOL = \frac{\Delta EBIT/EBIT_0}{\Delta x/x_0} = \frac{EBIT_1 - EBIT_0}{EBIT_0} \times \frac{x_0}{x_1 - x_0}$$

$$= \frac{cm \cdot (x_1 - x_0)}{EBIT_0} \times \frac{x_0}{x_1 - x_0} = \frac{Tcm_0}{EBIT_0}$$

$$= \frac{基期边际贡献}{基期息税前利润}$$

用 DOL 计算公式不仅可以算出第二、第三年的经营杠杆系数，而且第四年的经营杠杆系数也可算出，根据表 4-4 资料，第四年的经营杠杆系数 $DOL = \frac{1\ 500\ 000}{1\ 300\ 000} = 1.153\ 8$。

二、财务杠杆

（一）财务杠杆效应

企业在核算普通股每股利润时会有这么一种现象：在资金构成不变的情况下，息税前利润的增长会引起普通股每股利润以更大的幅度增长，这就是财务杠杆效应。财务杠杆效应产生的原因是当息税前利润增长时，债务利息不变，优先股股利不变，这就导致普通股每股利润比息税前利润增加得更快。

假设 A 公司年债务利息为 100 000 元，所得税率为 30%，普通股股数为 100 000 股，连续 3 年普通股每股利润资料如表 4-5 所示。

表 4-5　A 公司普通股每股利润资料　　　　　　　　　　（金额单位:元）

项目	第一年	第二年	第三年
息税前利润(EBIT)	300 000	800 000	1 300 000
债务利息	100 000	100 000	100 000
税前利润	200 000	700 000	120 000
所得税	60 000	210 000	360 000
税后利润	140 000	490 000	840 000
普通股每股利润(EPS)	1.4	4.9	8.4

由表 4-5 可见，从第一年到第二年，EBIT 增加了 166.67%，EPS 增加了 250%；从第二年到第三年，EBIT 增加了 62.5%，EPS 增加了 71.43%。利用财务杠杆效应，企业适度负

债经营,在盈利条件下可能给普通股股东带来更多的得益,这就是财务杠杆利益。但我们也必须认识到,当企业遇上不利而盈利下降时,普通股股东的得益会以更大的幅度减少,即财务杠杆效应也会带来财务风险。

(二) 财务杠杆系数及其计算

财务杠杆系数(DFL),也称财务杠杆率,是指普通股每股利润的变动率相对于息税前利润变动率的倍数。其定义公式为

$$财务杠杆系数(DFL)=\frac{普通股每股利润变动率}{息税前利润变动率}=\frac{\Delta EPS/EPS_0}{\Delta EBIT/EBIT_0}$$

按表4-5资料,可以算得第二年财务杠杆系数为1.5,第三年财务杠杆系数为1.1429。利用上述DFL的定义公式计算财务杠杆系数必须掌握普通股每股利润变动率与息税前利润变动率,这是事后反映,不便于利用DFL进行预测。为此,我们设法推导出一个只需用基期数据计算财务杠杆系数的公式。推导如下:

$$DFL=\frac{\Delta EPS/EPS_0}{\Delta EBIT/EBIT_0}$$

$$=\frac{\frac{(EBIT_1-I)\times(1-t)-E}{n}-\frac{(EBIT_0-I)\times(1-t)-E}{n}}{\frac{(EBIT_0-I)\times(1-t)-E}{n}}\div\frac{EBIT_1-EBIT_0}{EBIT_0}$$

$$=\frac{(EBIT_1-EBIT_0)\times(1-t)}{(EBIT_0-I)\times(1-t)-E}\times\frac{EBIT_0}{EBIT_1-EBIT_0}$$

$$=\frac{EBIT_0}{EBIT_0-I-\frac{E}{1-t}}$$

$$=\frac{基期息税前利润}{基期息税前利润-债务利息-\frac{优先股股利}{1-所得税税率}}$$

式中,I——债务利息;
t——所得税税率;
E——优先股股利;
n——普通股股数。

对于无优先股的股份制企业或非股份制企业,上述财务杠杆系数的计算公式可简化为

$$DFL=\frac{EBIT_0}{EBIT_0-I}=\frac{基期息税前利润}{基期税前利润}$$

用DFL计算公式不仅可以算出A公司第二、第三年的财务杠杆系数,而且第四年的财务杠杆系数也可算出。根据表4-5资料,第四年的财务杠杆系数 $DFL=\frac{1\,300\,000}{1\,300\,000-100\,000}=1.0833$。

三、综合杠杆

(一)综合杠杆效应

由于存在固定的生产经营成本,会产生经营杠杆效应,即销售量的增长会引起息税前利润以更大的幅度增长。由于存在固定的财务成本(债务利息和优先股股利),会产生财务杠杆效应,即息税前利润的增长会引起普通股每股利润以更大的幅度增长。一个企业会同时存在固定的生产经营成本和固定的财务成本,那么两种杠杆效应会共同发生,会有连锁作用,形成销售量的变动使普通股每股利润以更大的幅度变动。综合杠杆效应就是经营杠杆和财务杠杆的综合效应。

(二)综合杠杆系数及其计算

综合杠杆系数,也称复合杠杆系数,又称总杠杆系数(DTL),是指普通股每股利润的变动率相对于销售量变动率的倍数。其定义公式为

$$综合杠杆系数(DTL)=\frac{普通股每股利润变动率}{销售量变动率}=\frac{\frac{\Delta EPS}{EPS_0}}{\frac{\Delta x}{x_0}}$$

对于综合杠杆系数可以推导出它的计算公式为

$$\begin{aligned}DTL &= \frac{\Delta EPS/EPS_0}{\Delta x/x_0} \\ &= \frac{\Delta EBIT/EBIT_0}{\Delta x/x_0} \times \frac{\Delta EPS/EPS_0}{\Delta EBIT/EBIT_0} \\ &= DOL \times DFL \\ &= \frac{Tcm_0}{EBIT_0} \times \frac{EBIT_0}{EBIT_0 - I - \frac{E}{1-t}} \\ &= \frac{Tcm_0}{EBIT_0 - I - \frac{E}{1-t}}\end{aligned}$$

可见,综合杠杆系数可以由经营杠杆系数与财务杠杆系数相乘得到,也可以由基期数据直接计算得到。考察 A 公司表 4-4、表 4-5 资料,计算各年 DTL 如下:

第二年:$DTL=1.666\ 7\times1.5=2.5$,

或 $DTL=\dfrac{500\ 000}{300\ 000-100\ 000}=2.5$;

第三年:$DTL=1.25\times1.142\ 9=1.428\ 6$,

或 $DTL=\dfrac{1\ 000\ 000}{800\ 000-100\ 000}=1.428\ 6$;

第四年:$DTL=1.153\ 8\times1.083\ 3=1.25$,

或 $DTL=\dfrac{1\ 500\ 000}{1\ 300\ 000-100\ 000}=1.25$。

任务三　资本结构及其优化

一、资本结构的概念

资本结构是指企业各种来源的长期资金的构成及其比例关系。资本结构是否合理会影响企业资本成本的高低、财务风险的大小以及投资者的得益,它是企业筹资决策的核心问题。企业资金来源多种多样,但总的来说可分成权益资金和债务资金两类,资本结构问题主要是负债比率问题,适度增加债务可能会降低企业资本成本,获取财务杠杆利益,同时也会给企业带来财务风险。

二、资本结构的优化

资本结构的优化意在寻求最优资本结构,使企业综合资本成本最低、企业风险最小、企业价值最大。下面介绍3种常用的优化资本结构的方法。

(一)比较综合资本成本

当企业对不同筹资方案作选择时,可以采用比较综合资本成本的方法选定一个资本结构较优的方案。

【例 4-8】 A 公司计划年初的资本结构如下:

资金来源金额:
普通股 6 万股(筹资费率为 2%)	600 万元
长期债券年利率为 10%(筹资费率为 2%)	400 万元
长期借款年利率为 9%(无筹资费用)	200 万元
合计	1 200 万元

普通股每股面额为 100 元,今年期望股息为 10 元,预计以后每年股利率将增加 3%。该企业所得税率为 40%,现拟增资 300 万元,有以下两个方案可供选择:

甲方案:发行长期债券 300 万元,年利率为 11%,筹资费率为 2%。普通股每股股息增加到 12 元,以后每年需增加 4%。

乙方案:发行长期债券 150 万元,年利率为 11%,筹资费率为 2%,另以每股 150 元发行股票 150 万元,筹资费率为 2%,普通股每股股息增加到 12 元,以后每年仍增加 3%。

(1)计算年初综合资本成本。

(2)试作出增资决策。

解 (1)年初:

$$普通股资本成本 = \frac{10}{100 \times (1-2\%)} + 3\% = 13.20\%$$

长期债券资本成本 $=\dfrac{10\%\times(1-40\%)}{1-2\%}=6.12\%$

长期借款资本成本 $=9\%\times(1-40\%)=5.4\%$

综合资本成本 $=13.20\%\times\dfrac{600}{1\,200}+6.12\%\times\dfrac{400}{1\,200}+5.4\%\times\dfrac{200}{1\,200}=9.54\%$

（2）甲方案：

普通股资本成本 $=\dfrac{12}{100\times(1-2\%)}+4\%=16.24\%$

旧债券资本成本 $=6.12\%$

长期借款资本成本 $=5.4\%$

新债券资本成本 $=\dfrac{11\%\times(1-40\%)}{1-2\%}=6.73\%$

综合资本成本 $=16.24\%\times\dfrac{600}{1\,500}+6.12\%\times\dfrac{400}{1\,500}+5.4\%\times\dfrac{200}{1\,500}+6.73\%\times\dfrac{300}{1\,500}$

$=10.19\%$

乙方案：

旧普通股资本成本 $=\dfrac{12}{100\times(1-2\%)}+3\%=15.24\%$

旧债券资本成本 $=6.12\%$

长期借款资本成本 $=5.4\%$

新债券资本成本 $=\dfrac{11\%\times(1-40\%)}{1-2\%}=6.73\%$

新普通股资本成本 $=\dfrac{12}{150\times(1-2\%)}+3\%=11.16\%$

综合资本成本 $=15.24\%\times\dfrac{600}{1\,500}+6.12\%\times\dfrac{400}{1\,500}+5.4\%\times\dfrac{200}{1\,500}+6.73\%\times\dfrac{150}{1\,500}$

$+11.16\%\times\dfrac{150}{1\,500}$

$=10.24\%$

由以上计算结果可知，甲方案的综合资本成本低于乙方案，应采用甲方案增资。

（二）比较普通股每股利润

从普通股股东的得益这一角度考虑资本结构的优化，可以采用比较普通股每股利润。

【例 4-9】 A 公司现有权益资金 500 万元（普通股 50 万股，每股面值 10 元）。企业拟再筹资 500 万元，现有三个方案可供选择：甲方案：发行年利率为 9% 的长期债券；乙方案：发行年股息率为 8% 的优先股；丙方案：增发普通股 50 万股，预计当年可实现息税前盈利 100 万元，所得税率为 30%。选择最优资本结构。

解 各方案的每股利润分别为

$$EPS_{甲}=\dfrac{(100-500\times 9\%)\times(1-30\%)}{50}=0.77(元)$$

$$EPS_乙 = \frac{100\times(1-30\%)-500\times 8\%}{50} = 0.60(元)$$

$$EPS_丙 = \frac{100\times(1-30\%)}{50+50} = 0.70(元)$$

由以上计算结果可知:甲方案的每股利润最大,应采用甲方案筹资。

(三)无差别点分析

无差别点分析是对不同资本结构的获利能力分析。无差别点是指使不同资本结构的每股利润相等的息税前利润点,这一点是两种资本结构优劣的分界点。无差别点分析可称 EBIT-EPS 分析。

【例 4-10】 A 公司现有资本结构全部为普通股 100 万元,每股 10 元,折合 10 万股。现拟增资 20 万元,有甲、乙两种筹资方案可供选择。甲方案:发行普通股 2 万股,每股 10 元。乙方案:发行普通股 1 万股,每股 10 元;另发行债券 10 万元,债券年利率为 10%。该企业所得税率为 40%。

要求:作 EBIT-EPS 分析。

解:设 x 为该企业的息税前利润。

$$EPS_甲 = \frac{x\times(1-40\%)}{10+2}$$

$$EPS_乙 = \frac{(x-10\times 10\%)\times(1-40\%)}{10+1}$$

令 $EPS_甲 = EPS_乙$,得

$$\frac{x\times 0.6}{12} = \frac{(x-1)\times 0.6}{11}$$

故

$$x = 12(万元)$$

此时, $EPS_甲 = EPS_乙 = 0.6(元)$。

则当企业息税前利润小于 12 万元时选择甲方案增资,大于 12 万元时选择乙方案增资。
EBIT-EPS 分析除用上述代数法外,也可用图解法。

上述三种优化资本结构的方法都有一定的局限性。首先,它们都仅对有限个方案选出最优方案,因此只能是"较优",不可能是"最优"。其次,它们与财务管理的总目标——股东财富最大化不可能完全一致,在第一种方法下,综合资本成本低,并不能保证股东财富最大;在第二、第三种方法下,假定普通股每股利润越大,则普通股股价越高,从而股东财富越大,但事实上普通股股价并不仅取决于每股利润,而受很多因素的影响。

上述三种优化资本结构的方法适用于不同的情况。比较综合资本成本适用于个别资本成本已知或可计算的情况;比较普通股每股利润适用于息税前利润可明确预见的情况;无差别点分析适用于息税前利润不能明确预见,但可估测大致范围的情况。

 项目小结

1. 资本成本是企业筹资和用资的代价,是企业选择资金来源、拟定筹资方案的依据,也

是企业用资效益的最低尺度。资本成本的计算包括个别资本及综合资本成本的计算。

2. 经营杠杆效应是指在单价和成本水平不变的条件下,销售量的增长会引起息税前利润以更大的幅度增长。描述经营杠杆效应大小的指标是经营杠杆系数(DOL)。

$$DOL = \frac{\frac{\Delta EBIT}{EBIT_0}}{\frac{\Delta x}{x_0}} = \frac{Tcm_0}{EBIT_0}$$

3. 财务杠杆效应是指在资金构成不变的情况下,息税前利润的增长会引起普通股每股利润以更大的幅度增长。描述财务杠杆效应大小的指标是财务杠杆系数(DFL)。

$$DFL = \frac{\Delta EPS/EPS_0}{\Delta EBIT/EBIT_0} = \frac{EBIT_0}{EBIT_0 - I - \frac{E}{1-t}}$$

4. 综合杠杆效应是经营杠杆和财务杠杆的综合效应。描述综合杠杆效应大小的指标是综合杠杆系数(DTL)。

$$DTL = \frac{\Delta EPS/EPS_0}{\Delta x/x_0} = DOL \times DFL = \frac{Tcm_0}{EBIT_0 - I - \frac{E}{1-t}}$$

5. 资本结构是指企业各种长期资金的构成比例,是筹资质量的集中表现,资本结构的优化方法有比较综合资本成本、比较普通股每股利润及无差别点分析。这些方法适用于不同的情况,从不同的角度优化资本结构。

技能训练

一、判断题

1. 资本成本与资金时间价值是既有联系,又有区别的。(　　)
2. 在筹资额和利息(股息)率相同时,企业借款筹资与发行优先股筹资的财务杠杆作用是相同的。(　　)
3. 留存收益是企业经营中的内部积累,这种资金不是向外界筹措的,因而它没有资本成本。(　　)
4. 当预计的息税前利润大于每股利润无差别的息税前利润时,负债筹资的普通股每股利润大。(　　)
5. 经营杠杆影响息税前利润,财务杠杆影响息税后利润。(　　)
6. 如果企业的债务资金为0,则财务杠杆系数必等于1。(　　)
7. 一个企业的经营杠杆系数和财务杠杆系数都有可能等于1。(　　)
8. 企业负债比例越高,财务风险越大,因此负债对企业总是不利的。(　　)
9. 在个别资本成本一定的情况下,企业综合资本成本的高低取决于资金总额。(　　)
10. 在优化资本结构的过程中,综合资本成本最小的方案一定是普通股每股利润最大的方案。(　　)

二、单项选择题

1. 具有简便易行、成本相对较低、限制较少等优点的筹资方式是(　　)。

A. 商业信用 B. 发行股票
C. 发行债券 D. 长期借款
2. 在计算资本成本时,与所得税有关的资金来源是下述情况中的(　　)。
A. 普通股 B. 优先股
C. 银行借款 D. 留存收益
3. 经营杠杆效应产生的原因是(　　)。
A. 不变的固定成本 B. 不变的产销量
C. 不变的债务利息 D. 不变的销售单价
4. 债券的资本成本率一般低于股票的资本成本率,其主要原因是(　　)。
A. 债券的筹资费用较少 B. 债券的发行量小
C. 债券的利息率固定 D. 债券利息在税前支付
5. 息税前利润变动率一般比产销量变动率(　　)。
A. 小 B. 大 C. 相等 D. 不一定
6. 若经营杠杆系数是5,财务杠杆系数是1.1,则综合杠杆系数是(　　)。
A. 5.5 B. 6.5 C. 3.9 D. 7.2
7. 每股利润变动率相对于息税前利润变动率的倍数,即(　　)。
A. 经营杠杆系数 B. 财务杠杆系数
C. 综合杠杆系数 D. 边际资本成本
8. 息税前利润的变动率相对于销售量变动率的倍数,即(　　)。
A. 经营杠杆系数 B. 财务杠杆系数
C. 综合杠杆系数 D. 边际资本成本
9. 每股利润变动率相对于销售额变动率的倍数,即(　　)。
A. 经营杠杆系数 B. 财务杠杆系数
C. 综合杠杆系数 D. 边际资本成本
10. 某企业长期资本总额为1 000万元,借入资金占总资本的40%,借入资金的利息率为10%。当企业销售额为1 000万元,息税前利润为240万元时,则财务杠杆系数为(　　)。
A. 1.2 B. 1.25 C. 1.04 D. 1.4

三、多项选择题

1. 影响财务杠杆系数的因素有(　　)。
A. 息税前利润 B. 固定成本
C. 优先股股利 D. 所得税税率
2. 财务杠杆效应产生的原因是(　　)。
A. 不变的债务利息 B. 不变的固定成本
C. 不变的优先股股利 D. 不变的销售单价
3. 计算综合资本成本时的权数,可选择(　　)。
A. 账面价值 B. 票面价值
C. 市场价值 D. 目标价值
4. 同综合杠杆系数成正比例变化的是(　　)。

A. 销售额变动率　　　　　　　　B. 每股利润变动率
C. 经营杠杆系数　　　　　　　　D. 财务杠杆系数

5. 资金筹集费是指企业为筹集资金付出的代价,下列属于资金筹集费的有(　　)。
A. 发行广告费　　　　　　　　　B. 股票、债券印刷费
C. 债券利息　　　　　　　　　　D. 股票股利

四、计算题

1. 某企业发行面值为 500 元、票面利率为 10%、偿还期为 5 年的长期债券。该债券的筹资费率为 2%,所得税率为 30%。

要求:计算此债券的资本成本率。

2. 某企业发行面值为 50 元、年股利率为 15% 的优先股股票,发行该优先股股票的筹资费率为 4%。

要求:计算优先股的资本成本率。

3. 某企业发行普通股股票,每股发行价格为 10 元,筹资费率为 5%,预计第一年末股利为 1 元,年股利增长率为 2%。

要求:计算普通股的资本成本率。

4. 某企业留用利润 500 万元,预计普通股下一期股利率为 15%,以后每年股利增长率为 1%。该普通股每股面值为 5 元,发行价为 8 元。

要求:计算留存收益的资本成本率。

5. 某企业共有资金 2 000 万元,其中银行借款为 100 万元,长期债券为 500 万元,普通股为 1 000 万元,留存收益为 400 万元;以上四种资金的资本成本率依次为 5%、6%、12%、11%。

要求:计算该企业的综合资本成本率。

6. 某企业目前拥有长期资金 160 万元,其中长期借款为 20 万元,长期债券为 60 万元,普通股为 80 万元。经分析,企业目前的资本结构是最佳的,并认为筹集新资金后仍应保持这一结构。企业拟考虑筹集新资金、扩大经营,各资本成本随筹资额增加而变动的情况如表 4-6 所示。

表 4-6　资本成本随筹资额增加而变动的情况

资金来源	新筹资的数量范围	资本成本
长期借款	5 万元内	5%
	5 万元以上	6%
长期债券	7.5 万元内	7%
	7.5 万元以上	8%
普通股	15 万元内	10%
	15 万元以上	12%

要求:计算该企业新筹资总额的分界点,编制边际资本成本规划表。

7. 已知某公司 2021 年产销 A 产品 10 万件,单价为 100 元,单位变动成本为 80 元,固定成本总额为 100 万元,公司负债总额为 1 000 万元,年利率为 5%,所得税率为 40%。

要求:(1) 计算边际贡献。

(2) 计算息税前利润。

(3) 计算经营杠杆系数。

(4) 计算财务杠杆系数。

(5) 计算综合杠杆系数。

8. 甲企业年初的资本结构如表 4-7 所示。

表 4-7　甲企业年初的资本结构

资金来源	金额(万元)
长期债券年利率 6%	500
优先股年股息率 10%	100
普通股(8 万股)	400
合计	1 000

普通股每股面值为 50 元,今年期望每股股息为 5 元,预计以后每年股息率将增加 2%,发行各种证券的筹资费率均为 1%,该企业所得税率为 30%。

该企业拟增资 500 万元,有两个备选方案可供选择:方案一:发行长期债券 500 万元,年利率为 8%,此时企业原普通股每股股息将增加到 6 元,以后每年的股息率仍可增加 2%。方案二:发行长期债券 200 万元,年利率为 7%,同时以每股 60 元发行普通股 300 万元,普通股每股股息将增加到 5.5 元,以后每年的股息率仍将增长 2%。

要求:(1) 计算该企业年初综合资本成本率。

(2) 分别计算方案一、方案二的综合资本成本率并作出决策。

9. 某公司拟筹资 1 000 万元开发新品,现有 A、B 两个备选方案。有关资料如表 4-8 所示。

表 4-8　A、B 方案的有关资料

筹资方式	A 方案		B 方案	
	投资额(万元)	资本成本	投资额(万元)	资本成本
长期投资	200	6%	150	5%
债券	300	8%	250	7%
普通股	500	10%	600	12%
合计	1 000		1 000	

要求:(1) 分别计算 A、B 方案的综合资本成本率。

(2) 设开发该项新品的投资报酬率为 9.5%,该公司应选择哪一方案筹资?

10. 某企业计划年初的资本结构如表 4-9 所示。

表 4-9 某企业计划年初的资本结构

资金来源	金额(万元)
长期借款(年利率10%)	200
长期债券(年利率12%)	300
普通股(5万股,面值100元)	500
合计	1 000

本年度该企业拟考虑增资 200 万元,有两种筹资方案:甲方案:发行普通股 2 万股,面值为 100 元;乙方案:发行长期债券 200 万元,年利率为 13%。增资后预计计划年度息税前利润可达到 120 万元,所得税税率为 40%,问该企业应采用哪一方案筹资?

要求:分别采用比较每股利润及无差别点分析两种方法决策。

项目五　项目投资决策

【知识目标】
1. 理解现金净流量、各种贴现与非贴现指标的含义。
2. 理解风险项目投资决策情况下,风险调整贴现率法的含义。
3. 理解现金流量的概念及构成内容。
4. 理解投资风险分析的肯定当量法的含义。
5. 理解项目投资的概念、类型及项目投资决策的程序。
6. 理解各种贴现与非贴现指标的特点。

【能力目标】
1. 掌握现金净流量、各种贴现与非贴现指标的计算方法。
2. 掌握项目投资决策评价指标的应用,并能作出项目投资决策。
3. 掌握风险项目投资决策情况下,风险调整贴现率法的计算技巧。
4. 掌握投资风险分析的肯定当量法的计算技巧。

华为旗下哈勃投资的决策

企查查相关数据显示,于2019年4月成立的华为旗下哈勃投资已投资37家企业(某些统计中为40家)。而在一些统计里,2020年全年投资事件数超过50笔的仅有18家,例如一线机构IDG资本以66笔位居16。投资回报上,哈勃投资亦收获颇丰。2019年5月,集成电路设计企业思瑞浦原股东与哈勃投资签署《投资协议》,后者认购金额合计7 200万元,单价为32.13元/股。紧接着,2019年12月,思瑞浦完成第三次股份转让、第三次增资,哈勃投资占股数量达到479.9万股。2020年9月,思瑞浦正式登陆科创板,截至2021年7月9日午间休盘,思瑞浦股价超过628元,总市值超500亿元,按此计算,目前哈勃投资已获超30倍回报,达20多亿元。对于年利润达646亿元的华为来说,20亿元似乎有点少,但就从单个投资项目的回报来看不容小觑。

任务一　项目投资决策的相关概念

一、项目投资的含义与类型

投资,广义地说是指企业为了在未来取得收益而发生的投入财力的行为,包括用于机器、设备、厂房的购建与更新改造等生产性资产的投资,简称项目投资;也包括购买债券、股票等有价证券的投资和其他类型的投资。本项目介绍的项目投资是一种以特定项目为对象,直接与新建项目或更新改造项目有关的长期投资行为。

项目投资主要分为新建项目和更新改造项目。

(一)新建项目

是以新建生产能力为目的的外延式扩大再生产。新建项目按其涉及内容又可细分为单纯固定资产投资项目和完整工业投资项目。

(1)单纯固定资产投资项目简称固定资产投资,其特点在于:在投资中只包括为取得固定资产而发生的垫支资本投入,而不涉及周转资本的投入。

(2)完整工业投资项目,其特点在于:不仅包括固定资产投资,而且涉及流动资金投资,甚至包括无形资产等其他长期资产投资。

(二)更新改造项目

是以恢复或改善生产能力为目的的内含式扩大再生产。因此,不能将项目投资简单地等同于固定资产投资。项目投资对企业的生存和发展具有重要意义,是企业开展正常生产经营活动的必要前提,是推动企业生产和发展的重要基础,是提高产品质量、降低产品成本不可缺少的条件,是增加企业市场竞争能力的重要手段。

二、项目投资的程序

(一)投资项目的设计

投资规模较大、所需资金较多的战略性项目,应由董事会提议,由各部门专家组成专家小组提出方案并进行可行性研究。投资规模较小、投资金额不大的战术性项目,由主管部门提议,并由有关部门组织人员提出方案并进行可行性研究。

(二)项目投资的决策

(1)估算出投资方案的预期现金流量。

(2)预计未来现金流量的风险,并确定预期现金流量的概率分布和期望值。

(3) 确定资本成本的一般水平即贴现率。
(4) 计算投资方案现金流入量和流出量的总现值。
(5) 通过项目投资决策评价指标的计算,作出投资方案是否可行的决策。

(三) 项目投资的执行

对已作出可行决策的投资项目,企业管理部门要编制资金预算,并筹措所需要的资金,在投资项目实施过程中,要进行控制和监督,使之按期按质完工、投入生产,为企业创造经济效益。

三、现金流量

在进行项目投资决策时,首要环节就是估计投资项目的预算现金流量。所谓现金流量是指投资项目在其计算期内因资金循环而引起的现金流入和现金流出增加的数量。这里的"现金"概念是广义的,包括各种货币资金及与投资项目有关的非货币资产的变现价值。

现金流量包括现金流入量、现金流出量和现金净流量三个具体概念。

(一) 现金流入量

现金流入量是指投资项目实施后在项目计算期内引起的企业现金收入的增加额,简称现金流入。包括:

1. 营业收入

营业收入是指项目投产后每年实现的全部收入。为简化核算,假定正常经营年度内,每期发生的赊销额与回收的应收账款大致相等。营业收入是经营期主要的现金流入量项目。

2. 固定资产的余值

固定资产的余值是指投资项目的固定资产在终结报废清理时的残值收入,或中途转让时的变价收入。

3. 回收流动资金

回收流动资金是指投资项目在项目计算期结束时,收回原来投放在各种流动资产上的营运资金。固定资产的余值和回收流动资金统称为回收额。

4. 其他现金流入量

其他现金流入量是指以上三项指标以外的现金流入量项目。

(二) 现金流出量

现金流出量是指投资项目实施后在项目计算期内引起的企业现金流出的增加额,简称现金流出。包括:

1. 建设投资(含更改投资)

(1) 固定资产投资。包括固定资产的购置成本或建造成本、运输成本、安装成本等。
(2) 无形资产投资。
建设投资是建设期发生的主要现金流出量。

2. 垫支的流动资金

垫支的流动资金是指投资项目建成投产后为开展正常经营活动而投放在流动资产（存货、应收账款等）上的营运资金。

建设投资与垫支的流动资金合称为项目的原始总投资。

3. 付现成本（或经营成本）

付现成本是指在经营期内为满足正常生产经营而需用现金支付的成本。它是生产经营期内最主要的现金流出量。其计算公式为

$$付现成本 = 变动成本 + 付现的固定成本$$
$$= 总成本 - 折旧额（及摊销额）$$

4. 所得税额

所得税额是指投资项目建成投产后，因应纳税所得额增加而增加的税额。

5. 其他现金流出量

其他现金流出量是指不包括在以上内容中的现金流出项目。

（三）现金净流量

现金净流量是指投资项目在项目计算期内现金流入量和现金流出量的净额。因为投资项目的计算期超过一年，且资金在不同的时间具有不同的价值，所以本项目所述的现金净流量是以年为单位的，并且在本任务中不考虑所得税的因素。

现金净流量的计算公式为

$$现金净流量(NCF) = 年现金流入量 - 年现金流出量$$

当流入量大于流出量时，净流量为正值；反之，净流量为负值。

（四）项目计算期

项目计算期是指投资项目从投资建设开始到最终清理结束的全部时间，用 n 表示。

项目计算期通常以年为单位，第 0 年称为建设起点，若建设期不足半年，可假定建设期为零；项目计算期的最后一年（即第 n 年）称为终结点，可假定项目最终报废或清理均发生在终结点，但更新改造除外。

项目计算期包括建设期和生产经营期，从项目投产日到终结点的时间间隔称为生产经营期，也叫寿命期，由此可得

$$项目计算期(n) = 建设期 + 经营期$$

所以，现金净流量可分为建设期的现金净流量和经营期的现金净流量。

1. 建设期现金净流量的计算

$$现金净流量 = -该年投资额$$

因为在建设期没有现金流入量，所以建设期的现金净流量总为负值。此外，建设期现金净流量还取决于投资额的投入方式是一次投入还是分次投入，若投资额是在建设期一次全部投入的，上述公式中的该年投资额即原始总投资。

2. 经营期营业现金净流量的计算

经营期营业现金净流量是指投资项目投产后，在经营期内由于生产经营活动而产生的现金净流量。

$$现金净流量=营业收入-付现成本$$
$$=营业收入-(总成本-折旧额)$$
$$=利润+折旧额$$

如有无形资产摊销额,则

$$付现成本=总成本-折旧额及摊销额$$

3. 经营期终结现金净流量的计算

经营期终结现金净流量是指投资项目在项目计算期结束时发生的现金净流量。

$$现金净流量=营业现金净流量+回收额$$

四、确定现金流量时应考虑的问题

(一) 现金流量的假设

由于项目投资的现金流量的确定是一项很复杂的工作,为了便于确定现金流量的具体内容,简化现金流量的计算过程,特作以下假设:

1. 全投资假设

即假设在确定项目的现金流量时,只考虑全部投资的运动情况,不论是自有资金还是借入资金等具体形式的现金流量,都将其视为自有资金。

2. 建设期投入全部资金假设

即项目的原始总投资不论是一次投入还是分次投入,均假设它们是在建设期内投入的。

3. 项目投资的经营期与折旧年限一致假设

即假设项目主要固定资产的折旧年限或使用年限与其经营期相同。

4. 时点指标假设

即现金流量的具体内容所涉及的价值指标,不论是时点指标还是时期指标,均假设按照年初或年末的时点处理。其中,建设投资在建设期内有关年度的年初发生;垫支的流动资金在建设期的最后一年末即经营期的第一年初发生;经营期内各年的营业收入、付现成本、折旧(摊销等)、利润、所得税等项目的确认均在年末发生;项目最终报废或清理(中途出售项目除外)、回收流动资金均发生在经营期最后一年末。

5. 确定性假设

即假设与项目现金流量估算有关的价格、产销量、成本水平、所得税率等因素均为已知常数。

(二) 现金流量的估算

在确定项目投资的现金流量时,应遵循的基本原则是:只有增量现金流量才是与投资项目相关的现金流量。所谓增量现金流量,是指由于接受或放弃某个投资项目所引起的现金变动部分。由于采纳某个投资方案引起的现金流入增加额,才是该方案的现金流入;同理,某个投资方案引起的现金流出增加额,才是该方案的现金流出。为了正确计算投资项目的增量现金流量,要注意以下几个问题:

1. 沉落成本

沉落成本是过去发生的支出，而不是新增成本。这一成本是由于过去的决策所引起的，对企业当前的投资决策不产生任何影响。例如某企业在两年前购置的某设备原价为10万元，估计可使用五年，无残值，按直线法计提折旧，目前账面净值为6万元。由于科学技术的进步，该设备已被淘汰，在这种情况下，账面净值6万元就属于沉落成本。因此，企业在进行投资决策时要考虑的是当前的投资是否有利可图，而不是过去已花掉了多少线。

2. 机会成本

在投资决策中，如果选择了某一投资项目，就会放弃其他投资项目，其他投资机会可能取得的收益就是本项目的机会成本。机会成本不是我们通常意义上的成本：它不是实际发生的支出或费用，而是一种潜在的、放弃的收益。例如，一笔现金用来购买股票就不能存入银行，那么存入银行的利息收入就是股票投资的机会成本。如果某企业有一闲置的仓库，准备用来改建职工活动中心，但将仓库出租每年可得租金收入2万元，则这租金收入就是改建活动中心的机会成本。机会成本作为丧失的收益，已被放弃的投资机会就无从计量。在投资决策过程中考虑机会成本，有利于全面分析评价所面临的各个投资机会，以便选择经济上最为有利的投资项目。

3. 公司其他部门的影响

一个项目建成后，该项目会对公司的其他部门和产品产生影响，这些影响所引起的现金流量变化应计入项目现金流量。

4. 对净营运资金的影响

一个新项目投产后，存货和应收账款等流动资产的需求随之增加，同时应付账款等流动负债也会增加。这些与项目相关的新增流动资产与流动负债的差额即净营运资金，应计入项目现金流量。

【例 5-1】 某项目投资总额为150万元，其中固定资产投资110万元，建设期为2年，于建设起点分2年平均投入。无形资产投资20万元，于建设起点投入。流动资金投资20万元，于投产开始垫付。该项目经营期10年，固定资产按直线法计提折旧，期满有10万元净残值；无形资产于投产开始分5年平均摊销；流动资金在项目终结时可一次全部收回。另外，预计项目投产后，前5年每年可获得40万元的营业收入，并发生38万元的总成本；后5年每年可获得60万元的营业收入，发生25万元的变动成本和15万元的付现固定成本。

要求：计算该项目投资在项目计算期内各年的现金净流量。

解 （1）建设期现金净流量：

$$NCF_0 = -550\,000 - 200\,000 = -750\,000(元)$$

$$NCF_1 = -550\,000(元)$$

$$NCF_2 = -200\,000(元)$$

（2）经营期现金净流量：

$$固定资产年折旧额 = \frac{1\,100\,000 - 100\,000}{10} = 100\,000(元)$$

$$无形资产年摊销额 = \frac{200\,000}{5} = 40\,000(元)$$

$$NCF_{3-7} = 400\,000 - 380\,000 + 100\,000 + 40\,000 = 160\,000(元)$$

$$NCF_{8-11} = 600\,000 - 250\,000 - 150\,000 = 200\,000(元)$$

（3）经营期终结现金净流量

$$NCF_{12} = 200\,000 + 100\,000 + 200\,000 = 500\,000(元)$$

【例 5-2】 某企业拟更新一套尚可使用 5 年的旧设备。旧设备原价为 170 000 元，账面净值为 110 000 元，期满残值为 10 000 元，目前旧设备变价净收入为 60 000 元。旧设备每年营业收入为 200 000 元，付现成本为 164 000 元。新设备投资总额为 300 000 元，可用 5 年，使用新设备后每年可增加营业收入 60 000 元，并降低付现成本 24 000 元，期满残值 30 000 元。

要求：(1) 计算新旧方案的各年现金净流量。

(2) 计算更新方案的各年差量现金净流量。

解 （1）继续使用旧设备的各年现金净流量：

$$NCF_0 = -60\,000(元)（变价净收入为机会成本）$$
$$NCF_{1-4} = 200\,000 - 164\,000 = 36\,000(元)$$
$$NCF_5 = 36\,000 + 10\,000 = 46\,000(元)$$

(2) 采用新设备的各年现金净流量：

$$NCF_0 = -300\,000(元)$$
$$NCF_{1-4} = (200\,000 + 60\,000) - (164\,000 - 24\,000) = 120\,000(元)$$
$$NCF_5 = 120\,000 + 30\,000 = 150\,000(元)$$

(3) 更新方案的各年差量现金净流量：

$$\Delta NCF_0 = -300\,000 - (-60\,000) = -240\,000(元)$$
$$\Delta NCF_{1-4} = 120\,000 - 36\,000 = 84\,000(元)$$
$$\Delta NCF_5 = 150\,000 - 46\,000 = 104\,000(元)$$

任务二　项目投资决策评价指标与应用

为了客观、科学地分析评价各种投资方案是否可行，一般应使用不同的指标，从不同的侧面或角度反映投资方案的内涵。项目投资决策评价指标是衡量和比较投资项目可行性并据以进行方案决策的定量化标准与尺度，它由一系列综合反映投资效益、投入产出关系的量化指标构成。

项目投资决策评价指标根据是否考虑资金的时间价值，可分为非贴现指标和贴现指标两大类。

一、非贴现指标

非贴现指标也称为静态指标，即没有考虑资金时间价值因素的指标，主要包括投资利润率、投资回收期等指标。

(一)投资利润率

投资利润率又称投资报酬率,是指项目投资方案的年平均利润额占平均投资总额的百分比。投资利润率的决策标准是:投资项目的投资利润率越高越好,低于无风险投资利润率的方案为不可行方案。

投资利润率的计算公式为

$$投资利润率 = \frac{年平均利润额}{平均投资总额} \times 100\%$$

上式中分子是平均利润,不是现金净流量,不包括折旧等;分母可以用投资总额的 50% 来简单计算平均投资总额,一般不考虑固定资产的残值。

【例 5-3】 某企业有甲、乙两个投资方案,投资总额均为 10 万元,全部用于购置新的设备,折旧采用直线法,使用期均为 5 年,无残值,其他有关资料如表 5-1 所示。

表 5-1 甲、乙两个投资方案的相关资料 (单位:元)

项目计算期	甲方案		乙方案	
	利润	现金净流量(NCF)	利润	现金净流量(NCF)
0		(100 000)		(100 000)
1	15 000	35 000	10 000	30 000
2	15 000	35 000	14 000	34 000
3	15 000	35 000	18 000	38 000
4	15 000	35 000	22 000	42 000
5	15 000	35 000	26 000	46 000
合计	75 000	75 000	90 000	90 000

要求:计算甲、乙两方案的投资利润率。

解 甲方案投资利润率 $= \dfrac{15\ 000}{100\ 000/2} \times 100\% = 30\%$

乙方案投资利润率 $= \dfrac{90\ 000/5}{100\ 000/2} \times 100\% = 36\%$

从计算结果来看,乙方案的投资利润率比甲方案的投资利润率高 6%(36%-30%),应选择乙方案。

(二)静态投资回收期

投资回收期是指收回全部投资总额所需要的时间。投资回收期是一个非贴现的反指标,回收期越短,方案就越有利。它的计算可分为两种情况。

1. 经营期年现金净流量相等

其计算公式为

$$投资回收期 = \frac{投资总额}{年现金净流量}$$

如果投资项目投产后若干年(假设为 M 年)内,每年的经营现金净流量相等,且有以下关系成立：

$$M \times \text{投产后}M\text{年内每年相等的现金净流量(NCF)} \geqslant \text{投资总额}$$

则可用上述公式计算投资回收期。

【例 5-4】 根据例 5-3 资料。

要求：计算甲方案的投资回收期。

解 甲方案投资回收期 $= \dfrac{100\,000}{35\,000} = 2.86$（年）

【例 5-5】 某投资项目投资总额为 100 万元，建设期为 2 年，投产后第 1 年至第 8 年每年现金净流量为 25 万元，第 9 年、第 10 年每年现金净流量均为 20 万元。

要求：计算项目的投资回收期。

解 因为 8×25≥投资额 100 万元，所以

$$\text{投资回收期} = 2 + \dfrac{100}{25} = 6\text{（年）}$$

从此例中可知，投资回收期还应包括建设期。

2. 经营期年现金净流量不相等

需计算逐年累计的现金净流量，然后用插入法计算出投资回收期。

【例 5-6】 根据例 5-3 资料。

要求：计算乙方案的投资回收期。

解 乙方案相关资料如表 5-2 所示。

表 5-2 乙方案相关资料 （单位：元）

项目计算期	乙方案	
	现金净流量（NCF）	累计现金净流量
1	30 000	30 000
2	34 000	64 000
3	38 000	102 000
4	42 000	144 000
5	46 000	190 000

从表 5-2 可得出，乙方案的投资回收期在第 2 年与第 3 年之间，用插入法可计算出：

$$\text{乙方案投资回收期} = 2 + \dfrac{100\,000 - 64\,000}{102\,000 - 64\,000} = 2.95\text{（年）}$$

静态指标的计算简单、明了、容易掌握。但是这类指标的计算均没有考虑资金的时间价值。另外投资利润率也没有考虑折旧的回收，即没有完整反映现金净流量，无法直接利用现金净流量的信息；而静态投资回收期也没有考虑回收期之后的现金净流量对投资收益的贡献，也就是说，没有考虑投资方案的全部现金净流量，所以有较大局限性。因此，该类指标一般只适用于方案的初选，或者投资后各项目间经济效益的比较。

二、贴现指标

贴现指标也称为动态指标，即考虑资金时间价值因素的指标。主要包括净现值、净现值

率、现值指数、内含报酬率等指标。

(一) 净现值(NPV)

净现值是指在项目计算期内，按一定贴现率计算的各年现金净流量现值的代数和。所用的贴现率可以是企业的资本成本，也可以是企业所要求的最低报酬率水平。净现值的计算公式为

$$NPV = \sum_{t=0}^{n} NCF_t \times (P/F, i, t)$$

式中，n——项目计算期(包括建设期与经营期);

NCF_t——第 t 年的现金净流量;

$(P/F, i, t)$——第 t 年、贴现率为 i 的复利现值系数。

净现值指标的决策标准是：如果投资方案的净现值大于或等于 0，该方案为可行方案；如果投资方案的净现值小于 0，该方案为不可行方案；如果几个方案的投资额相同，项目计算期相等且净现值均大于 0，那么净现值最大的方案为最优方案。所以，净现值大于或等于 0 是项目可行的必要条件。

1. 经营期内各年现金净流量相等，建设期为 0

净现值的计算公式为

净现值＝经营期每年相等的现金净流量×年金现值系数－投资现值

【例 5-7】 某企业购入设备一台，价值为 30 000 元，按直线法计提折旧，使用寿命 6 年，期末无残值。预计投产后每年可获得利润 4 000 元，假定贴现率为 12%。

要求：计算该项目的净现值。

解 $NCF_0 = -30\,000(元)$

$$NCF_{1-6} = 4\,000 + \frac{30\,000}{6} = 9\,000(元)$$

$NPV = 9\,000 \times (P/A, 12\%, 6) - 30\,000 = 9\,000 \times 4.111\,4 - 30\,000 = 7\,002.6(元)$

2. 经营期内各年现金净流量不相等

净现值的计算公式为

净现值＝$\sum$(经营期内各年的现金净流量×各年的现值系数)－投资现值

【例 5-8】 假定在例 5-7 中，投产后每年可获得利润分别为 3 000 元、3 000 元、4 000 元、4 000 元、5 000 元、6 000 元，其他资料不变。

要求：计算该项目的净现值。

解

$$NCF_0 = -30\,000(元)$$

$$年折旧额 = \frac{30\,000}{6} = 5\,000(元)$$

$$NCF_1 = 3\,000 + 5\,000 = 8\,000(元)$$

$$NCF_2 = 3\,000 + 5\,000 = 8\,000(元)$$

$$NCF_3 = 4\,000 + 5\,000 = 9\,000(元)$$

$$NCF_4 = 4\,000 + 5\,000 = 9\,000(元)$$

$$NCF_5 = 5\,000 + 5\,000 = 10\,000(元)$$

$$NCF_6 = 6\,000 + 5\,000 = 11\,000(元)$$

$$NPV = 8\,000 \times (P/F, 12\%, 1) + 8\,000 \times (P/F, 12\%, 2) + 9\,000 \times (P/F, 12\%, 3)$$
$$+ 9\,000 \times (P/F, 12\%, 4) + 10\,000 \times (P/F, 12\%, 5)$$
$$+ 11\,000 \times (P/F, 12\%, 6) - 30\,000$$
$$= 8\,000 \times 0.892\,9 + 8\,000 \times 0.797\,2 + 9\,000 \times 0.711\,8 + 9\,000 \times 0.635\,5$$
$$+ 10\,000 \times 0.567\,4 + 11\,000 \times 0.506\,6 - 30\,000$$
$$= 6\,893.1(元)$$

【例 5-9】 某企业拟建一项固定资产,需投资 55 万元,按直线法计提折旧,使用寿命为 10 年,期末有 5 万元净残值。该项工程建设期为 1 年,投资额分别于年初投入 30 万元,年末投入 25 万元。预计项目投产后每年可增加营业收入 15 万元,总成本为 10 万元,假定贴现率为 10%。

要求:计算该投资项目的净现值。

解 (1)建设期现金净流量:
$$NCF_0 = -30(万元)$$
$$NCF_1 = -25(万元)$$

(2)经营期营业现金净流量:
$$NCF_{2-10} = (15-10) + \frac{55-5}{10} = 10(万元)$$

(3)经营期终结现金净流量:
$$NCF_{11} = 10 + 5 = 15(万元)$$

(4) $NPV = 10 \times [(P/A, 10\%, 10) - (P/A, 10\%, 1)] + 15 \times (P/F, 10\%, 11)$
$\qquad - [30 + 25 \times (P/F, 10\%, 1)]$
$= 10 \times (6.144\,6 - 0.909\,1) + 15 \times 0.350\,5 - (30 + 25 \times 0.909\,1)$
$= 4.885(万元)$

净现值是一个贴现的绝对值正指标,其优点在于:一是综合考虑了资金时间价值,能较合理地反映投资项目的真正经济价值;二是考虑了项目计算期的全部现金净流量,体现了流动性与收益性的统一;三是考虑了投资风险性,因为贴现率的大小与风险大小有关,风险越大,贴现率就越高。但是该指标的缺点也是明显的,即无法直接反映投资项目的实际投资收益率水平;当各项目投资额不同时,难以确定最优的投资项目。

(二)净现值率(NPVR)与现值指数(PI)

上述的净现值是一个绝对数指标,与其相对应的相对数指标是净现值率与现值指数。净现值率是指投资项目的净现值与投资现值合计的比值;现值指数是指项目投产后按一定贴现率计算的在经营期内各年现金净流量的现值合计与投资现值合计的比值,其计算公式为

$$净现值率 = \frac{净现值}{投资现值}$$

$$现值指数 = \frac{\sum 经营期各年现金净流量现值}{投资现值}$$

净现值率与现值指数有如下关系:

$$现值指数 = 净现值率 + 1$$

净现值率大于0,现值指数大于1,表明项目的报酬率高于贴现率,存在额外收益;净现值率等于0,现值指数等于1,表明项目的报酬率等于贴现率,收益只能抵补资本成本;净现值率小于0,现值指数小于1,表明项目的报酬率小于贴现率,收益不能抵补资本成本。所以,对于单一方案的项目来说,净现值率大于或等于0,现值指数大于或等于1是项目可行的必要条件。当有多个投资项目可供选择时,净现值率或现值指数越大,企业的投资报酬水平就越高,因此应采用净现值率大于0或现值指数大于1中的最大者。

【例5-10】 根据例5-7的资料。

要求:计算净现值率和现值指数。

解
$$净现值率 = \frac{7\,002.6}{30\,000} = 0.233\,4$$

$$现值指数 = \frac{9\,000 \times (P/A, 12\%, 6)}{30\,000} = 1.233\,4$$

$$现值指数 = 净现值率 + 1 = 0.233\,4 + 1 = 1.233\,4$$

【例5-11】 根据例5-9的资料。

要求:计算净现值率和现值指数。

解
$$净现值率 = \frac{4.885}{30 + 25 \times (P/F, 10\%, 1)} = 0.092\,65$$

$$现值指数 = \frac{10 \times [(P/A, 10\%, 10) - (P/A, 10\%, 1)] + 15 \times (P/F, 10\%, 11)}{30 + 25 \times (P/F, 10\%, 1)}$$

$$= 1.092\,65$$

$$现值指数 = 净现值率 + 1 = 0.092\,65 + 1 = 1.092\,65$$

(三) 内含报酬率(IRR)

内含报酬率又称内部收益率,是指投资项目在项目计算期内各年现金净流量现值合计数等于0时的贴现率,亦可将其定义为能使投资项目的净现值等于0时的贴现率。显然,内含报酬率 IRR 满足下列等式:

$$\sum_{t=0}^{n} NCFt \times (P/F, IRR, t) = 0$$

从上式中可知,净现值的计算是根据给定的贴现率求净现值。而内含报酬率的计算是先令净现值等于0,然后求能使净现值等于0的贴现率。所以,净现值不能揭示各个方案本身可以达到的实际报酬率是多少,而内含报酬率实际上反映了项目本身的真实报酬率。用内含报酬率评价项目可行的必要条件是:内含报酬率大于或等于贴现率。

(1) 经营期内各年现金净流量相等,且全部投资均于建设起点一次投入,建设期为0,即

经营期每年相等的现金净流量(NCF) × 年金现值系数(P/A, IRR, t) − 投资总额 = 0

内含报酬率具体计算的程序如下:

① 计算年金现值系数(P/A, IRR, t):

$$年金现值系数 = \frac{投资总额}{经营期每年相等的现金净流量}$$

② 根据计算出来的年金现值系数与已知的年限 n,查年金现值系数表,确定内含报酬率的范围。

③ 用插入法求出内含报酬率。

【例 5-12】 根据例 5-7 的资料。

要求:计算内含报酬率。

解 $(P/A, IRR, 6) = \dfrac{30\,000}{9\,000} = 3.3333$

查表可知

$$IRR = 18\% + \dfrac{3.4976 - 3.3333}{3.4976 - 3.3255} \times (20\% - 18\%) = 19.91\%$$

(2) 经营期内各年现金净流量不相等:

若投资项目在经营期内各年现金净流量不相等,或建设期不为 0,投资额是在建设期内分次投入的情况下,无法应用上述的简便方法,必须按定义采用逐次测试的方法,计算能使净现值等于零的贴现率,即内含报酬率。计算步骤如下:

① 估计一个贴现率,用它来计算净现值。如果净现值为正数,说明方案的实际内含报酬率大于预计的贴现率,应提高贴现率再进一步测试;如果净现值为负数,说明方案本身的报酬率小于估计的贴现率,应降低贴现率再进行测算。如此反复测试,寻找出使净现值由正到负或由负到正且接近 0 的两个贴现率。

② 根据上述相邻的两个贴现率,用插入法求出该方案的内含报酬率。由于逐步测试法是一种近似方法,相邻的两个贴现率不能相差太大,否则误差会很大。

【例 5-13】 根据例 5-8 资料。

要求:计算内含报酬率。

解 先按 16% 估计的贴现率进行测试,其结果净现值为 2 855.8 元,是正数;于是把贴现率提高到 18% 进行测试,净现值为 1 090.6 元,仍为正数,再把贴现率提高到 20% 重新测试,净现值为 -526.5 元,是负数,说明该项目的内含报酬率在 18%~20% 范围。有关测试计算如表 5-3 所示。

表 5-3 内含报酬率的有关测试计算 (单位:元)

年份	现金净流量(NCF)	贴现率=16%		贴现率=18%		贴现率=20%	
		现值系数	现值	现值系数	现值	现值系数	现值
0	(30 000)	1	(30 000)	1	(30 000)	1	(30 000)
1	8 000	0.862 1	6 896.8	0.847 5	6 780	0.833 3	6 666.4
2	8 000	0.743 2	5 945.6	0.718 2	5 745.6	0.694 4	5 555.2
3	9 000	0.640 7	5 766.3	0.608 6	5 477.4	0.578 7	5 208.3
4	9 000	0.552 3	4 970.7	0.515 8	4 642.2	0.482 3	4 340.7
5	10 000	0.476 2	4 762	0.437 1	4 371	0.401 9	4 019
6	11 000	0.410 4	4 514.4	0.370 4	4 074.4	0.334 9	3 683.9
净现值			2 855.8		1 090.6		(526.5)

然后用插入法近似计算内含报酬率：

$$\begin{array}{ccc} 18\% & IRR & 20\% \\ NPV=1\,090.6 & NPV=0 & NPV=-526.5 \end{array}$$

$$IRR=18\%+\frac{1\,090.6-0}{1\,090.6-(-526.5)}\times(20\%-18\%)=19.35\%$$

内含报酬率是个动态相对量正指标，它既考虑了资金时间价值，又能从动态的角度直接反映投资项目的实际报酬率，且不受贴现率高低的影响，比较客观，但该指标的计算过程比较复杂。

（四）贴现评价指标之间的关系

净现值 NPV、净现值率 NPVR、现值指数 PI 和内含报酬率 IRR 指标之间存在以下数量关系，即

当 $NPV>0$ 时，$NPVR>0$，$PI>1$，$IRR>i$；

当 $NPV=0$ 时，$NPVR=0$，$PI=1$，$IRR=i$；

当 $NPV<0$ 时，$NPVR<0$，$PI<1$，$IRR<i$。

这些指标的计算结果都受到建设期和经营期的长短、投资金额及方式，以及各年现金净流量的影响。不同的是，净现值（NPV）为绝对数指标，其余为相对数指标，计算净现值、净现值率和现值指数所依据的贴现率（i）都是事先已知的，而内含报酬率（IRR）的计算本身与贴现率（i）的高低无关，只是采用这一指标的决策标准是将所测算的内含报酬率与其贴现率进行对比，当 $IRR \geqslant i$ 时该方案是可行的。

三、项目投资决策评价指标的应用

计算评价指标的目的是进行项目投资方案的对比与选优，使它们在方案的对比与选优中正确地发挥作用，为项目投资方案提供决策的定量依据。但投资方案对比与选优的方法会因项目投资方案的不同而有区别。

（一）独立方案的对比与选优

独立方案是指方案之间存在着相互依赖的关系，但又不能相互取代的方案。在只有一个投资项目可供选择的条件下，只需评价其财务上是否可行。

常用的评价指标有净现值、净现值率、现值指数和内含报酬率，如果评价指标同时满足以下条件：$NPV \geqslant 0$，$NPVR \geqslant 0$，$PI \geqslant 1$，$IRR \geqslant i$，则项目具有财务可行性；反之，则不具备财务可行性。而静态的投资回收期与投资利润率可作为辅助指标评价投资项目，但需注意：当辅助指标与主要指标（净现值等）的评价结论发生矛盾时，应当以主要指标的结论为准。

【例 5-14】 根据例 5-7、例 5-10、例 5-12 的计算结果可知：

$$NPV=7\,002.6(元)>0$$
$$NPVR=0.233\,4>0$$
$$PI=1.233\,4>1$$

$IRR=19.91\%>12\%$（贴现率）

计算表明该方案各项主要指标均达到或超过相应标准,所以它具有财务可行性,方案是可行的。

【例 5-15】 某企业拟引进一条流水线,投资额为 110 万元,分两年投入。第一年初投入 70 万元,第二年初投入 40 万元,建设期为 2 年,净残值为 10 万元,折旧采用直线法。在投产初期投入流动资金 20 万元,项目使用期满可全部回收。该项目可使用 10 年,每年销售收入为 60 万元,总成本为 45 万元。假定企业期望的投资报酬率为 10%。

要求:计算该项目的净现值和内含报酬率,并判断该项目是否可行。

解

$$NCF_0=-70（万元）$$
$$NCF_1=-40（万元）$$
$$NCF_2=-20（万元）$$
$$年折旧额=\frac{110-10}{10}=10（万元）$$
$$NCF_{3-11}=60-45+10=25（万元）$$
$$NCF_{12}=25+(10+20)=55（万元）$$

$$NPV=25\times[(P/A,10\%,11)-(P/A,10\%,2)]+55\times(P/F,10\%,12)-[70+40\times(P/F,10\%,1)+20\times(P/F,10\%,2)]$$
$$=25\times(6.495\,1-1.735\,5)+55\times0.318\,6-(70+40\times0.909\,1+20\times0.826\,4)$$
$$=13.621（万元）$$

(1) 当 $i=12\%$ 时,测算 NPV:
$$NPV=25\times(5.937\,7-1.690\,1)+55\times0.256\,7-(70+40\times0.892\,9+20\times0.797\,2)$$
$$=-1.351\,5（万元）$$

(2) 用插入法计算 IRR:
$$IRR=10\%+\frac{13.621-0}{13.621-(-1.351\,5)}\times(12\%-10\%)=11.82\%>贴现率10\%$$

$i=10\%$	IRR	$i=12\%$
$NPV=13.621$	$NPV=0$	$NPV=-1.351\,5$

计算表明,净现值为 13.621 万元,大于 0,内含报酬率为 11.82%,大于贴现率 10%,所以该项目在财务上是可行的。一般来说,用净现值和内含报酬率对独立方案进行评价,不会出现相互矛盾的结论。

(二) 互斥方案的对比与选优

项目投资决策中的互斥方案(相互排斥方案)是指在决策时涉及的多个相互排斥、不能同时实施的投资方案。互斥方案决策过程就是在每一个入选方案已具备项目可行性的前提下,利用具体决策方法比较各个方案的优劣,利用评价指标从各个备选方案中最终选出一个最优方案的过程。

由于各个备选方案的投资额、项目计算期不相一致,要根据各个方案的使用期、投资额相等与否,采用不同的方法作出选择。

(1) 互斥方案的投资额、项目计算期均相等,可采用净现值法或内含报酬率法。

所谓净现值法,是指通过比较互斥方案的净现值指标的大小来选择最优方案的方法。所谓内含报酬率法,是指通过比较互斥方案的内含报酬率指标的大小来选择最优方案的方法。净现值或内含报酬率最大的方案为优。

【例5-16】 某企业现有资金100万元可用于固定资产项目投资,有A、B、C、D四个互相排斥的备选方案可供选择,这四个方案投资总额均为100万元,项目计算期都为6年,贴现率为10%,现经计算:

$NPV_A = 8.1253$(万元) $IRR_A = 13.3\%$

$NPV_B = 12.25$(万元) $IRR_B = 16.87\%$

$NPV_C = -2.12$(万元) $IRR_C = 8.96\%$

$NPV_D = 10.36$(万元) $IRR_D = 15.02\%$

要求:决策哪一个投资方案为最优。

解 因为C方案净现值为-2.12万元,小于0,内含报酬率为8.96%,小于贴现率,不符合财务可行的必要条件,应舍去。

又因为A、B、D三个备选方案的净现值均大于0,且内含报酬平均大于贴现率,所以A、B、D三个方案均符合财务可行的必要条件。且

$$NPV_B > NPV_D > NPV_A$$

12.25(万元)>10.36(万元)>8.1253(万元)

$IRR_B > IRR_D > IRR_A$,即

16.87%>15.02%>13.3%

所以,B方案最优,D方案其次,最差为A方案,应采用B方案。

(2) 互斥方案的投资额不相等,但项目计算期相等,可采用差额法。

所谓差额法,是指在两个投资总额不同方案的差量现金净流量(记作 ΔNCF)的基础上,计算出差额净现值(记作 ΔNPV)或差额内含报酬率(记作 ΔIRR),并据以判断方案孰优孰劣的方法。

在此方法下,一般以投资额大的方案减投资额小的方案,当$\Delta NPV \geqslant 0$ 或 $\Delta IRR \geqslant i$ 时,投资额大的方案较优;反之,则投资额小的方案为优。

差额净现值ΔNPV或差额内含报酬率ΔIRR的计算过程和计算技巧同净现值NPV或内含报酬率IRR完全一样,只是所依据的是ΔNCF。

【例5-17】 某企业有甲、乙两个投资方案可供选择,甲方案的投资额为100 000元,每年现金净流量均为30 000元,可使用5年;乙方案的投资额为70 000元,每年现金净流量分别为10 000元、15 000元、20 000元、25 000元、30 000元,使用年限也为5年。甲、乙两方案建设期均为0年,如果贴现率为10%。

要求:对甲、乙方案作出选择。

解 因为两方案的项目计算期相同,但投资额不相等,所以可采用差额法来评判。

$\Delta NCF_0 = -100\,000 - (-70\,000) = -30\,000$(元)

$\Delta NCF_1 = 30\,000 - 10\,000 = 20\,000$(元)

$\Delta NCF_2 = 30\,000 - 15\,000 = 15\,000$(元)

$\Delta NCF_3 = 30\,000 - 20\,000 = 10\,000$(元)

$\Delta NCF_4 = 30\,000 - 25\,000 = 5\,000(元)$
$\Delta NCF_5 = 30\,000 - 30\,000 = 0$

$\Delta NPV_{甲-乙} = 20\,000 \times (P/F, 10\%, 1) + 15\,000 \times (P/F, 10\%, 2) + 10\,000 \times (P/F, 10\%, 3) + 5\,000 \times (P/F, 10\%, 4) - 30\,000$

$= 20\,000 \times 0.909\,1 + 15\,000 \times 0.826\,4 + 10\,000 \times 0.751\,3 + 5\,000 \times 0.683\,0 - 30\,000$

$= 11\,506(元) > 0$

用 $i = 28\%$ 测算 ΔNPV,有

$\Delta NPV = 20\,000 \times (P/F, 28\%, 1) + 15\,000 \times (P/F, 28\%, 2) + 10\,000 \times (P/F, 28\%, 3) + 5\,000 \times (P/F, 28\%, 4) - 30\,000$

$= 20\,000 \times 0.781\,3 + 15\,000 \times 0.610\,4 + 10\,000 \times 0.476\,8 + 5\,000 \times 0.372\,5 - 30\,000$

$= 1\,412.5(元) > 0$

再用 $i = 32\%$ 测算 ΔNPV,有

$NPV = 20\,000 \times (P/F, 32\%, 1) + 15\,000 \times (P/F, 32\%, 2) + 10\,000 \times (P/F, 32\%, 3) + 5\,000 \times (P/F, 32\%, 4) - 30\,000$

$= 20\,000 \times 0.757\,6 + 15\,000 \times 0.573\,9 + 10\,000 \times 0.434\,8 + 5\,000 \times 0.329\,4 - 30\,000$

$= -244.5 < 0$

用插入法计算 ΔIRR,有

$\Delta IRR = 28\% + \dfrac{1\,412.5 - 0}{1\,412.5 - (-244.5)} \times (32\% - 28\%)$

$= 31.41\% > 贴现率 10\%$

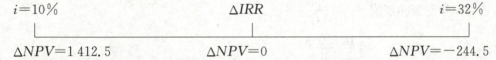

计算表明差额净现值为 11 506 元,大于 0,差额内含报酬率为 31.41%,大于贴现率 10%,应选择甲方案。

(3) 互斥方案的投资额不相等,项目计算期也不相同,可采用年回收额法。

所谓年回收额法,是指通过比较所有投资方案的年等额净现值指标的大小来选择最优方案的决策方法。在此方法下,年等额净现值最大的方案为优。

年回收额法的计算步骤如下:

① 计算各方案的净现值 NPV;

② 计算各方案的年等额净现值,若贴现率为 i,项目计算期为 n,则

$$年等额净现值 A = \dfrac{净现值}{年金现值系数} = \dfrac{NPV}{(P/A, i, n)}$$

【例 5-18】 某企业有两个投资方案,其现金净流量如表 5-4 所示:

表 5-4 两个投资方案的有关资料　　　　　　　　　　（单位:元）

项目计算期	甲方案		乙方案	
	净收益	现金净流量	净收益	现金净流量
0		(200 000)		(120 000)
1	20 000	120 000	16 000	56 000
2	32 000	132 000	16 000	56 000
3			16 000	56 000

要求:如果该企业期望达到的最低报酬率为12%,请作出决策。

解 (1) 计算甲、乙方案的 NPV:

$NPV_甲 = 120\,000 \times (P/F, 12\%, 1) + 132\,000 \times (P/F, 12\%, 2) - 200\,000$

$\qquad = 120\,000 \times 0.892\,9 + 132\,000 \times 0.797\,2 - 200\,000$

$\qquad = 12\,378.4(元)$

$NPV_乙 = 56\,000 \times (P/A, 12\%, 3) - 120\,000$

$\qquad = 56\,000 \times 2.401\,8 - 120\,000$

$\qquad = 14\,500.8(元)$

(2) 计算甲、乙方案的年等额净现值:

$$甲方案年等额净现值 = \frac{12\,378.4}{(P/A, 12\%, 2)}$$

$$= \frac{12\,378.4}{1.690\,1}$$

$$= 7\,324.06(元)$$

$$乙方案年等额净现值 = \frac{14\,500.8}{(P/A, 12\%, 3)}$$

$$= \frac{14\,500.8}{2.401\,8}$$

$$= 6\,037.47(元)$$

(3) 作出决策:

因为甲方案年等额净现值>乙方案年等额净现值,即

$$7\,324.06 > 6\,037.47$$

所以应选择甲方案。

根据上述计算结果可知,乙方案的净现值大于甲方案的净现值,但乙方案的项目计算期为3年,而甲方案仅为2年,所以乙方案的净现值高并不能说明该方案优,因此需通过年回收额法计算年等额净现值得出此结论,甲方案的年等额净现值高于乙方案的年等额净现值,即甲方案为最优方案。

(三) 其他方案的对比与选优

在实际工作中,有些投资方案不能单独计算盈亏,或者投资方案的收入相同,或收入基本相同且难以具体计量,一般可考虑采用"成本现值比较法"或"年成本比较法"来作出比较

和评价。所谓成本现值比较法是指计算各个方案的成本现值之和并进行对比,成本现值之和最低的方案是最优的。成本现值比较法一般适用于项目计算期相同的投资方案间的对比、选优。对于项目计算期不同的方案就不能用成本现值比较法进行评价,而应采用年成本比较法,即比较年平均成本现值对投资方案作出选择。

【例 5-19】 某企业有甲、乙两个投资方案可供选择,两个方案的设备生产能力相同,设备的寿命期均为 4 年,无建设期。甲方案的投资额为 64 000 元,每年的经营成本分别为 4 000 元、4 400 元、4 600 元、4 800 元,寿命终期有 6 400 元的净残值;乙方案投资额为 60 000 元,每年的经营成本均为 6 000 元,寿命终期有 6 000 元净残值。

要求:如果企业的贴现率为 8%,试比较两个方案的优劣。

解 因为甲、乙两方案的收入不知道,无法计算 NPV,且项目计算期相同,均为 4 年,所以应采用成本现值比较法。

$$\begin{aligned}
\text{甲方案的投资成本现值} &= 64\,000 + 4\,000 \times (P/F, 8\%, 1) + 4\,400 \times (P/F, 8\%, 2) + 4\,600 \\
&\quad \times (P/F, 8\%, 3) + 4\,800 \times (P/F, 8\%, 4) - 6\,400 \times (P/F, 8\%, 4) \\
&= 64\,000 + 4\,000 \times 0.925\,9 + 4\,400 \times 0.857\,3 + 4\,600 \times 0.793\,8 + \\
&\quad 4\,800 \times 0.735\,0 - 6\,400 \times 0.735\,0 \\
&= 73\,951.20 (\text{元})
\end{aligned}$$

$$\begin{aligned}
\text{乙方案的投资成本现值} &= 60\,000 + 6\,000 \times (P/A, 8\%, 4) - 6\,000 \times (P/F, 8\%, 4) \\
&= 60\,000 + 6\,000 \times 3.312\,1 - 6\,000 \times 0.735\,0 \\
&= 75\,462.6 (\text{元})
\end{aligned}$$

以上计算结果表明,甲方案的投资成本现值较低,所以甲方案优于乙方案。

【例 5-20】 根据例 5-19 所给的资料,假设甲、乙投资方案寿命期分别为 4 年和 5 年,建设期仍为零,其余资料不变。

要求:如果企业的贴现率仍为 8%,应选择哪个方案?

解 因为甲、乙两个方案的项目计算期不相同,有

$$\text{甲方案项目计算期} = 0 + 4 = 4 \text{ 年}$$
$$\text{乙方案项目计算期} = 0 + 5 = 5 \text{ 年}$$

所以不能采用成本现值比较法,而应采用年成本比较法。

计算步骤如下:

(1) 计算甲、乙方案的成本现值。

甲方案成本现值 $= 73\,951.20 (\text{元})$(同例 5-19 一致)

$$\begin{aligned}
\text{乙方案成本现值} &= 60\,000 + 6\,000 \times (P/A, 8\%, 5) - 6\,000 \times (P/F, 8\%, 5) \\
&= 60\,000 + 6\,000 \times 3.992\,7 - 6\,000 \times 0.680\,6 \\
&= 79\,872.6 (\text{元})
\end{aligned}$$

(2) 计算甲、乙方案的年均成本。

$$\begin{aligned}
\text{甲方案的年均成本} &= \frac{73\,951.20}{(P/A, 8\%, 4)} \\
&= \frac{73\,951.20}{3.312\,1} \\
&= 22\,327.59 (\text{元})
\end{aligned}$$

$$\text{乙方案的年均成本} = \frac{79\,872.60}{(P/A,8\%,5)}$$

$$= \frac{79\,872.60}{3.992\,7}$$

$$= 20\,004.66(元)$$

以上计算结果表明,乙方案的年均成本低于甲方案的年均成本,因此应采用乙方案。

任务三 所得税与折旧对项目投资的影响

一、考虑所得税与折旧因素的现金流量

在前面的论述中,我们所讨论的现金流量都没有考虑所得税因素。但实际上所得税对企业来说是一种现金流出,由利润和税率决定,而利润大小又受折旧的影响,因此,讨论所得税对现金流量的影响时,必然要考虑折旧问题。

(一)税后成本和税后收入

如果某企业本年度发生电费 20 000 元,因为电费是一项减免所得税费用,所以实际支付额并不是真实的成本,真实成本应是扣除了所得税影响以后的费用净额,即税后成本。税后成本的计算公式为

$$\text{税后成本} = \text{实际支付额} \times (1 - \text{所得税率})$$

如果企业的所得税率为 33%,据此计算

$$\text{电费的税后成本} = 20\,000 \times (1 - 33\%) = 13\,400(元)$$

与税后成本相对应的概念是税后收入,所得税对企业营业收入也会影响,使营业收入金额的一部分流出企业,这样企业实际的现金流入是纳税以后的收入。税后收入的计算公式为

$$\text{税后收入} = \text{收入金额} \times (1 - \text{所得税率})$$

这里所说的应税收入是指根据税法需要纳税的收入,不包括项目结束时收回垫支流动资金等现金流入。

(二)折旧的抵税作用

固定资产随着使用,其实物形态不断磨损而变得越来越陈旧。为了补偿其实物损耗,维持再生产过程,必然按照一定的折旧率计量固定资产陈旧程度即价值损耗。将计入产品成本或有关费用的固定资产损耗价值称为固定资产折旧费。

企业计提折旧会引起成本增加,利润减少,从而使所得税减少。折旧是企业的成本,但不是付现成本,如果不计提折旧,企业所得税将会增加,所以折旧可以起到减少税负的作用,即会使企业实际少缴所得税,也就是减少了企业现金流出量,增加了现金净流量。折旧抵税

额的计算公式为

$$折旧抵税额（税负减少）＝折旧额×所得税率$$

例如企业的折旧额增加了 5 000 元，其他各种因素均不变，所得税率为 33%。

由于企业增加了折旧额 5 000 元，使税前利润减少了 5 000 元，减少所得税 5 000×33%＝1 650 元，即企业实际少缴了 1 650 元的所得税，现金净流量增加了 1 650 元。

（三）税后现金流量

1. 建设期现金净流量

在考虑所得税因素之后，建设期的现金净流量的计算要根据投资项目的类型分别考虑。如果是新建项目，所得税对现金净流量没有影响。可按下列方法计算：

$$建设期现金净流量＝－该年投资额$$

如果是更新改造项目，固定资产的清理损益就应考虑所得税问题。

2. 经营期现金净流量

在考虑所得税因素之后，经营期的营业现金净流量可按下列方法计算：

（1）根据现金净流量的定义计算：

$$现金净流量＝营业收入－付现成本－所得税$$

（2）根据年末经营成果计算：

$$现金净流量＝税后利润＋折旧额$$

（3）根据所得税对收入和折旧的影响计算：

$$现金净流量＝税后收入－税后成本＋折旧抵税额$$
$$＝营业收入×（1－所得税率）－付现成本×（1－所得税率）$$
$$＋折旧额×所得税率$$

经营期的终结现金净流量根据营业现金净流量加上回收额就可得出。

二、举例

【例 5-21】 某企业 5 年前购置一设备，价值为 78 万元，购置时预期使用寿命为 15 年，残值为 3 万元。折旧采用直线法，目前已提折旧 25 万元，账面净值为 53 万元。利用这一设备，企业每年发生营业收入为 90 万元，付现成本为 60 万元。现在市场上推出一种新设备，价值为 120 万元，购入后即可投入使用，使用寿命为 10 年，预计 10 年后残值为 20 万元。该设备由于技术先进，效率较高，预期每年的净利润可达到 30 万元。如果现在将旧设备出售，估计售价为 10 万元。若该企业的资本成本为 10%，所得税率为 40%。

要求：问该企业是否应用新设备替换旧设备？

解　因为旧设备的账面净值＝53（万元），所以

　　　　旧设备出售净损失＝53－10＝43（万元）[计入营业外支出]
　　　　少缴所得税＝43×40%＝17.2（万元）[属现金流入]
　　所以购买新设备增加的投资额＝120－10－17.2＝92.8（万元）

又因为旧设备还可使用 10 年，新设备的项目计算期也为 10 年（0＋10），所以新、旧设备项目计算期相同，可采用差额法来进行评价，即

新设备的年折旧额 = $\dfrac{120-20}{10}$ = 10(万元)

NCF 新$_{1\sim9}$ = 30+10 = 40(万元)

NCF 新$_{10}$ = 40+20 = 60(万元)

旧设备的年折旧额 = $\dfrac{53-3}{10}$ = 5(万元)

NCF 旧$_{1\sim9}$ = 90×(1-40%)-60×(1-40%)+5×40% = 20(万元)

NCF 旧$_{10}$ = 20+3 = 23(万元)

ΔNCF_0 = -120+10+(53-10)×40% = -92.8(万元)

$\Delta NCF_{1\sim9}$ = 40-20 = 20(万元)

ΔNCF_{10} = 60-23 = 37(万元)

ΔNPV = 20×(P/A,10%,9)+37×(P/F,10%,10)-92.8
= 20×5.759+37×0.3855-92.8
= 36.6435(万元) > 0

所以企业应该考虑设备更新。

【例 5-22】 某企业有一台设备,购于 4 年前,现在考虑是否需要更新。假定新、旧设备生产能力相同,其他有关资料如表 5-5 所示。

要求:若企业所得税率为 40%,贴现率为 10%,考虑是否需要更新设备。

表 5-5 新、旧设备其他有关资料 (单位:元)

项目	旧设备	新设备
原价	800 000	800 000
税法规定残值(10%)	80 000	80 000
税法规定使用年限(年)	10	8
已使用年限	4	0
尚可使用年限	6	8
建设期	0	0
每年付现成本	90 000	70 000
3 年后大修费用	100 000	0
最终报废残值	70 000	90 000
旧设备目前变现价值	150 000	0

解 因为新、旧设备生产能力相同,所以取得的营业收入也相同。

又因为新、旧设备的项目计算期不相同,

旧设备的项目计算期 = 6(年)

新设备的项目计算期 = 0+8 = 8(年)

所以应采用年成本比较法。

1. 分别计算新、旧设备经营期的现金净流量

新、旧设备经营期的现金净流量如表5-6所示。

表5-6　新、旧设备经营期的现金净流量　　　　　　　　　　　　　　（单位：元）

经营期	$NCF_{新}$	$NCF_{旧}$
年折旧额	$\dfrac{800\,000\times(1-10\%)}{8}=90\,000$	$\dfrac{800\,000\times(1-10\%)}{10}=72\,000$
1	$-70\,000\times(1-40\%)+90\,000\times40\%$ $=-6\,000$	$-90\,000\times(1-40\%)+72\,000\times40\%$ $=-25\,200$
2	$-6\,000$	$-25\,200$
3	$-6\,000$	$-25\,200-100\,000\times(1-40\%)=-85\,200$
4	$-6\,000$	$-25\,200$
5	$-6\,000$	$-25\,200$
6	$-6\,000$	$-25\,200+70\,000+(80\,000-70\,000)\times40\%$ $=48\,800$
7	$-6\,000$	
8	$-6\,000+90\,000-(90\,000-80\,000)\times40\%$ $=80\,000$	

说明：

（1）经营期现金净流量是按照下列公式计算：

$$NCF=税后收入-税后成本+折旧\times所得税率$$

（2）第三年旧设备大修理费用10万元属现金流出，$100\,000\times(1-40\%)$为税后大修理费用。

（3）第六年旧设备有残值收入70 000元，第八年新设备有残值收入90 000元，属现金流入。

因为新、旧设备的最终实际残值与税法规定残值均不相同，这样就会存在多缴与少缴所得税的问题，新设备的实际残值大于税法规定残值，从而增加了企业利润，需多缴所得税$(90\,000-80\,000)\times40\%=4\,000$元，属现金流出；旧设备的实际残值小于税法规定残值，从而减少了企业利润，可少缴所得税$(80\,000-70\,000)\times40\%=4\,000$元，属现金流入。

2. 分别计算新、旧设备建设期现金净流量

$$NCF_{旧_0}=-150\,000(元)[机会成本]$$

因为

$$旧设备账面净值=800\,000-4\times72\,000=512\,000(元)$$

所以

$$旧设备出售净损失=512\,000-150\,000=362\,000(元)[计入营业外支出]$$

$$少缴所得税=362\,000\times40\%=144\,800(元)[属现金流入]$$

所以

$$NCF_{新_0}=-800\,000+144\,800=-655\,200(元)$$

3. 分别计算新、旧设备的成本现值

新设备成本现值 = $6\,000 \times (P/A, 10\%, 7) - 80\,000 \times (P/F, 10\%, 8) + 655\,200$
        = $6\,000 \times 4.868\,4 - 80\,000 \times 0.466\,5 + 655\,200 = 647\,090.40$(元)

旧设备成本现值 = $25\,200 \times (P/A, 10\%, 2) + 85\,200 \times (P/F, 10\%, 3)$
       $+ 25\,200 \times (P/F, 10\%, 4) + 25\,200 \times (P/F, 10\%, 5)$
       $- 48\,800 \times (P/F, 10\%, 6) + 150\,000$
       = $25\,200 \times 1.735\,5 + 85\,200 \times 0.751\,3 + 25\,200 \times 0.683$
       $+ 25\,200 \times 0.620\,9 - 48\,800 \times 0.564\,5 + 150\,000$
       = $263\,056.04$(元)

4. 分别计算新、旧设备的年均成本

新设备的年均成本 = $\dfrac{647\,090.40}{(P/A, 10\%, 8)}$

       = $\dfrac{647\,090.40}{5.334\,9}$

       = $121\,293.82$(元)

旧设备的年均成本 = $\dfrac{263\,056.04}{(P/A, 10\%, 6)}$

       = $\dfrac{263\,056.04}{4.355\,3}$

       = $60\,399.06$(元)

计算结果表明,新设备的年均成本高于旧设备的年均成本,所以企业不应考虑更新,而应继续使用旧设备。

【例 5-23】 某企业拟投资新建一条流水线,现有两个方案可供选择:

A 方案的投资额为 120 万元,建设期为 2 年,经营期为 8 年,最终残值为 20 万元,每年可获得销售收入 40 万元,发生总成本为 15 万元。

B 方案的投资额为 110 万元,无建设期,经营期为 8 年,最终残值为 10 万元,每年的税后利润为 8.8 万元。

折旧采用直线法。

要求:若企业期望的最低报酬率为 10%,所得税率为 40%,应采用哪个方案?

解 因为 A、B 方案的项目计算期不同,有

     A 方案项目计算期 = $2 + 8 = 10$ 年
     B 方案项目计算期 = $0 + 8 = 8$ 年

所以应采用年回收额法来分析评价,A 方案计算如下:

年折旧额 = $\dfrac{120 - 20}{8} = 12.5$(万元)

$NCF_0 = -120$(万元)

$NCF_{1-2} = 0$(万元)

$NCF_{3-9} = (40 - 15) \times (1 - 40\%) + 12.5 = 27.5$(万元)

$NCF_{10} = 27.5 + 20 = 47.50$(万元)

$NPV = 27.5 \times [(P/A, 10\%, 9) - (P/A, 10\%, 2)] + 47.5 \times (P/F, 10\%, 10) - 120$

$$= 27.5 \times (5.7590 - 1.7355) + 47.5 \times 0.3855 - 120$$
$$= 8.9575(万元)$$

年回收额 $= \dfrac{8.9575}{(P/A,10\%,10)} = \dfrac{8.9575}{6.1446} = 1.4578(万元)$

B方案计算如下：

年折旧额 $= \dfrac{110-10}{8} = 12.5(万元)$

$NCF_0 = -110(万元)$

$NCF_{1-7} = 8.8 + 12.5 = 21.3(万元)$

$NCF_8 = 21.3 + 10 = 31.3(万元)$

$NPV = 21.3 \times (P/A,10\%,7) + 31.3 \times (P/F,10\%,8) - 110$

$\qquad = 21.3 \times 4.8684 + 31.3 \times 0.4665 - 110$

$\qquad = 8.29837(万元)$

年回收额 $= \dfrac{8.29837}{(P/A,10\%,8)} = \dfrac{8.29837}{5.3349} = 1.5555(万元)$

计算结果表明，虽然A方案的净现值大于B方案，但A方案的年回收额小于B方案，所以应采用B方案。

任务四 投资风险分析

前面我们所讲的资金时间价值是假定在没有风险和通货膨胀条件下的投资报酬率，但是，风险是客观存在的，投资活动充满了风险性。如果决策面临的风险性比较小，一般可忽略它们的影响，把决策视为确定情况下的决策；如果决策面临的风险比较大，足以影响方案的选择，那么就应对它们进行计量并在决策时加以考虑。

在有风险的情况下，决策不仅要考虑到资金时间价值，而且要考虑到投资风险价值，即决策者所要求的投资报酬率必须包括资金时间价值与投资风险价值两部分。资金时间价值是无风险最低报酬率，风险价值是指投资者因为投资活动中冒风险而取得的报酬，通常以风险报酬率来表示。投资者冒风险越大，可能得到的风险价值越多，风险报酬率就越高。

投资风险分析的常用方法是风险调整贴现率法和肯定当量法。

一、风险调整贴现率法

在不考虑通货膨胀的情况下，风险调整贴现率法是将无风险报酬率调整为考虑风险的投资报酬率（即风险调整贴现率），然后根据风险调整贴现率来计算净现值并据此选择投资方案的决策方法。这种方法的基本思路就是对于高风险的项目必须采用高的贴现率，对于低风险的项目必须采用低的贴现率。所以风险调整贴现率法主要解决两个问题：一是投资项目风险程度大小如何确定；二是风险报酬斜率如何确定。解决了这两个问题后包含风险报酬的贴现率就能计算出来。

已知：

$$风险调整贴现率＝无风险报酬率＋风险报酬率$$
$$＝无风险报酬率＋风险报酬斜率×风险程度$$

假如用 K 表示风险调整贴现率，i 表示无风险报酬率，b 表示风险报酬斜率，Q 表示风险程度，则上式可以表示为

$$K=i+b\times Q$$

下面我们通过一个例子来说明怎样计算风险程度、风险报酬斜率，以及根据风险调整贴现率法来选择最佳方案。

【例 5-24】 某公司的无风险报酬率为 5%，现有 A、B 两个投资方案，有关资料如表 5-7 所示。

要求：采用风险调整贴现率法应选择哪一方案？

表 5-7 两个投资方案的有关资料 （单位：元）

项目计算期	A 方案		B 方案	
	现金净流量	概率(P_i)	现金净流量	概率(P_i)
0	(500 000)	1	(200 000)	1
1	300 000	0.25	75 000	0.2
	200 000	0.5	100 000	0.6
	100 000	0.25	125 000	0.2
2	400 000	0.3	75 000	0.2
	300 000	0.4	100 000	0.6
	200 000	0.3	125 000	0.2
3	250 000	0.2	75 000	0.2
	200 000	0.6	100 000	0.6
	150 000	0.2	125 000	0.2

解 具体计算步骤如下：

1. 确定风险程度 Q

（1）计算投资方案各年现金净流量的期望值 E_t，有

$$E_t=\sum_{i=1}^{n}X_iP_i$$

本例的风险因素全部在经营期的 NCF 中，有三种可能，并且已知概率，但并不意味着建设期的 NCF 没有风险，只是为了简化。

A 方案：

$$E_0=-500\,000\times 1=-500\,000(元)$$
$$E_1=300\,000\times 0.25+200\,000\times 0.5+100\,000\times 0.25=200\,000(元)$$
$$E_2=400\,000\times 0.3+300\,000\times 0.4+200\,000\times 0.3=300\,000(元)$$
$$E_3=250\,000\times 0.2+200\,000\times 0.6+150\,000\times 0.2=200\,000(元)$$

B方案：

$E_0 = -200\,000 \times 1 = -200\,000(元)$

$E_1 = E_2 = E_3 = 75\,000 \times 0.2 + 100\,000 \times 0.6 + 125\,000 \times 0.2 = 100\,000(元)$

（2）计算反映各年现金净流量离散程度的标准差 d_t，有

$$d_t = \sqrt{\sum_{i=1}^{n}(X_i - E_t)^2 \times P_i}$$

A方案：

$d_1 = \sqrt{(300\,000 - 200\,000)^2 \times 0.25 + (200\,000 - 200\,000)^2 \times 0.5 + (100\,000 - 200\,000)^2 \times 0.25}$
$= 70\,710.68(元)$

$d_2 = \sqrt{(400\,000 - 300\,000)^2 \times 0.3 + (300\,000 - 300\,000)^2 \times 0.4 + (200\,000 - 300\,000)^2 \times 0.3}$
$= 77\,459.67(元)$

$d_3 = \sqrt{(250\,000 - 200\,000)^2 \times 0.2 + (200\,000 - 200\,000)^2 \times 0.6 + (150\,000 - 200\,000)^2 \times 0.2}$
$= 31\,622.78(元)$

B方案：

$d_1 = d_2 = d_3$
$= \sqrt{(75\,000 - 100\,000)^2 \times 0.2 + (100\,000 - 100\,000)^2 \times 0.6 + (125\,000 - 100\,000)^2 \times 0.2}$
$= 15\,811.39(元)$

标准差越大，说明现金净流量分布的离散程度越大，风险就越大；反之，风险越小。用标准差反映现金净流量的不确定性即风险的大小是很重要的，但也存在一定的局限性。因为标准差是一个绝对值，不便于比较期望值不同的决策方案风险的大小。因此，还需计算标准差系数，即标准离差率。

（3）计算标准差系数 q_t：

$$q_t = \frac{d_t}{E_t}$$

A方案：

$$q_1 = \frac{70\,710.68}{200\,000} = 0.353\,6$$

$$q_2 = \frac{77\,459.67}{300\,000} = 0.258\,2$$

$$q_3 = \frac{31\,622.78}{200\,000} = 0.158\,1$$

B方案：

$$q_1 = q_2 = q_3 = \frac{15\,811.39}{100\,000} = 0.158\,1$$

上述计算只反映了某一年的风险大小，为了综合各年的风险，还需计算综合的标准差系数。

（4）计算综合标准差系数 Q：

$$Q = \frac{D}{EPV}$$

式中，D 为综合标准差，其计算公式为

$$D = \sqrt{\sum_{t=1}^{n}\left[\frac{d_t}{(1+i)^t}\right]^2}$$

EPV 为各年期望值的现值之和,其计算公式为

$$EPV = \sum_{t=1}^{n}\frac{E_t}{(1+i)^t}$$

A 方案:

$$D_A = \sqrt{\left[\frac{70\,710.68}{(1+5\%)}\right]^2 + \left[\frac{77\,459.68}{(1+5\%)^2}\right]^2 + \left[\frac{31\,622.78}{(1+5\%)^3}\right]^2}$$
$$= 101\,081.97(元)$$

$$EPV_A = \frac{200\,000}{(1+5\%)} + \frac{300\,000}{(1+5\%)^2} + \frac{200\,000}{(1+5\%)^3}$$
$$= 635\,352.55$$

$$Q_A = \frac{101\,081.97}{635\,352.55} = 0.159\,1$$

B 方案:

$$D_B = \sqrt{\left[\frac{15\,811.39}{(1+5\%)}\right]^2 + \left[\frac{15\,811.39}{(1+5\%)^2}\right]^2 + \left[\frac{15\,811.39}{(1+5\%)^3}\right]^2}$$
$$= 24\,879.41(元)$$

$$EPV_B = 100\,000 \times (P/A, 5\%, 3)$$
$$= 100\,000 \times 2.723\,2 = 272\,320(元)$$

$$Q_B = \frac{24\,879.41}{272\,320} = 0.091\,4$$

2. 确定风险报酬斜率 b

风险报酬斜率 b 的高低反映了风险程度变化对风险调整贴现率影响的大小,其数值的大小可以根据历史资料用高低点法或直线回归法求出,也可以由企业领导或有关专家根据经验数据确定。

假定该企业过去五项投资的投资报酬率和标准差系数之间的关系如表 5-8 所示。

表 5-8 该企业过去五项投资的投资报酬率和标准差系数之间的关系

投资项目	标准差系数	投资报酬率
甲	0.2	8%
乙	1.2	18%
丙	1.5	21%
丁	0.4	10%
戊	0.8	14%

根据直线方程 $K = i + b \times Q$,采用高低点法来确定 b,有

$$b = \frac{最高报酬率 - 最低报酬率}{最高标准差系数 - 最低标准差系数}$$
$$= \frac{21\% - 8\%}{1.5 - 0.2} = 0.1$$

3. 计算风险调整贴现率 K

根据 $K = i + b \times Q$,得出

$$K_A = 5\% + 0.1 \times 0.159\,1 = 6.6\%$$
$$K_B = 5\% + 0.1 \times 0.091\,4 = 5.9\%$$

4. 根据风险调整贴现率计算投资方案的净现值

其计算公式为

$$NPV = \sum_{t=0}^{n} \frac{E_t}{(1+k)^t}$$

$$NPV_A = \frac{200\,000}{(1+6.6\%)} + \frac{300\,000}{(1+6.6\%)^2} + \frac{200\,000}{(1+6.6\%)^3} - 500\,000$$
$$= 116\,723.33(元)$$

$$NPV_B = \frac{100\,000}{(1+5.9\%)} + \frac{100\,000}{(1+5.9\%)^2} + \frac{100\,000}{(1+5.9\%)^3} - 200\,000$$
$$= 67\,796.52(元)$$

$$NPVR_A = \frac{116\,723.33}{500\,000} = 0.233\,4$$

$$NPVR_B = \frac{67\,796.52}{200\,000} = 0.339\,0$$

考虑了风险价值后,A 方案的净现值 116 723.33 元大于 B 方案的净现值 67 796.52 元,但是,A、B 方案的投资额不相等,用净现值指标进行方案之间的选择有所不妥,所以应用净现值率这一相对数指标进行决策,A 方案的净现值率 0.233 4 小于 B 方案的净现值率 0.339 0,因此,应选择 B 方案进行投资。

风险调整贴现率法对风险大的项目采用较高的贴现率,对风险小的项目采用比较低的贴现率,理论比较完善,便于理解,使用广泛。但是这种方法把时间价值和风险价值混淆在一起,对每年的现金流量进行贴现,意味着风险随着时间的推移而加大,这种假设时与实际情况不符,这是风险调整贴现率法的局限性。

二、肯定当量法

由于风险因素使得投资项目每年的现金净流量变得不稳定,这样就需要按风险程度对每年的现金净流量进行调整,再进行投资决策。所谓肯定当量法,就是按照一定的系数(即肯定当量系数)把有风险的每年现金净流量调整为相当于无风险的现金净流量,然后根据无风险的报酬率计算净现值等指标,并据以评价风险投资项目的决策方法。其计算公式为

$$NPV = \sum_{t=0}^{n} \frac{a_t \times E_t}{(1+i)^t}$$

式中,a_t——第 t 年现金净流量的肯定当量系数;

E_t——第 t 年的有风险的现金净流量期望值;

i——无风险的贴现率。

肯定当量系数,是把有风险的 1 元现金净流量,相当于肯定的也即无风险的现金净流量金额的系数,即肯定的现金净流量与不肯定的现金净流量期望值之间的比值。其计算公

式为

$$\alpha_t = \frac{\text{肯定的现金净流量}}{\text{不肯定的现金净流量期望值}}$$

但在实际工作中,肯定当量系数往往是在估计风险程度的基础上凭借经验确定的,所以又可以说它是一个经验系数。投资方案风险大小通过标准差系数来表示,某方案标准差系数越小,说明该方案的风险越小,将其不肯定的现金净流量换算为肯定的现金净流量的数额就相对较大;反之,则换算为肯定的现金净流量的数额就相对较小。显然,标准差系数越小,其相对应的肯定当量系数则越大;标准差系数越大,其相对应的肯定当量系数越小。标准差系数与肯定当量系数的经验关系如表5-9所示。

表5-9 标准差系数与肯定当量系数的经验关系

标准差系数 q	肯定当量系数 α_t
$0 \leqslant q \leqslant 0.07$	1
$0.07 < q \leqslant 0.15$	0.9
$0.15 < q \leqslant 0.23$	0.8
$0.23 < q \leqslant 0.32$	0.7
$0.32 < q \leqslant 0.42$	0.6
$0.42 < q \leqslant 0.54$	0.5
…	…

【例5-25】 根据例5-24所给资料,要求:采用肯定当量法评价A、B两方案的优劣。

解 根据例5-24计算的结果:

A方案:

$q_1 = 0.3536$ $\alpha_1 = 0.6$

$q_2 = 0.2582$ 相对应 $\alpha_2 = 0.7$

$q_3 = 0.1581$ $\alpha_3 = 0.8$

B方案:

$q_1 = q_2 = q_3 = 0.1581$ 相对应 $\alpha_1 = \alpha_2 = \alpha_3 = 0.8$

$$NPV_A = 0.6 \times \frac{200\,000}{(1+5\%)} + 0.7 \times \frac{300\,000}{(1+5\%)^2} + 0.8 \times \frac{200\,000}{(1+5\%)^3} - 500\,000$$

$$= 114\,285.71 + 190\,476.19 + 138\,214.01 - 500\,000$$

$$= -57\,024.08(\text{元})$$

$$NPV_B = 0.8 \times 100\,000 \times (P/A, 5\%, 3) - 200\,000$$

$$= 0.8 \times 100\,000 \times 2.7232 - 200\,000$$

$$= 17\,856(\text{元})$$

肯定当量法计算的结果是:B方案的净现值17 856元,大于A方案的净现值-57 024.08元,与按风险调整贴现率法的结论不一致,其原因就是风险调整贴现率法对远期现金净流量的调整比较大,夸大了远期风险。

风险调整贴现率法是通过调整净现值公式中的分母来考虑风险因素。肯定当量法是通过调整净现值公式中的分子来考虑风险因素,它克服了风险调整贴现率法将资金时间价值与风险价值混在一起的缺陷,但要准确、合理地确定当量系数。

项目小结

1. 项目投资是一种以特定项目为对象,直接与新建项目或更新改造项目有关的长期投资行为。项目投资主要分为单纯固定资产投资、完整工业投资项目和更新改造项目。项目投资的程序包括投资项目的设计、项目投资的决策、项目投资的执行等。

2. 现金流量是指投资项目在其计算期内因资金循环而引起的现金流入和现金流出增加的数量。包括现金流入量、现金流出量和现金净流量三个具体概念。

现金流入量是指投资项目实施后在项目计算期内引起的企业现金收入的增加额,包括营业收入、固定资产的余值和回收流动资金及其他现金流入量。

现金流出量是指投资项目实施后在项目计算期内引起的企业现金流出的增加额,包括建设投资、垫支的流动资金、付现成本、所得税额及其他现金流出量。

现金净流量是指投资项目在项目计算期内现金流入量和现金流出量的净额,现金净流量可分为建设期的现金净流量和经营期的现金净流量。

建设期现金净流量的计算:

$$现金净流量 = -该年投资额$$

经营期现金净流量的计算:

$$\begin{aligned}现金净流量 &= 营业收入 - 付现成本 - 所得税 \\ &= 税后利润 + 折旧额 \\ &= 营业收入 \times (1-所得税率) - 付现成本 \times (1-所得税率) + \\ &\quad 折旧额 \times 所得税率\end{aligned}$$

$$经营期终结现金净流量 = 营业现金净流量 + 回收额$$

3. 现金流量的假设主要分为全投资假设、建设期投入全部资金假设、项目投资的经营期与折旧年限一致假设、时点指标假设和确定性假设。为了正确计算投资项目的增量现金流量,要注意沉落成本、机会成本、公司其他部门的影响和净营运资金等因素的影响。

4. 项目投资决策评价指标分为非贴现指标和贴现指标两大类。非贴现指标也称为静态指标,主要包括投资利润率、投资回收期等指标。贴现指标也称为动态指标,主要包括净现值、净现值率、现值指数、内含报酬率等指标。贴现评价指标之间的关系为

当 $NPV > 0$ 时,$NPVR > 0, PI > 1, IRR > i$

当 $NPV = 0$ 时,$NPVR = 0, PI = 1, IRR = i$

当 $NPV = 0$ 时,$NPVR < 0, PI < 1, IRR < i$

这些指标的计算结果都受到建设期和经营期的长短、投资金额及方式,以及各年现金净流量的影响。不同的是,净现值(NPV)为绝对数指标,其余为相对数指标,计算净现值、净现值率和现值指数所依据的贴现率(i)都是事先已知的,而内含报酬率(IRR)的计算本身与贴现率(i)的高低无关,只是采用这一指标的决策标准是将所测算的内含报酬率与其贴现率进行对比,当 $IRR \geqslant i$ 时该方案是可行的。

5. 项目投资决策评价指标的决策应用分为独立方案的对比与选优、互斥方案的对比与

选优和其他方案的对比与选优等。

6. 风险价值是指投资者因为投资活动中冒风险而取得的报酬,通常以风险报酬率来表示。投资者冒风险越大,可能得到的风险价值越多,风险报酬率就越高。投资风险分析的常用方法是风险调整贴现率法和肯定当量法。

一、判断题

1. 投资项目评价所运用的内含报酬率指标的计算结果与项目预定的贴现率高低有直接关系。( )

2. 现金净流量是指一定期间现金流入量和现金流出量的差额。( )

3. 投资利润率和静态的投资回收期这两个静态指标的优点是计算简单,容易掌握,且均考虑了现金流量。( )

4. 如果某一投资方案按10%的贴现率计算的净现值大于0,那么该方案的内含报酬率大于10%。( )

5. 风险调整贴现率法与肯定当量法的共同缺点是均对远期现金流量予以较大的调整,两者的区别在于前者调整净现值公式的分母,后者调整净现值公式的分子。( )

6. 多个互斥方案比较,一般应选择净现值大的方案。( )

7. 在计算现金净流量时,无形资产摊销额的处理与折旧额相同。( )

8. 不论在什么情况下,都可以通过逐次测试逼近方法计算内含报酬率。( )

9. 在不考虑所得税因素情况下,同一投资方案分别采用快速折旧法、直线法计提折旧,不会影响各年的现金净流量。( )

10. 在整个项目计算期内,任何一年的现金净流量都可以通过"利润+折旧"的简化公式来确定。( )

二、单项选择题

1. 如果甲、乙两个投资方案的净现值相同,则( )。
 A. 甲方案优于乙方案
 B. 乙方案优于甲方案
 C. 甲方案与乙方案均符合项目可行的必要条件
 D. 无法评价甲、乙两方案经济效益的高低

2. 计算投资方案的增量现金流量时,需考虑的项目是( )。
 A. 沉落成本   B. 原始成本
 C. 变现价值   D. 账面价值

3. 某企业拥有一块土地,其原始成本为250万元,账面价值为180万元。现准备在这块土地上建造工厂厂房,但如果现在将这块土地出售,可获得收入220万元,则建造厂房的机会成本是( )
 A. 250万元   B. 70万元
 C. 180万元   D. 220万元

4. 在用动态指标对投资项目进行评价时,如果其他因素不变,只有贴现率提高,则下列指标计算结果不会改变的是( )。
   A. 净现值 B. 投资回收期
   C. 内含报酬率 D. 现值指数

5. 采用风险调整贴现率法进行投资项目风险分析,需要调整的项目是( )。
   A. 有风险的贴现率 B. 无风险的贴现率
   C. 有风险的现金净流量 D. 无风险的现金净流量

6. 某项目建设期为1年,建设投资200万元全部于建设起初投入,经营期为10年,每年现金净流量为50万元,若贴现率为12%,则该项目的现值指数为( )。
   A. 1.484 1 B. 1.413 5 C. 1.261 3 D. 1.424 6

7. 已知某项目无建设期,资金于建设起点一次性投入,项目建成后可用8年,每年的现金净流量相等。如果该项目的静态投资回收期是6年,则按内含报酬率确定的年金现值系数是( )。
   A. 14 B. 8 C. 6 D. 2

8. 当贴现率为10%时,某项目的净现值为500元,则说明该项目的内含报酬率( )。
   A. 高于10% B. 低于10% C. 等于10% D. 无法界定

9. 一个投资方案年销售收入为300万元,年销售成本为210万元,其中折旧额为85万元,所得税率为40%,则该方案年现金净流量为( )万元。
   A. 90 B. 139 C. 175 D. 54

10. 某投资项目的净现值为0.780 9,则现值指数为( )。
    A. 0.219 1 B. 1.780 9 C. 1.280 5 D. 0.790 8

三、多项选择题

1. 现金流出是指由投资项目引起的企业现金支出的增加额,包括( )。
   A. 建设投资 B. 付现成本
   C. 年折旧额 D. 所得税

2. 下列因素中影响内含报酬率的有( )。
   A. 现金净流量 B. 贴现率
   C. 项目投资使用年限 D. 投资总额

3. 在考虑了所得税因素之后,经营期的现金净流量可按下列( )公式计算。
   A. 年现金净流量=营业收入-付现成本-所得税
   B. 年现金净流量=税后利润-折旧
   C. 年现金净流量=税后收入-税后付现成本+折旧×所得税率
   D. 年现金净流量=收入×(1-所得税率)-付现成本×(1-所得税率)+折旧

4. 当项目的投资额和计算期都不相同时,进行项目分析评价宜采用的方法有( )
   A. 净现值法 B. 年回收额法
   C. 差额净现法 D. 年成本比较法

5. 下列表述中正确的说法有( )。
   A. 当净现值等于0时,项目的贴现率等于内含报酬率
   B. 当净现值小于0时,现值指数大于0

C. 当净现值大于 0 时,说明投资方案可行

　　D. 当净现值大于 0 时,项目贴现率大于投资项目本身的报酬率

6. 与计算内含报酬率有关的项目为(　　)。

　　A. 原始投资　　　　　　　　B. 贴现率

　　C. 每年的 NCF　　　　　　　D. 项目计算期

7. 计算经营期现金净流量时,以下(　　)项目是相关的。

　　A. 利润　　　　　　　　　　B. 无形资产支出

　　C. 折旧额　　　　　　　　　D. 回收额

8. 若某投资方案以内含报酬率作为评价指标,保证投资方案可行的要求是内含报酬率(　　)。

　　A. 大于 0　　　　　　　　　B. 大于企业的资本成本

　　C. 大于 1　　　　　　　　　D. 大于基准的贴现率

9. 在计算税后现金净流量时,可以抵税的项目是(　　)。

　　A. 折旧额　　　　　　　　　B. 无形资产摊销额

　　C. 残值收入　　　　　　　　D. 设备买价

10. 公司拟投资一项目 10 万元,投产后年均销售收入为 48 000 元,付现成本为 13 000 元,预计有效期为 5 年,按直线法计提折旧,无残值,所得税率为 33%,则该项目(　　)

　　A. 回收期为 2.86 年　　　　　B. 回收期为 3.33 年

　　C. 投资利润率为 20.1%(税后)　D. 投资利润率为 35%(税后)

四、计算题

1. 某企业购买机器设备价款为 20 万元,可为企业每年增加净利 2 万元,该设备可使用 5 年,无残值,采用直线法计提折旧,该企业的贴现率为 10%。

要求:(1) 用静态法计算该投资方案的投资利润率、投资回收期,并对此投资方案作出评价。

(2) 用动态法计算该投资方案的净现值、净现值率、现值指数、内含报酬率,并对此投资方案作出评价。

2. 某企业投资 15 500 元购入一台设备,当年投入使用。该设备预计残值为 500 元,可使用 3 年,按直线法计提折旧,设备投产后每年增加现金净流量分别为 6 000 元、8 000 元、10 000 元,企业要求最低投资报酬率为 18%。

要求:计算该投资方案的净现值、内含报酬率,并作出评价。

3. 某投资项目在期初一次投入全部的投资额,当年完工并投产,投产后每年的利润相等,按直线法计提折旧,无残值,项目有效期为 10 年,已知项目静态投资回收期为 4 年。

要求:计算该项目的内含报酬率。

4. 某企业引进一条生产流水线,投资 100 万元,使用期限为 5 年,期满残值为 5 万元,每年可使企业增加营业收入 80 万元,同时也增加付现成本 35 万元,折旧采用直线法计提,企业要求最低报酬率为 10%,所得税率为 40%。

要求:计算该项投资的净现值并判断其可行性。

5. 某企业现有甲、乙两个投资项目可供选择,其中甲项目投资 20 000 元,5 年内预计每年现金净流量为 6 000 元;乙项目投资 50 000 元,5 年内预计每年现金净流量为 14 800 元,若

这两个项目的贴现率均为10%。

要求:请为企业作出决策,应投资哪个项目。

6. 某投资项目,现有甲、乙两个方案可供选择,两方案各年现金净流量如表5-10所示。

表5-10 甲、乙两方案各年现金净流量 （单位:万元）

年份	甲方案		乙方案	
	投资额	年现金净流量	投资额	年现金净流量
0	40		80	
1	40			30
2		40		30
3		45		30
4		50		30
5				30

要求:如果企业以10%作为贴现率,请问甲、乙两方案哪一个为最优的方案?

7. 某企业拟租赁或购买A设备,A设备市场价格为50 000元(包括安装调试等),可使用5年,残值为5 000元,假如租赁,每年税前租赁费用为12 000元。折旧用直线法,所得税率为40%,资本成本为10%。

要求:对于A设备是购买还是租赁,请作出决策。

8. 某企业拟在计划年度更新某设备。原有设备账面净值为6 000元,尚可使用5年,5年后残值为1 000元,每年付现成本为15 000元。拟购置的新设备价款为35 000元,预计使用年限为5年,5年后的残值为原价的5%,每年付现成本为1 500元。假如年初更新设备即可投入使用,原有设备即可变现,变现价值为800元,新、旧设备均采用直线法计提折旧,所得税率为40%,贴现率为12%。

要求:以净现值指标为决策依据,判断该企业是否应该采用售旧购新方案。

9. 某企业的旧机器原始价值为9 875元,累计折旧1 875元,尚可使用4年,4年后清理残值500元,现在清理变现可得价款收入3 000元,折旧采用直线法,每年可生产3 000件产品,均能销售,每件单价为20元,每件变动成本为12元,固定成本总额(含折旧)为10 000元。如果购买新机器其价格为17 000元,预期使用年限4年,4年后清理残值为1 000元,折旧采用直线法。使用新机器后,每年可产销产品4 000件,售价与除折旧以外的成本不变,企业的贴现率为12%,所得税率为40%。

要求:计算售旧购新方案的净现值指标,并作出决策。

10. 某企业拟用新设备取代已使用3年的旧设备,旧设备原价为15 000元,当前估计尚可使用3年,每年付现成本为2 150元,预计最终实际残值为1 750元,目前变现价值为7 500元。购置新设备需花费16 000元,预计可使用6年,每年付现成本为850元,预计最终实际残值为1 000元。该公司预期报酬率为10%,所得税率为40%,税法规定该类设备采用直线法计提折旧,残值为原价的10%。

要求:作出是否更新设备的决策。

11. 某企业拟购置A设备,价格为1 000万元,估计使用年限为5年,每年的现金净流量及概率如表 5-11 所示。

表 5-11　某企业每年的现金净流量及概率

各年现金净流量(万元)	概率
600	0.25
400	0.5
200	0.25

要求：假如无风险报酬率为 10%，风险报酬斜率为 0.5，请按风险调整贴现率法计算该方案的净现值。

12. 某公司拟生产一新产品，需购置一套专用设备，预计价款为 900 000 元，追加流动资金 145 822 元。设备按 5 年计提折旧，采用直线法计提，净残值率为零。该新产品预计销售单价为 20 元/件，单位变动成本为 12 元/件，固定成本为 500 000 元(不包括折旧)。该公司所得税率为 40%，投资的最低报酬率为 10%。

要求：计算净现值为 0 时的销售量水平(计算结果保留整数)。

项目六　证券投资管理

通过学习本项目,要求掌握股票和债券的价值及收益率的计算;理解证券投资的种类、特点与原因,理解证券投资组合的策略和方法;了解证券投资组合的意义、风险与收益率。

一般来讲,一个企业在发展过程中,起步阶段主要是生产经营与管理,比如开个服装厂,首先应计算每天使用布料的状况、每天生产经营的成本、每天的劳动生产效率,然后考虑产品的销售和发展问题。同时当企业从零走到某一程度后,企业有了一定的资本积累,就会面临两个问题:一是主营业务在发展过程中如何实现扩张;二是资金留存过多,资金用来干什么。为了获得更多收益,企业就会选择投资。所以,投资在企业存续期内无时不存在着。同样在投资过程中,有的是成功的,有的是失败的。企业投资分为两种:实体项目投资和证券投资。请思考:企业证券投资的种类有哪些?企业证券投资面临哪些风险?

任务一　证券投资相关知识

一、证券投资的含义

证券投资,广义方面指的是包括资本证券、货币证券和商品证券的投资;狭义方面指的是资本证券投资,是指企业或个人用积累起来的货币购买股票、债券、基金和金融衍生产品等资本证券,借以获得收益的行为。企业持有的证券是企业运用资产的一种方式,对企业而言具有一定的获利价值。本书涉及的证券投资主要指狭义方面的投资行为。

二、企业证券投资的目的

不同的企业有不同的证券投资目的,同一企业投资者在不同的时期也可能有不同的目的。一般来看,从事证券投资的目的主要有以下几个方面。

（一）利用闲置资金，获取收益

企业在生产经营过程中，由于各种原因，会存在资金闲置的情况，财务管理者就需要把闲置现金进行证券投资，这样既可以获得一定的收益，又可以减少现金管理的成本。

（二）利用证券投资，获取控制权

企业为了扩大生产经营规模或者涉足其他业务，可以通过购买其他企业的证券来取得参与权，甚至是控制权。

（三）多样化投资，分散风险

企业通过证券投资，投资于多种证券，实现资产多元化，以规避投资风险或将投资风险控制在一定的限度内。

（四）降低资金使用成本，保持资产的流动性

资产的流动性是指资产的变现能力。证券市场比较发达，投资证券产品能实现灵活性交易需求，因此企业以有价证券的形式储备现金，以便很快出售，满足企业资金需求，符合企业财务管理现金的要求。

三、证券投资的种类

市场上的资本证券种类很多，主要的证券投资种类有股票投资、债券投资、基金投资、金融衍生品投资和证券组合投资。

1. 股票投资

股票投资是指企业运用现有资金购买股票，获得股利和资本利得的投资行为。

2. 债券投资

债券投资是指企业运用现有资金购买债券，获得利息和资本利得的投资行为。

3. 基金投资

基金投资是指企业运用现有资金购买证券投资基金股份或者受益凭证享受收益、承担风险的一种集合投资方式。

4. 金融衍生品投资

金融衍生品根据产品形态，可以分为远期、期货、期权和互换四大类。

金融衍生品投资是指企业运用现有资金购买金融衍生品，进而获得收益的行为。

5. 证券组合投资

证券组合投资是指企业运用现有资金购买两种或两种以上的证券产品，组合投资的目的主要是分散投资风险。

四、证券投资的特征

相对实物投资而言，证券投资具有以下特征：

1. 流动性强

借助发达的证券市场,证券投资产品相对实物投资而言容易变现。

2. 收益不稳定

证券产品的价格在市场中受到很多因素的影响,主要有宏观政策变动、经济形势变化、通货膨胀等因素影响;微观方面有证券发行主体经营情况、财务管理能力、战略发展思路等因素影响。证券产品价格容易波动,导致收益不稳定。

3. 交易成本低

相对实物投资而言,证券投资交易借助发达的网络平台,具有交易时间短、手续简便、不受地域限制等特点,因此交易成本也较低。

任务二 股票投资决策

一、股票投资的含义

股票投资是指企业运用现有资金购买股票,股票作为一种有价证券,可以使企业获得收益。股票投资的收益是由"获得收益"和"资本利得"两部分构成的。获得收益是指股票投资者以股东身份,按照持股的份额,在公司盈利分配中得到的股息和红利的收益。资本利得是指投资者在股票价格的变化中得到的收益,即将股票低价买进、高价卖出得到的差价收益。

二、股票投资的类型

由于股票权益不同,股票的投资形式多种多样。一般来说,股票可分为普通股票投资和优先股票投资。

(一) 普通股票投资

1. 普通股票投资概念

普通股票投资是指企业持有这种股票享有该股票对应的参与权、所有权、任免权和决策权,其投资收益随着所投资公司的经营情况而发生变化。

2. 普通股票的主要特点

(1) 普通股票是股票中最普通、最重要的股票种类。一般的股票投资主要是指普通股票,且它在权利及义务方面没有特别的限制,故发行范围最广且发行量最大,企业的绝大部分资金都是通过投资普通股票来获得收益。

(2) 普通股票投资具有永久性特点,其有效期限是与股份有限公司相始终的,此类股票的持有者是股份有限公司的基本股东。

(3) 普通股票投资风险较大。持有此类股票的股东获取的经济利益是不稳定的,它不但要随着公司的经营水平而波动,且其在企业剩余资产分配顺序中比较靠后,即股份公司必须在偿付完公司的债务和所发行的债券利息以及优先股股东的股息以后，才能给普通股股东分配收益。因此，投资普通股股票的股东收益最不稳定，投资风险较大。

（二）优先股票投资

1. 优先股票投资概念

优先股票投资是指相对普通股票投资而言，优先股股东的权益要受一定的限制。优先股股票面上要注明"优先股"字样。优先股股东的特别权利就是可先于普通股股东以固定的股息分取公司收益，并在公司破产清算时，优先分取剩余资产，但一般不能参与公司的经营活动。

2. 优先股票投资的特点

（1）在分配公司利润时，可先于普通股进行分配，且由于支付固定的股息，优先股票实际上是股份有限公司的一种举债集资的形式。

（2）当股份有限公司由于解散、破产等原因进行清算时，优先股股东可先于普通股股东分取公司的剩余资产。

（3）优先股股东一般不享有公司经营参与权，即优先股票不包含表决权，优先股股东无权过问公司的经营管理，因此优先股票投资无相应权利。

（4）优先股票可由公司赎回。优先股股东不能要求退股，却可以依照优先股票上所附的赎回条款，由股份有限公司予以赎回。大多数优先股票都附有赎回条款。

三、股票投资的优缺点

（一）股票投资的优点

（1）投资收益较高。市场中普通股票的价格变动频繁，但优质股票的价格总是呈上涨趋势。随着股份公司的发展，股东获得的股利也会不断增加。只要投资决策正确，股票投资收益是比较高的。

（2）能降低购买力的损失。普通股票的股利是不固定的，随着股份公司收益的增长而提高，交易成本相对较低。

（3）流动性很强。上市股票的流动性很强，投资者有闲散资金可随时买入，需要资金时又可随时卖出。这样既有利于增强资产的流动性，又有利于提高其收益水平。

（4）获得企业控制权。投资者是股份公司的股东，有权参与或监督公司的生产经营活动。当投资者的投资额达到公司股本的一定比例时，就能实现控制公司的目的。

（二）股票投资的缺点

（1）高风险。当股票大跌时，很有可能会因此被套牢，风险性也很高。

（2）价格不稳定。政治因素、经济因素、投资人心理因素、企业的盈利情况、风险情况都会影响股票价格。这也使股票投资具有较高的风险。

（3）盈余分配权。按持股比例分配公司盈余，如果公司经营不善，有可能得不到收益。

（4）须承担经营的风险，但股份有限公司股东的责任仅以出资额为限。

四、股票投资的收益评价

(一) 股票的价值

股票的价值又称股票的内在价值,是进行股票投资获得的现金流入的现值。股票带给投资者的现金流入包括两部分:股利收入和股票出售时的资本利得。因此股票的内在价值由一系列的股利和将来出售股票时售价的现值构成,通常当股票的市场价格低于股票内在价值时才适宜投资。

1. 股票价值的基本模型

$$V = \sum_{t=1}^{n} \frac{d_t}{(1+K)^t} + \frac{V_n}{(1+K)^n}$$

式中,V——股票内在价值;

d_t——第 t 期的预期股利;

K——投资人要求的必要资金收益率;

V_n——未来出售时预计的股票价格;

n——预计持有股票的期数。

股票价值的基本模型要求无限期的预计历年的股利,如果持有期是个未知数的话,上述模型实际上很难计算。因此应用的模型都是假设股利零增长或固定比例增长时的价值模型。

2. 股利零增长、长期持有的股票价值模型

股利零增长、长期持有的股票价值模型为

$$V = d/K$$

式中,V——股票内在价值;

d——每年固定股利;

K——投资人要求的资金收益率。

【例 6-1】 某公司拟投资购买并长期持有某公司股票,该股票每年分配股利 2 元,必要收益率为 10%。该股票价格为多少时适合购买?

解 $V = d \div K = 2 \div 10\% = 20$(元)

股票价格低于 20 元时才适合购买。

3. 长期持有股票,股利固定增长的股票价值模型

设上年股利为 d_0,本年股利为 d_1,每年股利增长率为 g,则股票价值模型为

$$V = d_0(1+g)/(K-g)$$
$$= d_1/(K-g)$$

【例 6-2】 某公司拟投资某股票,该股票上一年每股股利为 2 元,预计年增长率为 2%,必要投资报酬率为 7%。问该股票价格为多少时可以投资?

解 $V = d_0(1+g)/(K-g) = 2 \times (1+2\%)/(7\%-2\%) = 40.8$(元)

该股票价格低于 40.8 元时才可以投资。

4. 非固定成长股票的价值

有些公司的股票在一段时间里高速成长,在另一段时间里又正常固定增长或固定不变,

这样我们就要分段计算,才能确定股票的价值。

【例6-3】 某企业持有A公司股票,其必要报酬率为12%,预计A公司未来三年股利高速增长,增长率为20%,此后转为正常增长,增长率为8%。公司最近支付的股利是2元,计算该公司的股票价值。

解 首先,计算非正常增长期的股利现值,如表6.1所示。

表6.1 非正常增长期的股利现值

年份	股利	现值因素	现值
1	2×1.2=2.4	0.892 9	2.143 0
2	2.4×1.2=2.88	0.797 2	2.295 9
3	2.88×1.2=3.456	0.711 8	2.460 0
合计(3年股利现值)			6.898 9

其次,按固定股利增长模型计算固定增长部分的股票价值:

$$V_3 = \frac{d_3 \times (1+g)}{K-g} = \frac{3.456 \times 1.08}{0.12 - 0.08} = 93.312(元)$$

由于这部分股票价值是第三年年底以后的股利折算的内在价值,需将其折算为现值:

$$V_3 \times (P/F, 12\%, 3) = 93.312 \times 0.711\ 8 = 66.419(元)$$

最后,计算股票目前的内在价值:

$$V = 6.898\ 9 + 66.419 = 73.32(元)$$

(二)股票投资的收益率

1. 短期股票收益率的计算

如果企业购买的股票在一年内出售,其投资收益主要包括股票投资价差及股利两部分,不须考虑货币时间价值,其收益率计算公式如下:

$$\begin{aligned} K &= (S_1 - S_0 + d)/S_0 \times 100\% \\ &= (S_1 - S_0)/S_0 + d/S_0 \\ &= 预期资本利得收益率 + 股利收益率 \end{aligned}$$

式中,K——短期股票收益率;

S_1——股票出售价格;

S_0——股票购买价格;

d——股利。

【例6-4】 2019年3月10日A公司购买每股市价为20元的股票,2020年1月A公司每股获现金股利1元。2021年3月10日,A公司将该股票以每股22元的价格出售,问投资收益率应为多少?

解 $K = (22-20+1)/20 \times 100\% = 15\%$

该股票的收益率为15%。

2. 股票长期持有,股利固定增长的收益率的计算

由固定增长股利价值模型,可知$V = d_1/(K-g)$,将公式移项整理,求K,可得到股利固定增长收益率的计算模型：

$$K=d_1/V+g$$

【例6-5】 有一只股票的价格为40元，预计下一期的股利是2元，该股利将以大约10%的速度持续增长，该股票的预期收益率为多少？

解 $K=2/40+10\%=15\%$

该股票的预期收益率为15%。

3. 一般情况下股票投资收益率的计算

一般情况下，企业进行股票投资可以取得股利，股票出售时也可收回一定资金，只是股利不同于债券利息，股利是经常变动的，股票投资的收益率是使各期股利及股票售价的复利现值等于股票买价时的贴现率，即

$$V=\sum_{t=1}^{n}\frac{d_t}{(1+K)^t}+\frac{V_n}{(1+K)^n}$$

式中，V——股票的买价；

d_t——第t期的股利；

K——投资收益率；

V_n——股票出售价格；

n——持有股票的期数。

【例6-6】 某公司于2018年6月1日投资600万元购买某种股票100万股，在2019年、2020年和2021年的5月30日分得每股现金股利分别为0.6元、0.8元和0.9元，并于2021年5月30日以每股8元的价格将股票全部出售，试计算该项投资的收益率。

解 用逐步测试法计算，先用20%的收益率进行测算：

$V=60/(1+20\%)+80/(1+20\%)^2+890/(1+20\%)^3$

$=60\times0.8333+80\times0.6944+890\times0.5787$

$=620.59（万元）$

由于620.59万元比600万元大，再用24%测试：

$V=60/(1+24\%)+80/(1+24\%)^2+890/(1+24\%)^3$

$=60\times0.8065+80\times0.6504+890\times0.5245$

$=567.23（万元）$

然后用内插法计算如下：

$K=20\%+(620.59-600)/(620.59-567.23)\times4\%$

$=21.54\%$

任务三　证券投资决策

一、债券投资的含义

债券投资是指企业运用现有资金购买债券，借以获得收益的行为。债券投资的收益是

由"获得利息"和"资本利得"两部分构成的。获得利息是指债券投资者以债权人身份,按照持有债券的份额,在公司盈利分配中得到的固定利息。资本利得是指投资者在债券价格的变化中得到的收益,即将债券低价买进、高价卖出所得到的差价收益。

二、债券投资的种类

常见的债券种类有政府债券和企业债券。

(一) 政府债券

政府债券是指财政部代表中央政府发行的国家公债,由国家财政信誉做担保,信誉度非常高,风险小,历来有"金边债券"之称。企业为了减少投资风险,得到稳健收益,会购买一定量的国债。其种类有凭证式、记账式、实物券式三种。目前常见的是前两种。

(二) 企业债券

企业债券是企业依照法定程序发行、约定在一定期限还本付息的有价证券。我国大部分发债的企业不是股份公司,主要是国有企业发债。同时若企业债券符合深、沪证券交易所关于上市企业的债券规定,则可以申请上市交易。与国债相比,由于企业债券具有更大的信用风险,本着风险与收益相符的原则,其利率通常也高于国债。但我国在交易所上市的企业债券多数为中央企业级债券,信用风险很低。

市场上比较常见的一种债券——可转债公司债券,是一种特殊的企业债券。之所以说其特殊,是因为发行公司事先规定债权人可以选择有利时机,在一个特定时期(转股期)内,按照特定的价格(当期转股价)转换为发债企业的等值股票(普通股票),是一种被赋予股票转换权的公司债券。所以,可转债既有普通债券的一些基本特征(如票面利率、到期还本付息等),又具有一定的股票特征,是一种混合型的债券形式。我国上市公司发行可转债审批严格,债券信用等级均超过 AA 级,可转债具有"下跌风险有界,上涨幅度无界"的特性,因而较受企业投资者的青睐。

三、债券投资的收益评价

(一) 债券的价值

债券的价值,又称债券的内在价值。根据资产的收入资本化定价理论,任何资产的内在价值都是在投资者预期的资产可获得的现金收入的基础上进行贴现决定的。运用到债券上,债券的价值是指进行债券投资时投资者预期可获得的现金流入的现值。债券的现金流入主要包括利息和到期收回的本金或出售时获得的现金两部分。当债券的购买价格低于债券价值时,才值得购买。

1. 债券价值计算的基本模型

债券价值的基本模型主要是指按复利方式计算的每年定期付息、到期一次还本情况下的债券的估价模型,其价值模型为

$$V=\sum_{t=1}^{n}\frac{i\times F}{(1+K)^t}+\frac{F}{(1+K)^n}$$
$$=i\cdot F(P/A,K,n)+F\cdot(P/F,K,n)$$
$$=I\cdot(P/A,K,n)+F\cdot(P/F,K,n)$$

式中,V——债券价值;

i——债券票面利息率;

I——债券利息;

F——债券面值;

K——市场利率或投资人要求的必要收益率;

n——付息总期数。

【例 6-7】 某公司债券面值为 1 000 元,票面利率为 6%,期限为 3 年,某企业要对这种债券进行投资,当前的市场利率为 8%,问债券价格为多少时才能进行投资?

解 $V=1\,000\times6\%\times(P/A,8\%,3)+1\,000\times(P/F,8\%,3)$
$=60\times2.577\,1+1\,000\times0.793\,8$
$=948.43(元)$

该债券的价格必须低于 948.43 元时才能进行投资。

2. 一次还本付息的单利债券价值模型

我国很多债券属于一次还本付息、单利计算的存单式债券,其价值模型为

$$V=F\cdot(1+i\cdot n)/(1+K)^n$$
$$=F\cdot(1+i\cdot n)\cdot(P/F,K,n)$$

公式中的符号含义同前式。

【例 6-8】 某公司拟购买另一家公司的企业债券作为投资,该债券面值为 1 000 元,期限为 3 年,票面利率为 5%,单利计息,当前市场利率为 6%,问该债券发行价格为多少时才适宜购买?

解 $V=1\,000\times(1+5\%\times3)\times(P/F,6\%,3)$
$=1\,000\times1.15\times0.839\,6$
$=965.54(元)$

该债券的价格必须低于 965.54 元时才适宜购买。

3. 零息债券的价值模型

零息债券的价值模型是指到期只能按面值收回,期内不计息债券的估价模型,其价值模型为

$$P=F/(1+K)^n=F\times(P/F,K,n)$$

公式中的符号含义同前式。

【例 6-9】 某公司债券面值为 1 000 元,期限为 3 年,期内不计息,到期按面值偿还,市场利率为 6%。问当价格为多少时,企业才适宜购买?

解 $V=1\,000\times(P/F,6\%,3)=1\,000\times0.839\,6=839.6(元)$

该债券的价格只有低于 839.6 元时,企业才适宜购买。

(二) 债券的收益率

1. 短期债券收益率的计算

短期债券由于期限较短,一般不用考虑货币时间价值因素,只需考虑债券价差及利息,将其与投资额相比,即可求出短期债券收益率。其基本计算公式为

$$K = \frac{S_1 - S_0 + I}{S_0}$$

式中,S_0——债券购买价格;

S_1——债券出售价格;

I——债券利息;

K——债券投资收益率。

【例6-10】 某企业于2020年5月8日以920元购进一张面值为1 000元、票面利率为5%、每年付息一次的债券,并于2021年5月8日以970元的市价出售,问该债券的投资收益率是多少?

解 $K=(970-920+50)/920\times100\%=10.87\%$

该债券的投资收益率为10.87%。

2. 长期债券收益率的计算

对于长期债券,由于涉及时间较长,需要考虑货币时间价值,其投资收益率一般是指购进债券后一直持有至到期日可获得的收益率,它是使债券利息的年金现值和债券到期收回本金的复利现值之和等于债券购买价格时的贴现率。

(1) 一般债券收益率的计算。

一般债券的价值模型为

$$V = I \times (P/A, K, n) + F \times (P/F, K, n)$$

式中,V——债券的购买价格;

I——每年获得的固定利息;

F——债券到期收回的本金或中途出售收回的资金;

K——债券的投资收益率;

n——投资期限。

由于无法直接计算收益率,必须采用逐步测试法及内插法来计算,即先设定一个贴现率代入上式,如计算出的V正好等于债券买价,该贴现率即收益率;如计算出的V与债券买价不等,则须继续测试,再用内插法求出收益率。

【例6-11】 某公司2016年1月1日用平价购买一张面值为1 000元的债券,其票面利率为8%,每年1月1日计算并支付一次利息,该债券于2021年1月1日到期,按面值收回本金,计算其到期收益率。

解 $I=1\,000\times8\%=80(元), F=1\,000(元)$

设收益率$i=8\%$,则

$$V=80\times(P/A,8\%,5)+1\,000\times(P/F,8\%,5)=1\,000(元)$$

用8%计算出来的债券价值正好等于债券买价,所以该债券的收益率为8%。可见,平价发行的每年复利计息一次的债券,其到期收益率等于票面利率。

如该公司购买该债券的价格为1 100元,即高于面值,则该债券收益率应为多少? 要求计算出收益率,必须使下式成立:

$$1\,100 = 80 \times (P/A, i, 5) + 1\,000 \times (P/F, i, 5)$$

通过前面计算已知,$i=8\%$时,上式等式右边为1 000元。由于利率与现值呈反向变化,即现值越大,利率越小。而债券买价为1 100元,收益率一定低于8%,降低贴现率进一步试算。

用$i_1=6\%$试算:

$$\begin{aligned} V_1 &= 80 \times (P/A, 6\%, 5) + 1\,000 \times (P/F, 6\%, 5) \\ &= 80 \times 4.212\,4 + 1\,000 \times 0.747\,3 \\ &= 1\,084.29(元) \end{aligned}$$

由于贴现结果仍小于1 100元,还应进一步降低贴现率试算。

用$i_2=5\%$试算:

$$\begin{aligned} V_2 &= 80 \times (P/A, 5\%, 5) + 1\,000 \times (P/F, 5\%, 5) \\ &= 80 \times 4.329\,5 + 1\,000 \times 0.783\,5 \\ &= 1\,129.86(元) \end{aligned}$$

用内插法计算:

$$i = 5\% + \frac{1\,129.86 - 1\,100}{1\,129.86 - 1\,084.29} \times (6\% - 5\%) = 5.66\%$$

所以如果债券的购买价格为1 100元,债券的收益率为5.66%。

(2) 一次还本付息的单利债券收益率的计算。

【例6-12】 某公司2021年1月1日以1 020元购买一张面值为1 000元、票面利率为10%、单利计息的债券,该债券期限为5年,到期一次还本付息,计算其到期收益率。

解 一次还本付息的单利债券价值模型为

$$V = F \cdot (1 + i \cdot n) \cdot (P/F, K, n)$$
$$1\,020 = 1\,000 \times (1 + 5 \times 10\%) \times (P/F, K, 5)$$
$$(P/F, K, 5) = 1\,020 \div 1\,500 = 0.68$$

查复利现值表,5年期的复利现值系数等于0.68时,$K=8\%$。

如此时查表无法直接求得收益率,则可用内插法计算。

债券的收益率是进行债券投资时选购债券的重要标准,它可以反映债券投资按复利计算的实际收益率。如果债券的收益率高于投资人要求的必要报酬率,则可购进债券;否则就应放弃此项投资。

(三) 债券投资的优缺点

1. 债券投资的优点

(1) 投资收益稳定。进行债券投资一般可按时获得固定的利息收入,收益稳定。

(2) 投资风险较低。相对于股票投资而言,债券投资风险较低。政府债券有国家财力做后盾,通常被视为无风险证券。而当企业破产时,企业债券的持有人对企业的剩余财产有优先求偿权,因而风险较低。

(3) 流动性强。大企业及政府债券很容易在金融市场上迅速出售,流动性较强。

2. 债券投资的缺点

（1）无经营管理权。债券投资者只能定期取得利息，无权影响或控制被投资企业。

（2）购买力风险较大。由于债券面值和利率是固定的，如投资期间通货膨胀率较高，债券面值和利息的实际购买力就会降低。

任务四　证券投资的风险与组合

一、证券投资风险

风险性是证券投资的基本特征之一。在证券投资活动中，投资者买卖证券是希望获取预期的收益。在投资者持有证券期间，各种因素的影响可能使预期收益减少甚至使本金遭受损失；持有时间越长，各种因素产生影响的可能性越大。与证券投资活动相关的所有风险统称为总风险。总风险按是否可以通过投资组合加以回避及消除，可分为系统性风险与非系统性风险。

（一）系统性风险

系统性风险是指由于政治、经济及社会环境的变动而影响证券市场上所有证券的风险。这类风险的共同特点是：其影响不是作用于某一种证券，而是对整个证券市场发生作用，导致证券市场上所有证券出现风险。系统性风险对所有证券的投资总是存在的，并且无法通过投资多样化的方法加以分散、回避与消除，故称为不可分散风险。它包括市场风险、利率风险、购买力风险以及自然因素导致的社会风险等。

1. 市场风险

市场风险是指由有价证券的"空头"和"多头"等市场因素引起的证券投资收益变动的可能性。空头市场即熊市，是证券市场价格指数从某个较高点（波峰）下降开始，一直呈下降趋势至某一较低点（波谷）结束。多头市场即牛市，是证券市场价格指数从某一个较低点开始上升，一直呈上升趋势至某个较高点并开始下降时结束。从这一点开始，证券市场又进入空头市场。多头市场和空头市场的这种交替，导致市场证券投资收益发生变动，进而引起市场风险。多头市场的上升和空头市场的下跌都是就市场的总趋势而言，显然，市场风险是无法回避的。

2. 利率风险

利率风险是指由于市场利率变动引起证券投资收益变动的可能性。

因为市场利率与证券价格具有负相关性，即当利率下降时，证券价格上升；当利率上升时，证券价格下降。由于市场利率变动引起证券价格变动，进而引起证券投资收益变动，这就是利率风险。市场利率的波动是基于市场资金供求状况与基准利率水平的波动。不同经济发展阶段市场资金供求状况不同，中央银行根据宏观金融调控的要求调节基准利率水平，当中央银行调整利率时，各种金融资产的利率和价格必然作出灵敏的市场反应，所以利率风险是无法回避的。

3. 购买力风险

购买力风险又称通货膨胀风险,是指由于通货膨胀所引起的投资者实际收益水平下降的风险。

由于通货膨胀必然引起企业制造成本、管理成本、融资成本的提高,当企业无法通过涨价或内部消化加以弥补时,就会导致企业经营状况与财务状况的恶化,投资者因此会丧失对股票投资的信心,股市价格随之跌落。一旦投资者对通货膨胀的未来态势产生持久的不良预期时,股价暴跌风潮也就无法制止。世界证券市场发展的历史经验表明,恶性通货膨胀是引发证券市场混乱的祸根。

此外,通货膨胀还会引起投资者本金与收益的贬值,使投资者货币收入增加却并不一定真的获利。通货膨胀是一种常见的经济现象,它的存在必然使投资者承担购买力风险,而且这种风险不会因为投资者退出证券市场就可以避免。

(二)非系统性风险

非系统性风险是指由于市场、行业以及企业本身等因素影响个别企业证券的风险。它是由单一因素造成的只影响某一证券收益的风险,属个别风险,能够通过投资多样化来抵消,又称可分散风险或公司特别风险。它包括行业风险、经营风险、违约风险等。

1. 行业风险

是指由证券发行企业所处的行业特征所引起的该证券投资收益变动的可能性。有些行业本身包含较多的不确定因素,如高新技术行业;而有些行业则包含较少的不确定因素,如电力、煤气等公用事业。

2. 经营风险

是指由于经营不善导致竞争失败、企业业绩下降而使投资者无法获取预期收益或者亏损的可能性。

3. 违约风险

是指企业不能按照证券发行契约或发行承诺支付投资者债息、股息、红利及偿还债券本金而使投资者遭受损失的风险。

二、单一证券投资风险的衡量

衡量单一证券的投资风险对于证券投资者具有极为重要的意义,它是投资者选择合适投资对象的基本出发点。投资者在选择投资对象时,如果各种证券具有相同的期望收益率,显然会倾向于风险低的证券。

单一证券投资风险的衡量一般包括算术平均法与概率测定法两种。

(一)算术平均法

算术平均法是最早产生的单一证券投资风险的测定方法。其计算公式为

$$平均价差率 = \frac{\sum_{i=1}^{n} 各期价差率}{n}$$

式中,各期价差率=(该时期最高价-最低价)÷(该时期最高价+最低价)/2;

n——计算时期数。

如果将风险理解为证券价格可能的波动,平均价差率则是一个衡量证券投资风险的较好指标。证券投资决策可以根据平均价差率的大小来判断该证券的风险大小,平均价差率大的证券风险也大;平均价差率小的证券风险则较小。

利用算术平均法对证券投资风险的测定,其优点是简单明了,但其测定范围有限,着重于过去的证券价格波动,风险包含的内容过于狭窄。因此,不能准确地反映该证券投资未来风险的可能趋势。

(二) 概率测定法

概率测定法是衡量单一证券投资风险的主要方法,它依据概率分析原理,计算各种可能收益的标准差与标准离差率,以反映相应证券投资的风险程度。

1. 标准差

判断实际可能的收益率与期望收益率的偏离程度,一般可采用标准差指标。其计算公式为

$$\sigma = \sqrt{\sum_{i=1}^{n}(K_i - \bar{K})^2 P_i}$$

式中,$\bar{K}$——期望收益率 $\sum_{i=1}^{n}(K_i \cdot P_i)$;

K_i——第 i 种可能结果的收益率;

P_i——第 i 种可能结果的概率;

n——可能结果的个数;

σ——标准差。

一般来说,标准差越大,说明实际可能的结果与期望收益率偏离越大,实际收益率不稳定,因而该证券投资的风险大;标准差越小,说明实际可能的结果与期望收益率偏离越小,实际收益率比较稳定,因而该证券投资的风险较小。但标准差只能用来比较期望收益率相同的证券投资的风险程度,而不能用来比较期望收益率不同的证券投资的风险程度。

2. 标准离差率

标准离差率又称标准差系数,可用来比较不同期望收益率的证券投资风险程度。其计算公式为

$$q = \sigma \div \bar{K} \times 100\%$$

标准差系数是通过标准差与期望收益率的对比,以消除期望收益率水平高低的影响,可比较不同收益率水平的证券投资风险程度的大小。一般来说,标准差系数越小,说明该证券投资风险程度相对较低;否则反之。

【例 6-13】 某公司拟对两种证券进行投资,每种证券均可能遭遇繁荣、衰退两种行情,各自的预期收益率及概率如表 6-1 所示,试比较 A、B 两种证券投资的风险程度。

表 6-1 两种证券投资的风险比较

经济趋势	发生概率(P_i)	收益率(K_i) A	B
衰退	50%	−20%	10%
繁荣	50%	70%	30%

解 (1) 分别计算 A、B 证券的期望收益率。

$$\overline{K_A} = (-20\%) \times 0.5 + 70\% \times 0.5 = 25\%$$
$$\overline{K_B} = 10\% \times 0.5 + 30\% \times 0.5 = 20\%$$

(2) 分别计算 A、B 证券的标准差。

$$\sigma_A = \sqrt{(-20\% - 25\%)^2 \times 0.5 + (70\% - 25\%)^2 \times 0.5}$$
$$= 45\%$$
$$\sigma_B = \sqrt{(10\% - 20\%)^2 \times 0.5 + (30\% - 20\%)^2 \times 0.5}$$
$$= 10\%$$

(3) 分别计算 A、B 证券的标准离差率。

$$q_A = 45\%/25\% = 180\%$$
$$q_B = 10\%/20\% = 50\%$$

由此可以判定:尽管证券 A 的期望收益率高于证券 B,但其风险程度也高于证券 B。

三、证券投资组合

证券投资充满了各种各样的风险,为了规避风险,可采用证券投资组合的方式,即投资者在进行证券投资时,不是将所有的资金都投向单一的某种证券,而是有选择地投向多种证券,这种做法就叫证券的投资组合或投资的多样化。

(一) 证券投资组合的策略与方法

1. 证券投资组合的策略

(1) 冒险型策略。

这种策略认为,只要投资组合科学而有效,就能取得远远高于平均收益水平的收益,这种组合主要选择高风险、高收益的成长性股票,对于低风险、低收益的股票不屑一顾。

(2) 保守型策略。

这种策略是指购买尽可能多的证券,以便分散掉全部可分散风险,得到市场的平均收益。这种投资组合的优点是:① 能分散掉全部可分散风险;② 不需要高深的证券投资专业知识;③ 证券投资管理费较低。这种策略收益不高,风险也不大,故称为保守型策略。

(3) 适中型策略。

这种策略介于保守型与冒险型策略之间,采用这种策略的投资者一般都善于对证券进行分析。通过分析,选择高质量的股票或债券组成投资组合。他们认为,股票价格是由企业经营业绩决定的,市场上价格一时的沉浮并不重要。这种投资策略风险不太大,收益却比较高。但进行这种组合的人必须具备丰富的投资经验及进行证券投资的各种专业知识。

2. 证券投资组合的方法

(1) 选择足够数量的证券进行组合。

当证券数量增加时,可分散风险会逐步减少;当数量足够时,大部分可分散风险都能分散掉。

(2) 把不同风险程度的证券组合在一起。

即三分之一资金投资于风险大的证券,三分之一资金投资于风险中等的证券,三分之一资金投资于风险小的证券。这种组合法虽不会获得太高的收益,但也不会承担太大的风险。

(3) 把投资收益呈负相关的证券放在一起组合。

负相关股票是指一种股票的收益上升而另一种股票的收益下降的两种股票,把收益呈负相关的股票组合在一起,能有效分散风险。

(二) 证券组合投资的期望收益率

$$\overline{K_p} = \sum_{i=1}^{n} K_i \cdot W_i \cdot P_i = \sum_{i=1}^{n} \overline{K_i} \cdot W_i$$

式中,$\overline{K_p}$——证券组合投资的期望收益率;

$\overline{K_i}$——第 i 种证券的期望收益率;

W_i——第 i 种证券价值占证券组合投资总价值的比重;

n——证券组合中的证券数。

仍沿用例 6-13 中的资料,如该企业各投资 50% 于 A、B 证券,则组合投资的期望收益率为

$$\overline{K_p} = 25\% \times 0.5 + 20\% \times 0.5 = 22.5\%$$

(三) 证券组合投资的风险

证券组合投资的期望收益率可由各个证券期望收益率的加权平均而得,但证券组合投资的风险并不是各个证券标准差的加权平均数,即 $\sigma_p \neq \sum_{i=1}^{n} \sigma_i \cdot w_i$,证券投资组合理论研究表明,理想的证券组合投资的风险一般要小于单独投资某一证券的风险,通过证券投资组合可以规避各证券本身的非系统性风险。现举例说明如下:

【例 6-14】 某公司投资由 W、M 两种证券组成的投资组合,投资比重各为 50%,2017—2021 年各年的收益率及标准差资料如表 6-2 所示。

表 6-2 完全负相关的两种证券组合

年度	证券 W 收益率 K_W(%)	证券 M 收益率 K_M(%)	W、M 投资组合收益率 K_p(%)
2017	40	−10	15
2018	−10	40	15
2019	35	−5	15
2020	−5	35	15

续表

年度	证券W收益率 K_W(%)	证券M收益率 K_M(%)	W、M投资组合收益率 K_p(%)
2021	15	15	15
平均收益率(%)	15	15	15
标准差	22.6	22.6	0.0

由此可见,如果只投资W或M,它们的风险都很高;但如将两种证券进行组合投资,则其风险为零(标准差为零),这种组合之所以会风险为零,是因为这两种证券的投资收益率的变动方向正好相反:当W的投资收益率上升时,M的投资收益率下降;反之,当W的投资收益率下降时,M的投资收益率上升。这种收益率的反向变动趋势在统计学上称为完全负相关,相关系数 $r=-1.0$。如果两种证券的收益率变动方向完全一致,统计学上称为完全正相关($r=+1.0$),这样的两种证券进行投资组合,不能抵消风险,对于大多数证券,一般表现为正相关,但又不是完全正相关,所以投资组合可在一定程度上降低投资风险,但不能完全消除投资风险。一个证券组合的风险,不仅取决于组合中各构成证券个别的风险,也取决于它们之间的相关程度。

(四)系统性风险的衡量

前已述及,系统性风险是由于政治、经济及社会环境的变动影响整个证券市场上所有证券价格变动的风险。它使证券市场平均收益水平发生变化,但是每一种具体证券受系统性风险的影响程度并不相同。β值就是用来测定一种证券的收益随整个证券市场平均收益水平变化程度的指标,它反映了一种证券收益相对于整个市场平均收益水平的变动性或波动性。如果某种股票的 β 系数为1,说明这种股票的风险情况与整个证券市场的风险情况一致,即如果市场行情上涨了10%,该股票也会上涨10%;如果市场行情下跌10%,该股票也会下跌10%。如果某种股票的 β 系数大于1,说明其风险大于整个市场的风险。如果某种股票的 β 系数小于1,说明其风险小于整个市场的风险。

单一证券的 β 值通常会由一些投资服务机构定期计算并公布,证券投资组合的 β 值则可由证券组合投资中各组成证券 β 值加权计算而得,其计算公式如下:

$$\beta_p = \sum_{i=1}^{n} w_i \beta_i$$

式中,β_p——证券组合的 β 系数;

w_i——证券组合中第 i 种股票所占的比重;

β_i——第 i 种股票的 β 系数;

n——证券组合中股票的数量。

【例6-15】 某公司持有共100万元的3种股票,该组合中持有A股票20万元,持有B股票40万元,β 系数均为1.5;持有C股票40万元,β 系数为0.8,求该投资组合的 β 系数。

解 该投资组合的 β 系数为

$$\beta_p = 20\% \times 1.5 + 40\% \times 1.5 + 40\% \times 0.8 = 1.22$$

(五)证券投资组合的风险收益

1. 证券投资组合的风险收益

投资者进行证券投资,就要求对承担的风险进行补偿,股票的风险越大,要求的收益率就越高。证券投资的非系统性风险可通过投资组合来抵消,投资者要求补偿的风险主要是系统性风险,因此,证券投资组合的风险收益是投资者因承担系统性风险而要求的,超过资金时间价值的那部分额外收益。其计算公式为

$$R_p = \beta_p \cdot (K_m - R_f)$$

式中,R_p——证券组合的风险收益率;

β_p——证券组合的β系数;

K_m——市场收益率,即证券市场上所有股票的平均收益率;

R_f——无风险收益率,一般用政府公债的利率来衡量。

【例6-16】 根据例6-13资料,如股票的市场收益率为10%,无风险收益率为6%,试确定该证券投资组合的风险收益率。

解 $R_p = 1.22 \times (10\% - 6\%) = 4.88\%$。

在其他因素不变的情况下,风险收益取决于证券投资组合的β系数,β系数越大,风险收益率越大;β系数越小,风险收益率越小。

2. 证券投资的必要收益率

证券投资的必要收益率等于无风险收益率加上风险收益率,即

$$K_i = R_f + \beta(K_m - R_f)$$

这就是资本资产计价模型(CAPM)。

式中,K_i——第i种股票或证券组合的必要收益率;

β——第i种股票或证券组合的β系数;

K_m——市场收益率,证券市场上所有股票的平均收益率;

R_f——无风险收益率。

【例6-17】 某公司股票的β系数为1.5,无风险利率为4%,市场平均收益率为8%。当该股票的必要收益率为多少时,投资者才会购买?

解 $K_i = R_f + \beta(K_m - R_f)$
$\quad\quad = 4\% + 1.5 \times (8\% - 4\%)$
$\quad\quad = 10\%$

当该公司的股票收益率达到或超过10%时,投资者才会购买。

项目小结

1. 证券投资的含义。证券投资即有价证券投资,广义的证券投资是包括资本证券、货币证券和商品证券的投资;狭义的证券投资是指企业或个人用积累起来的货币购买股票、债券、基金和金融衍生产品等有价证券,借以获得收益的行为。

2. 企业证券投资的目的。一般来看,从事证券投资的目的主要有:① 利用闲置资金,获取收益;② 利用证券投资,获取控制权;③ 多样化投资,分散风险;④ 降低资金使用成本,保

持资产的流动性。

3. 根据风险产生的根源,证券投资风险可分为系统性风险和非系统性风险两大类。

4. 由于股票包含的权益不同,股票的形式也就多种多样。一般来说,股票可分为普通股票投资和优先股票投资。

5. 衡量债券收益水平的指标为债券收益率。决定债券收益率的因素主要有债券票面利率、期限、面值、持有时间、购买价格和出售价格。

一、单项选择题

1. 投资组合能分散(　　)。
   A. 所有风险　　　　　　　　B. 系统性风险
   C. 非系统性风险　　　　　　D. 市场风险

2. 假定某项投资风险系数为 0.5,无风险收益率为 10%,市场平均收益率为 20%,其期望收益率应为(　　)。
   A. 15%　　　　B. 25%　　　　C. 30%　　　　D. 20%

3. 当两种证券完全正相关时,由此所形成的证券组合(　　)。
   A. 能适当地分散风险
   B. 不能分散风险
   C. 证券投资组合风险小于单项证券风险的加权平均
   D. 可分散掉全部风险

4. 在证券投资中,因通货膨胀带来的风险是(　　)
   A. 违约风险　　　　　　　　B. 利息率风险
   C. 购买力风险　　　　　　　D. 流动性风险

5. 已知某证券的 β 系数为 2,则表明该证券(　　)
   A. 无风险
   B. 风险很低
   C. 与金融市场所有证券平均风险一致
   D. 比金融市场所有证券平均风险高一倍

6. β 系数可以衡量(　　)
   A. 个别公司股票的市场风险
   B. 个别公司股票的特有风险
   C. 所有公司股票的市场风险
   D. 所有公司股票的特有风险

7. 在证券投资组合方法中,只选取少量成长型股票进行投资的策略是(　　)。
   A. 保守型策略　　　　　　　B. 冒险型策略
   C. 适中型策略　　　　　　　D. 稳健型策略

8. 投资者由于市场利率变动而遭受损失的风险是(　　)。
   A. 违约风险　　　　　　　　B. 利率风险

C. 购买力风险　　　　　　　　D. 流动性风险

9. 证券投资者购买证券时，可以接受的最高价格是（　　）。
   A. 票面价格　　　　　　　　B. 到期价格
   C. 市场价格　　　　　　　　D. 投资价格

10. 当投资期望收益率等于无风险投资收益率时，风险系数应（　　）
    A. 大于 1　　　　　　　　　B. 等于 1
    C. 小于 1　　　　　　　　　D. 等于 0

11. 企业以债券对外投资，从其产权关系看属于（　　）。
    A. 债权投资　　　　　　　　B. 股权投资
    C. 证券投资　　　　　　　　D. 实物投资

12. 影响证券投资的主要因素是（　　）。
    A. 安全性　　　B. 收益性　　　C. 流动性　　　D. 期限性

二、多项选择题

1. 非系统风险又叫（　　）
   A. 可分散风险　　　　　　　B. 不可分散风险
   C. 公司特有风险　　　　　　D. 市场风险

2. 投资证券需要承担的风险有（　　）
   A. 违约风险　　　　　　　　B. 利率风险
   C. 购买力风险　　　　　　　D. 流动性风险

3. β 系数是衡量风险大小的重要指标，下列表述正确的有（　　）。
   A. β 越大说明风险越大
   B. 某股票 $\beta=0$，说明此证券无风险
   C. 某股票 $\beta=1$，说明其风险等于市场的平均风险
   D. 某股票 $\beta>1$，说明其风险大于市场的平均风险

4. 由影响所有公司的因素引起的风险，称为（　　）。
   A. 可分散风险　　　　　　　B. 市场风险
   C. 不可分散风险　　　　　　D. 系统风险

5. 证券投资的收益包括（　　）
   A. 现价与原价的价差　　　　B. 股利收益
   C. 债券利息收益　　　　　　D. 出售收入

6. 债券投资的优点主要有（　　）
   A. 本金安全性高　　　　　　B. 收入稳定性强
   C. 投资收益高　　　　　　　D. 市场流动性好

7. 股票投资的缺点有（　　）
   A. 购买力风险高　　　　　　B. 求偿权居后
   C. 价格不稳定　　　　　　　D. 收入稳定性强

8. 按照投资的风险分散理论，以等量资金投资甲、乙两项目（　　）
   A. 若甲、乙项目完全负相关，组合后的风险完全抵消
   B. 若甲、乙项目完全负相关，组合后的风险不扩大也不减少

C. 若甲、乙项目完全正相关,组合后的风险完全抵消
D. 若甲、乙项目完全正相关,组合后的风险不扩大也不减少

9. 按照资本资产定价模型,影响特定股票预期收益率的因素有( )
A. 无风险的收益率　　　　　　　　B. 平均风险股票的必要收益率
C. 特定股票的 β 系数　　　　　　　D. 财务杠杆系数

三、判断题

1. 当风险系数等于 0 时,表明投资无风险,期望收益率等于市场平均收益率。( )
2. 当股票种类足够多时,几乎可以把所有系统风险分散掉。( )
3. β 系数反映的是公司特有风险,β 系数越大,则公司特有风险越大。( )
4. 证券组合风险的大小,等于组合中各个证券风险的加权平均。( )
5. 任何证券都可能存在违约风险。( )
6. 通货膨胀情况下,普通股比债券能更好地避免购买力风险。( )
7. 在计算长期证券收益率时,应考虑资金时间价值因素。( )
8. 就风险而言,一般从大到小排列的顺序为:公司证券、金融证券、政府证券。( )
9. 一般来说,长期投资的风险要大于短期投资。( )
10. 变动收益证券比固定收益证券风险要小,报酬率高。( )
11. 一般而言,银行利率下降,证券价格下降;银行利率上升,证券价格上升。( )

四、简答题

1. 证券投资的目的是什么?
2. 证券投资的风险主要有哪些?
3. 影响证券投资决策的因素有哪些?
4. 债券投资的优缺点有哪些?
5. 股票投资的优缺点有哪些?
6. 证券投资组合的策略有几类?投资组合的方法有哪些?

五、计算分析题

1. 2020 年 7 月 1 日某人打算购买某公司在 2019 年 1 月 1 日以 960 元价格折价发行的、每张面值为 1 000 元的债券,票面利率为 10%,4 年到期,到期一次还本付息。要求:

(1) 假定 2020 年 7 月 1 日该公司债券的市价为 1 100 元,此人购买后准备持有至债券到期日,计算此人的到期收益率。

(2) 若此人在 2020 年 7 月 1 日以 1 100 元的价格购买该债券,于 2022 年 1 月 1 日以 1 300 元的价格将该债券出售,计算此人持有债券期间的收益率。

(3) 假若此人在 2019 年 1 月 1 日购得此债券,并持有至债券到期日,计算此人的实际收益率。

2. A 公司于 2019 年 8 月 1 日以 950 元发行面值为 1 000 元的债券,票面收益率为 10%,期限为两年。B 公司购入 1 000 张。要求:

(1) 若 B 公司持有两年,计算最终实际收益率。

(2) 若 B 公司于 2021 年 2 月 1 日以每张 1 140 元的价格将债券卖给 C 公司,试计算 B 公司持有期间收益率。

(3) 若 C 公司将债券持有到还本付息时为止,试计算 C 公司的到期收益率。

3. 某上市公司 2018 年度实现净利润 2 600 万元,按 10% 提取法定盈余公积金、按 5% 提取法定盈余公益金。2018 年该公司发行在外的普通股为 2 000 万股,优先股为 200 万股,优先股股利为 1.8 元/股。而该公司 2017 年实现净利润 2 000 万元,提取公积金的比例不变,发行在外的普通股为 2 000 万股,该年无优先股。

要求:计算 2017 年和 2018 年的每股收益、每股股利收益,并计算 2018 年的每股盈利增长率。

4. 某公司购入一种股票,预计每年股利为 0.5 元,购入该种股票应获得的报酬率为 5%,问该股票的价格为多少?

5. 某公司每股普通股的年股利额为 0.8 元,企业投资要求得到的收益率分别为 10%、12%、14%,则普通股的内在价值分别为多少?

6. A 公司准备购买 B 公司流通在外的普通股股票,已知 B 公司的股利政策为:上年每股普通股的年现金股利为 1.5 元,预测该股票的股利会稳定增长,增长率为 5%。A 公司一旦购入该股票即将进行长期投资,其预期投资收益率大于股利增长率。B 公司目前的股价为 40 元。要求:

(1) 在企业要求的预期收益率为 6%、8%、10% 的情况下,计算该股票的内在价值,并判断 A 公司是否应该购买该股票。

(2) A 公司的预期收益符合什么条件时不应该购买该股票。

7. 公司的普通股 2019 年的股利为 2.5 元,估计年股利增长率为 6%,期望的收益率为 15%,打算两年以后转让出去,估计转让价格为 14 元。

要求:计算该股票的内在价值。

项目七 营运资金管理

【知识目标】

理解营运资金管理的相关概念与方法;掌握最佳现金持有量的计算和经济批量的决策方法;理解和掌握现金、应收账款和存货的管理与控制方法。

【能力目标】

能够运用营运资金管理控制的原理与方法,结合企业营运资金管理的特点,针对营运资金管理中存在的问题,选择与制定适合企业管理要求的营运资金管理方案。

华盛公司的最佳现金持有量

华盛公司的财务经理为了尽量减少企业闲置的现金数量,提高资金收益率,考虑确定最佳现金持有量,财务部门对四种不同现金持有量的成本做了测算,具体数据如表 7-1 所示。

表 7-1 现金持有方案 （单位:万元）

方案	A	B	C	D
现金持有量	25 000	50 000	75 000	100 000
管理成本	20 000	20 000	20 000	20 000
短缺成本	10 000	6 000	2 000	0

财务经理根据上述数据,结合企业的资本收益率为 12%,利用成本分析模式,确定出企业最佳现金持有量。

思考:持有现金的动机与相关成本是什么?如何确定华盛公司的最佳现金持有量?

任务一　营运资金概述

一、营运资金的概念

营运资金是指流动资产减去流动负债后的余额,是企业用以维持正常经营所需要的资金,即企业在生产经营中可用流动资产的净额。流动资产是指可以在一年或超过一年的一个营业周期内变现或者耗用的资产,包括货币资金、短期投资、应收预付款项、存货等。流动负债是指必须在一年或超过一年的一个营业周期内偿还的债务,包括短期借款、应付预收款项、应交税金等。营运资金的存在表明企业的流动资产占用的资金除了以流动负债筹集外,还以长期负债或所有者权益筹集。

二、营运资金的特点

为有效管理企业的营运资金,必须了解营运资金的特点,以便有针对性地进行管理。营运资金一般具有如下特点。

(一) 短期性

营运资金的周转具有短期性。即占用在流动资产上的资金,周转一次所需时间短,通常会在1年或超过1年的一个营业周期内收回,对企业影响的时间比较短。根据这一特点,营运资金可通过商业信用、银行短期借款等短期筹资方式加以解决。

(二) 易变现性

营运资金的实物形态具有易变现性。交易性金融资产、应收账款、存货等流动资产一般具有较强的变现能力,如果遇到意外情况,企业出现资金周转不灵、现金短缺时,便可迅速变卖这些资产,以获取现金。这对财务上应付临时性资金需求具有重要意义。

(三) 波动性

营运资金的数量具有波动性。流动资产的数量会随企业内外条件的变化而变化,时高时低,波动很大。随着流动资产数量的变动,流动负债的数量也会相应发生变动。

(四) 动态性

营运资金的实物形态具有动态性。营运资金的实物形态是经常变化的,一般流动资金每次循环都要经过采购、生产、销售过程,按照现金、材料、在产品、产成品、应收账款、现金的顺序转化。因此,在进行流动资产管理时,必须对各项流动资产合理配置资金数额,以促进资金周转顺利进行。

（五）灵活多样性

营运资金的来源具有灵活多样性。与筹集长期资金的方式相比，企业筹集营运资金的方式较为灵活多样，通常有银行短期借款、短期融资券、商业信用、应交税费、应付职工薪酬、应付费用、预收货款、票据贴现等多种内外融资方式。

三、营运资金的管理原则与基本要求

（一）营运资金的管理原则

企业的营运资金在全部资金中占有相当大的比重，而且周转期短，形态易变，所以对其管理是企业财务管理工作的一项重要内容。企业进行营运资金管理，必须遵循以下原则：

1. 认真分析生产经营状况，合理确定营运资金的需要数量

企业营运资金的需要数量与企业生产经营活动有直接关系，当企业产销两旺时，流动资产会不断增加，流动负债也会相应增加；而当企业产销量不断减少时，流动资产和流动负债也会相应减少。因此，企业财务人员应认真分析生产经营状况，采用一定的方法预测营运资金的需要数量，以便合理使用营运资金。

2. 在保证生产经营需要的前提下，节约使用营运资金

在营运资金管理中，必须正确处理保证生产经营需要和节约使用资金两者之间的关系，要在保证生产经营需要的前提下，遵守勤俭节约的原则，挖掘资金潜力，精打细算地使用资金。

3. 加速营运资金周转，提高资金的利用效果

营运资金周转是指企业的营运资金从现金投入生产经营开始，到最终再转化为现金的过程。在其他因素不变的情况下，加速营运资金的周转，也就相应地提高了资金的利用效率。因此，企业要尽可能地加速存货、应收账款等流动资产的周转，以便用有限的资金取得最优的经济效益。

4. 合理安排流动资产与流动负债的比例关系，保证企业有足够的短期偿债能力

流动负债是在短期内需要偿还的债务，而流动资产则是在短期内可以转化为现金的资产。因此，如果一个企业的流动资产比较多，流动负债比较少，说明企业的短期偿债能力较强；反之，则说明短期偿债能力较弱。但是，如果企业的流动资产太多，流动负债太少，也并不是正常现象，这说明流动资产闲置或流动负债利用不足。根据惯例，流动资产是流动负债的一倍比较合适。因此，在营运资金管理中，要合理安排流动资产和流动负债的比例关系，以便既节约使用资金，又保证企业有足够的偿债能力。

（二）营运资金管理的基本要求

营运资金的管理就是对企业流动资产和流动负债的管理。它既要保证有足够的资金满足生产经营的需要，又要保证能按时按量偿还各种到期债务。企业营运资金管理的基本要求是：

1. 合理确定并控制流动资金的需要量

企业流动资金的需要量取决于生产经营规模和流动资金的周转速度,同时也受市场及供、产、销情况的影响。企业应综合考虑各种因素,合理确定流动资金的需要量,既要保证企业经营的需要,又不能因安排过量而浪费。平时也应控制流动资金的占用,使其纳入计划预算的良性范围内。

2. 合理确定流动资金的来源构成

企业应选择合适的筹资渠道及方式,力求以最小的代价谋取最大的经济利益,并使筹资与日后的偿债能力等合理配合。

3. 加快资金周转,提高资金效益

当企业的经营规模一定时,流动资产周转的速度与流动资金需要量成反方向变化。企业应加强内部责任管理,适度加速存货周转、缩短应收账款的收款周期、延长应付账款的付款周期,以改进资金的利用效果。

任务二 现金管理

现金是可以立即投入流动的交换媒介。它的首要特点是普遍的可接收性,即可以有效地立即用来购买商品、货物、劳务或偿还债务。因此,现金是企业中流动性最强的资产。属于现金内容的项目,包括企业的库存现金、各种形式的银行存款和银行本票、银行汇票。

有价证券是企业现金的一种转换形式。有价证券变现能力强,可以随时兑换成现金。企业有多余现金时,常将现金兑换成有价证券;当现金流出量大于流入量,需要补充现金时,再出让有价证券换回现金。在这种情况下,有价证券就成了现金的替代品。

一、企业置存现金的原因和成本

(一)企业置存现金的原因

企业置存现金的原因是为了满足交易性需要、预防性需要和投机性需要。

1. 交易性需要

是指满足日常业务的现金支出需要。包括材料采购、工资费用的支付、税金的缴纳等。尽管企业平时也会从业务收入中取得现金,但难以做到收入和支出在数量和时间上的完全统一。如果不持有适当数量的现金,就会影响到企业进行正常交易的连续性或在一定情况下丧失享有现金折扣的良机。

2. 预防性需要

预防性需要是指置存现金以防发生意外的支付。企业在经营过程中有时会发生预料之外的开支,从而使现金流量具有一定的不确定性,因此持有一定数量的现金以防不测尤其重要。但并非所有的经营活动和应付意外的准备都需要持有现金,其中部分可用有价证券这种准现金来充当。

3. 投机性需要

投机性需要是指置存现金用于有利可图的购买机会。有时企业持有一些现金,以便在廉价购买原材料或有价证券的机会来临时,能把握住时机。

企业缺乏必要的现金,将不能满足交易性、预防性、投机性的需要,使企业经营蒙受损失;但如果企业置存过多的非盈利性现金,又会因这些资金不能投入周转导致无法取得盈利而遭受另外一些损失。此外,流动性强的资产,其收益性较低,这意味着企业应尽可能少地持有现金,避免资金闲置或用于低收益资产而带来的损失。这样企业便会面临现金不足和现金过量这两个方面的威胁。企业现金管理的目的就是要在资产的流动性和盈利能力之间作出选择,以获取最大的长期利润。

(二) 企业置存现金的成本

置存现金通常会发生四种成本,即机会成本、转换成本、管理成本、短缺成本。

1. 机会成本

企业将资金占用在现金上会丧失其他的投资收益,丧失的投资收益就是持有现金的机会成本。现金持有量越大,机会成本越高,反之就越小。

2. 转换成本

企业无论是用现金购入有价证券还是转让有价证券换取现金,都需要付出一定的交易费用,这就是转换成本,如委托买卖佣金、委托手续费、证券过户费、实物交割手续费等。转换成本与证券变现次数呈线性关系,即

$$转换成本总额 = 证券变现次数 \times 每次的转换成本$$

证券转换成本与现金持有量的联系是:在现金需要量既定的前提下,每次现金持有量即有价证券变现额的多少,必然对有价证券的变现次数产生影响,即现金持有量越少,进行证券变现的次数越多,相应的转换成本就越大;反之,现金持有量越多,证券变现的次数就越少,需要的转换成本也就越小。因此,现金持有量的不同必然通过证券变现次数多少而对转换成本产生影响。

3. 管理成本

企业持有现金,就要对现金进行管理,从而要发生一定的管理费用。如管理人员的工资及必要的安全措施费用等。这部分费用由于具有固定费用的性质,在一定范围内与现金持有量的多少关系不大。

4. 短缺成本

短缺成本是指在现金持有量不足,而又无法及时变现有价证券加以补充时,给企业带来的损失。如因缺乏现金不能及时购买原材料使生产中断,造成信用受损和丧失现金折扣优惠的成本等。现金的短缺成本与现金持有量呈反方向变动关系。

二、最佳货币资金持有量分析

基于交易、预防、投机需要,企业必须保持一定数量的现金余额。下面是两种确定最佳现金持有量的方法。

(一)成本分析模式

成本分析模式是通过分析持有现金的相关成本,寻找持有成本最低的现金持有量。企业持有的现金,将会有三种相关成本:

1. 机会成本

现金作为企业的一项资金占用是有代价的,这种代价就是持有现金而丧失的再投资收益。

2. 管理成本

这是指公司支付现金的管理费用,如现金管理人员工资、安全措施费用等。现金管理成本是一种固定成本,不随现金余额的变动而变动。

3. 短缺成本

现金短缺成本是因缺乏必要的现金,不能应付业务开支需要而使企业遭受的损失或付出的代价。现金的短缺成本随现金持有量的增加而下降。

上述三项成本之和最小的现金持有量就是最佳现金持有量,这些成本同现金持有量之间的关系如图 7-1 所示。

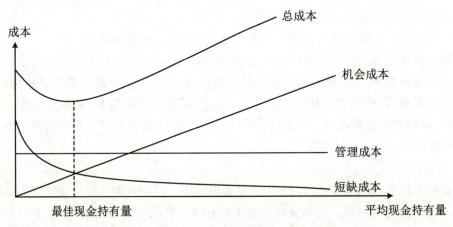

图 7-1 最佳现金持有量图

从图 7-1 可以看出,由于各项成本同现金持有量的变动关系不同,总成本曲线呈抛物线形,抛物线的最低点即成本最低点,该点所对应的现金持有量便是最佳现金持有量,此时总成本最低。

最佳现金持有量的具体计算应先分别计算出各种方案的机会成本、管理成本、短缺成本之和,再从中选出总成本之和中最低的现金持有量即最佳现金持有量。

【例 7-1】某企业有四种现金持有方案,它们各自的机会成本、管理成本、短缺成本如

表 7-2 所示。

表 7-2　某企业现金持有成本分析表　　　　（单位：万元）

项目	甲	乙	丙	丁
现金持有量	50	60	70	80
机会成本	5	6	7	8
管理成本	1	1	1	1
短缺成本	3	1	0.5	0
持有总成本	9	8	8.5	9

通过分析比较表 7-2 中各方案的总成本可知，乙方案的总成本最低，因此持有 60 万元现金时的总成本最低，60 万元为最佳现金持有量。

（二）存货模式

存货模式可用来解决企业现金在一定时期内的最佳变现次数问题，企业现金不足时，就需要变现一部分有价证券。无论是持有现金还是变现证券，都要付出代价。持有现金，就丧失了投资证券所得的相应利息，即机会成本。若要降低机会成本，就要降低现金持有量，加大证券变现次数，而证券每次变现又要支付各种税金和手续费等，称其为转换成本。现金管理费用属于固定费用，同现金持有量的多少关系不大，因此在存货模式中被视为决策无关成本，不予考虑。另外短缺成本具有不确定性，很难计量，因而也不予考虑。综上，在存货模式中，只对机会成本和转换成本予以考虑。机会成本和转换成本随着现金持有量的变动而呈现出相反的变动趋向，这就要求寻找能够使现金管理的机会成本与转换成本之和为最低的现金持有量，即最佳现金持有量。

设 T 为一个周期内的现金总需要量；F 为每次转换有价证券的固定成本；Q 为最佳现金持有量（每次证券变现的数量）；K 为有价证券利息率（机会成本）；TC 为现金管理总成本。则

$$现金管理总成本 = 机会成本 + 转换成本$$

即

$$TC = \frac{Q}{2} \times K + \frac{T}{Q} \times F$$

当 $\frac{Q}{2} \times K = \frac{T}{Q} \times F$ 时，移项整理，得最佳现金持有量的模型为

$$最佳现金持有量 Q = \sqrt{\frac{2TF}{K}}$$

$$最佳转换次数 = \frac{T}{Q} = \sqrt{\frac{TK}{2F}}$$

$$最低总成本\ TC = \sqrt{2TFK}$$

【例 7-2】某企业预计全年经营所需货币资金约为 9 600 万元，准备用短期有价证券变现取得，证券每次交易的固定成本为 100 元，证券市场年利率为 12%。

要求：计算最佳货币资金持有量及最小相关总成本。

解 最佳货币资金持有量：

$$Q=\sqrt{\frac{2\times100\times96\,000\,000}{12\%}}=400\,000(元)$$

最小相关总成本：

$$TC=\sqrt{2\times100\times96\,000\,000\times12\%}=4\,000(元)$$

三、现金的日常管理

加强现金日常管理的目的是防止现金闲置与流失，保障其安全和完整，并有效地发挥其效能，加速资金的运转，增强企业资产的流动性和债务的可清偿性，提高资金的收益率。

企业在确定最佳现金持有量后，加强现金日常管理就可以围绕着控制现金最佳持有量来进行。但控制现金最佳持有量还必须建立一套完整的现金管理信息反馈系统。因为只有建立了完整的信息反馈系统，才能在企业发生现金运转问题或现金的流入流出变化导致实际的现金持有量偏离确定的最佳值时，及时采取有效的补救措施。

在具备这些条件后，加强现金的日常管理就变得简单多了。因为若企业现金持有量偏高只需开支掉就可以了，所以如何增加现金的持有量才是加强现金日常管理最关键的问题。

（一）现金收入的管理

企业现金收入的主要途径就是企业账款的回收，而企业账款的回收通常需要经过四个时点，即客户开出付款票据、企业收到票据、票据交存银行和企业收到现金。这样，企业账款的回收时间就由票据的邮寄时间、票据在企业停留的时间和票据的结算时间三个部分组成。票据在企业停留的时间可以由企业本身通过建立规章制度、奖惩激励机制等方法来控制，但是，对于票据的邮寄时间和票据的结算时间，仅靠企业自身的力量是远远不够的，必须采取有效措施充分调动客户和银行的积极性，才能实现有效的控制。对此，可采取以下方法：① 折扣、折让激励法；② 邮政信箱法或电子锁箱法；③ 银行业务集中法；④ 大额款项专人处理法；⑤ 其他方法。

（二）现金支出的管理

现金支出管理的关键是现金支出的时间。与现金收入管理相反，尽可能地延缓现金的支出时间是控制企业现金持有量最简便的方法。当然，这种延缓必须是合理合法，且不影响企业信誉的，否则企业延期支付所带来的效益可能将远小于为此而遭受的损失。企业通常延期支付账款的方法主要有：① 推迟支付应付账款法；② 汇票付款法；③ 合理利用现金"浮游量"；④ 分期付款法；⑤ 改进工资支付方式；⑥ 外包加工结现法。

（三）闲置现金投资的管理

企业在筹集资金和经营业务时会取得大量的现金，这些现金在用于资本投资或其他业务活动前，通常会闲置一段时间。对于这些现金，如果让其一味地闲置就是一种损失、一种浪费。因此，可将其投入到流动性高、风险性低、交易期限短且变现及时的投资项目上，以获取更多的利益，如金融债券投资、可转让大额存单、回购协议等。股票、基金、期货等投资虽然可行,但因风险较大故不提倡。

总之,企业现金日常管理的意图是在保证日常生产经营业务的现金需求前提下,最大限度地加速现金的运转,从而获得最大的经济收益。由此入手,可以探寻出很多现金日常管理的方法和技巧。

任务三 应收账款的管理

应收账款是指因为企业对外赊销产品、材料、提供服务等应向对方收取而未收取的款项。影响企业应收账款水平的主要因素有经济状况、产品定价、产品质量和企业的信用政策等。这些影响因素中除最后一项外,其他因素不是财务部门能控制的。所以,财务部门管理应收账款主要是通过对赊销风险与获利能力之间的权衡而制定适当的信用政策,从而改变应收账款的水平。

一、应收账款管理的目标与内容

(一)应收账款管理的目标

社会主义市场经济体制的建立与完善,使企业与企业之间相互提供商业信用成为一种越来越普遍的现象。商业信用已成为企业提高竞争力的一个手段,因此,加强应收账款的管理已经成为企业流动资产管理的重要组成部分。

企业提供商业信用,采取赊销方式,会使企业应收账款的数额大量增加,现金的回收时间延长,甚至会使企业遭受坏账的损失。但是,赊销又是企业扩大销售、增加市场占有率和盈利的一个有效途径。因此,应收账款管理的目标就是充分发挥应收账款功能,权衡应收账款投资产生的收益、成本和风险,作出有利于企业的信用决策。

(二)应收账款管理的内容

为了充分发挥应收账款的功能,必须加强应收账款的管理,其核心是制定合适的信用政策。制定信用政策时,一方面要考虑到有利于扩大销售;另一方面要考虑到有被占用的资金,缩短应收账款的回收期,防止发生坏账损失。应收账款管理的内容主要包括:

1. 制定合理的应收账款信用政策

信用政策的制定必须符合企业目前的发展状况和企业所处的市场环境状况。

2. 进行应收账款的投资决策

应收账款的投资决策主要是在已经制定的应收账款信用政策的基础上,对具体的应收账款投资行为(如向某一特定客户是否提供商业信用)进行决策。

3. 做好应收账款的日常管理工作,防止坏账的发生

应收账款的日常管理主要是采取有力措施对应收账款进行分析、控制,及时发现问题,解决问题。

二、应收账款的功能与成本

(一)应收账款的功能

应收账款的功能是指它在生产经营中的作用,主要体现在以下两个方面:

1. 促进销售

企业销售产品时可以采取两种基本的方式,即现销和赊销。显然,现销对本企业有利,赊销对客户有利。在竞争激烈的市场经济条件下,促销已经成为企业的一项重要工作内容。企业促销的手段虽然多种多样,但是在银根紧缩、市场疲软、资金匮乏的情况下,赊销的促销作用是十分明显的,特别是在企业销售新产品、开拓新市场时,赊销就更加具有重要的意义。这是因为购货方一方面可以在不付款的情况下得到自己需要的商品,降低了在商品质量、性能等方面存在问题的风险;另一方面,购货方可以在一定时期内减少自己的资金占用。

2. 减少存货

由于赊销具有促销功能,可以加速产品的销售,从而可降低存货中产成品的数额。这有利于缩短产成品的库存时间,降低产成品存货的管理费用、仓储费用和保险费用等各方面的支出。因此,无论是季节性生产企业还是非季节性生产企业,当产成品较多时,一般应采用较优惠的信用条件进行赊销,把存货转化为应收账款,减少产成品存货,节约各种支出。

(二)应收账款的成本

企业持有应收账款,也要付出一定的代价,增加相关成本,应收账款的成本有以下几种:

1. 机会成本

应收账款的机会成本是指将资金占用于应收账款而不能进行其他投资而丧失的投资收益。这一成本的大小通常与企业应收账款占用的资金数量、资金成本率有关。

其计算公式为

$$应收账款机会成本 = 应收账款占用资金 \times 资金成本$$

其中,资金成本一般可按有价证券收益率计算。应收账款占用资金可按下列步骤计算:

(1) 计算应收账款周转率:

$$应收账款周转率 = 日历天数(360) \div 应收账款周转期$$

(2) 计算应收账款平均余额:

$$应收账款平均余额 = 赊销收入净额 \div 应收账款周转率$$

(3) 计算应收账款占用资金:

$$应收账款占用资金 = 应收账款平均余额 \times 变动成本率$$

【例 7-3】 假设某企业预测的年度赊销收入净额为 2 160 万元,应收账款周转期为 50 天,变动成本率为 70%,资金成本率为 8%,则应收账款的机会成本的计算如下:

应收账款周转率 = 360 ÷ 50 = 7.2(次)

应收账款平均余额 = 2 160 ÷ 7.2 = 300(万元)

应收账款占用资金 = 300 × 70% = 210(万元)

应收账款机会成本 = 210 × 8% = 16.8(万元)

2. 管理成本

应收账款的管理成本是指企业对应收账款进行管理而发生的开支。主要包括对客户的信用调查费用、应收账款记录分析费用、催收账款费用等。在应收账款一定数额范围内,管理成本一般为固定成本。

3. 坏账成本

坏账成本是指应收账款因故不能收回而发生的损失。存在应收账款就难以避免坏账的发生,这会给企业带来不稳定与风险,企业可按有关规定以应收账款余额的一定比例提取坏账准备。坏账成本一般与应收账款的数额大小有关,也与应收账款的拖欠时间有关。

三、信用政策

信用政策又称为应收账款政策,是指企业在采用信用销售方式时,为对应收账款进行规划和控制所确定的基本原则和规范。信用政策是企业财务政策的一个重要组成部分,主要包括信用标准、信用条件和收账政策三个部分。

(一) 信用标准

信用标准是指顾客获得企业的交易信用所应具备的条件。如果顾客达不到信用标准,便不能享受企业的信用或只能享受较低的信用优惠。企业在设定某一顾客的信用标准时,往往先要评估其赖账的可能性,可以通过"5C"系统进行评测。所谓"5C"系统,是评估顾客信用品质的五个方面,即品质(character)、能力(capacity)、资本(capital)、抵押(collateral)和条件(conditions)。

1. 品质

指顾客的信誉,即履行偿债义务的可能性。企业必须设法了解顾客过去的付款记录,看其是否有按期如数付款的一贯做法,及与其他供货企业的关系是否良好。这一点经常被视为评价顾客信用的首要因素。

2. 能力

指顾客的偿债能力,即其流动资产的数量和质量以及与流动负债的比例。顾客的流动资产越多,其转换为现金以支付款项的能力越强。同时,还应注意顾客流动资产的质量,看是否有存货过多、过时或质量下降,影响其变现能力和支付能力的情况。

3. 资本

指顾客的财务实力和财务状况。

4. 抵押

指顾客拒付款项或无力支付款项时能被用作抵押的资产。这对于不知底细或信用状况有争议的顾客尤为重要。一旦收不到这些顾客的款项,便以抵押品抵补。如果这些顾客提供足够的抵押,就可以考虑向他们提供相应的信用。

5. 条件

指可能影响顾客付款能力的经济环境。比如,万一出现经济不景气,会对顾客的付款产生什么影响,顾客会如何做等,这需要了解顾客在过去困难时期的付款历史。

(二) 信用条件

当我们根据信用标准决定给客户信用优惠时,就需考虑具体的信用条件。信用条件包括信用期限、现金折扣等。

1. 信用期限

信用期限是指企业允许客户从购货到付款之间的时间间隔。信用期限过短,不足以吸引顾客,不利于扩大销售;信用期限过长,会引起机会成本、管理成本、坏账成本的增加。信用期限优化的要点是:延长信用期限增加的销售利润是否超过增加的成本费用。

2. 现金折扣

延长信用期限会增加应收账款的占用额及收账期,从而增加机会成本、管理成本和坏账成本。企业为了既能扩大销售,又能及早收回款项,往往在给客户以信用期限的同时推出现金折扣条款。现金折扣是企业给予客户在规定时期内提前付款能按销售额的一定比率享受折扣的优惠政策,包括折扣期限和现金折扣率两个要素。$(2/10, N/30)$ 表示信用期限为 30 天,如客户能在 10 天内付款,可享受 2% 的折扣,超过 10 天,则应在 30 天内足额付款。其中 10 天是折扣期限,2% 是现金折扣率。现金折扣本质上是一种筹资行为,因此现金折扣成本是筹资费用而非应收账款成本。在信用条件优化选择中,现金折扣条款能降低机会成本、管理成本和坏账成本,但同时也需付出一定的代价,即现金折扣成本。现金折扣条款有时也会影响销售额(比如有的客户冲着现金折扣条款来购买本企业产品),造成销售利润的改变。现金折扣成本也是信用决策中的相关成本,在有现金折扣的情况下,信用条件优化的要点是增加的销售利润能否超过增加的机会成本、管理成本、坏账成本和折扣成本四项之和。

(三) 收账政策

收账政策是指客户违反信用条件,拖欠甚至拒付账款时,企业应采取的策略。

首先,企业应投入一定的收账费用以减少坏账的发生。一般地说,随着收账费用的增加,坏账损失会逐渐减少,但收账费用不是越多越好,因为收账费用增加到一定数额后,坏账损失不再减少,说明在市场经济条件下不可能绝对避免坏账。收账费用投入多少为好要在权衡增加的收账费用和减少的坏账损失后作出。其次,企业对客户欠款的催收应做到有理、有利、有节。对超过信用期限不多的客户宜采用电话、发信等方式"提醒"对方付款。对久拖不还的欠款,应具体调查分析客户欠款不还的原因。如客户确因财务困难而无力支付,则应与客户相互协商沟通,寻求解决问题的较理想的办法,甚至对客户予以适当帮助、进行债务重整等。如客户欠款属恣意赖账、品质恶劣,则应逐渐加强催账力度,直至诉诸法律,并将该客户从信用名单中排除。对客户的强硬措施应尽量避免,要珍惜与客户之间的友情,以有利于树立企业的良好形象。我们不仅要想到争取更多的回头客,也要想到如果日后与客户地位倒置的话,留下回旋的余地。

四、应收账款的日常管理

应收账款的日常管理主要把握以下两个方面:

(一)监督应收账款的收回

企业对应收账款要落实专人做好备查记录,通过编制应收账款账龄分析表,实施对应收账款收回情况的监督,如表7-3所示。

表7-3 应收账款账龄分析表

应收账款账龄	账户数量	金额(万元)	比重(%)
信用期内	100	80	42.11
超过信用期1月内	50	40	21.05
超过信用期2月内	40	30	15.79
超过信用期3月内	30	20	10.53
超过信用期半年内	20	10	5.26
超过信用期1年内	10	5	2.63
超过信用期1年以上	15	5	2.63
合计	265	190	100

从账龄分析表可以看到企业的应收账款在信用期内及超过信用期各时间档次的金额及比重,也即账龄结构。一般来说,逾期拖欠时间越长,收回的难度越大,也越可能形成坏账。通过账龄结构分析,做好信用记录,可以研究与制定新的信用政策和收账政策。

(二)建立坏账准备金制度

在市场经济条件下,坏账损失难以避免。为使各会计年度合理负担坏账损失,减少企业的风险,应建立应收账款坏账准备金制度。按现行企业财务制度规定,企业在年末可按应收账款余额的3‰~5‰计提坏账准备金。

任务四 存 货 管 理

存货是指企业在生产经营过程中为了生产耗用或销售而储备的物资。存货主要包括企业的库存原材料、辅助材料、包装物、低值易耗品、在产品、半成品、产成品和库存商品等。一般来说,存货在流动资产中所占的比重为40%~60%,存货管理水平的高低对企业生产经营的顺利与否有直接的影响,并且最终会影响到企业的收益、风险和流动性的综合水平,因此,存货管理在整个流动资产管理中具有重要的地位。

一、存货功能与成本

(一)存货功能

存货功能是指存货在企业生产经营中的作用。存货的功能主要体现在以下几个方面:

1. 防止停工待料

适量的原材料和在制品、半成品存货是企业生产正常运行的前提和保障,能够有效防止停工待料事件的发生,维护企业生产的连续性,季节性生产企业更是如此。

2. 满足销售需要

企业储备必要数量的产成品存货,能满足用户订货的要求。用户从节约采购成本的目的出发,一般要成批采购。企业有一定数量的产成品存货,才能满足用户成批采购的要求。尤其是市场需求突然增加时,企业有足够的产成品储存,才能满足用户的需求,增加企业的销售量。

3. 降低进货成本

零购物资的价格往往较高,而整批购买在价格上常有优惠。企业采取批量集中进货,可获得较多的商业折扣,也可降低采购费用支出。只要购货成本的降低大于存货储存费用的增加额,批量进货便可行。

(二)存货成本

1. 取得成本

取得成本是指为取得某种存货而发生的支出,它由购置成本和订货成本构成。

(1)购置成本。购置成本是指存货本身的价值,即存货的买价,它是存货单价与数量的乘积。在无商业折扣的情况下,购置成本是不随采购次数等变动而变动的,是存货决策的一项无关成本。

(2)订货成本。订货成本是指为组织采购存货而发生的费用。订货成本有一部分与订货次数无关,如常设采购机构的基本开支等,这类固定性的订货成本与决策无关。订货成本中另一部分与订货次数有关,如差旅费、邮电费等,这类变动性的订货成本是决策中的相关成本。

2. 储存成本

储存成本是指存货在储存过程中发生的支出。储存成本有一部分是固定性的,如仓库折旧费、仓库员工的固定工资等,这类成本与决策无关。储存成本中另一部分为与存货储存数额成正比的变动成本,如存货资金的应计利息、存货损失、存货保险费等,这类变动性的储存成本是决策中的相关成本。

3. 缺货成本

缺货成本是指由于存货不足造成的损失,如材料供应中断造成的停工损失,产成品库存短缺造成的延迟发货的信誉损失及丧失销售机会损失,材料缺货而采用替代材料的额外支出。缺货成本中有些是机会成本,只能作大致的估算。当企业允许缺货时,缺货成本随平均存货的减少而增加,它是存货决策中的相关成本。

二、存货控制的方法

存货资金定额确定之后,如何取得存货、管理存货,使存货在使用和周转过程中相关成本最小,效益最大,这就是存货控制。存货控制的方法有多种,以下介绍经济批量模型、实行数量折扣的经济批量模型、再订货点的确定、存货 ABC 分类控制法。

(一) 经济批量模型

经济批量是指能够使一定时期内存货的总成本达到最低点的进货数量。在年存货需要量一定和不允许缺货的情况下,进货成本与存货数量大小和订货次数多少无关,因此从控制存货数量角度可以不考虑采购成本。与存货数量有关的成本主要是变动性订货成本、变动性储存成本。存货量越多,变动性储存成本越大,而变动性订货成本越小。反之,则变动性订货成本越大,变动性储存成本越小。

(二) 经济批量基本模型

经济进货批量的基本模型,通常是建立在以下基本假设基础上的:
(1) 企业在一定时期的进货总量可以较为准确地预测;
(2) 存货的流转比较均衡;
(3) 存货的价格稳定,且不考虑商业折扣;
(4) 进货日期完全由企业自行决定,并且采购不需要时间;
(5) 仓储条件及所需现金不受限制;
(6) 不允许出现缺货;
(7) 所需存货市场供应充足,能及时取得并能集中到货。

经济进货批量就是订货成本与储存成本总和为最低时的订货批量。

$$TC = \frac{A}{Q} \times B + \frac{Q}{2} \times C$$

式中,TC——存货相关总成本;
Q——存货的经济批量;
A——某种存货的全年需要量;
B——平均每次进货费用;
C——单位存货年度平均储存成本。

当订货成本与储存成本相等时,存货相关总成本达到最低,即

$$\frac{A}{Q} \times B = \frac{Q}{2} \times C$$

整理后得

$$存货的经济批量 \ Q = \sqrt{\frac{2AB}{C}}$$

$$经济批量的存货总成本 \ TC = \sqrt{2ABC}$$

$$最佳进货次数 \ N = \frac{A}{Q} = \sqrt{\frac{AC}{2B}}$$

经济批量的资金平均占用额 $W=\dfrac{Q}{2}\times P$

【例 7-4】 企业全年耗用甲材料 1 800 kg,该材料单价为 20 元,年单位储存成本为 4 元,一次订货成本为 25 元。

要求:(1) 确定经济订货批量;

(2) 确定最小相关总成本;

(3) 确定最佳订货次数;

(4) 确定最佳订货周期;

(5) 确定最佳存货资金占用额。

解 依上述资料计算:

(1) 经济订货批量 $=\sqrt{\dfrac{2\times 1\,800\times 25}{4}}=150(\text{kg})$;

(2) 最小相关总成本 $=\sqrt{2\times 1\,800\times 25\times 4}=600(元)$;

(3) 最佳订货次数 $=1\,800\div 150=12(次)$;

(4) 最佳订货周期 $=360\div 12=30(天)$;

(5) 最佳存货资金占用额 $=20\times\dfrac{150}{2}=1\,500(元)$。

(三) 实行数量折扣的经济批量模型

市场上的价格是变动的,尤其是销售企业为鼓励客户购买更多的产品,通常会给予不同程度的价格优惠,即商业折扣或价格折扣。通常情况下,一次订货量越大,享受的商业折扣越高。此时,企业进货经济批量的确定,除了考虑进货费用与储存成本外,还应考虑存货的进价成本。因此

总成本=进货成本+相关进货费用+相关储存成本

$$TC=\dfrac{A}{Q}\times B+\dfrac{Q}{2}\times C+A\times P\times(1-f)$$

式中,P——商品购进单价;

f——价格折扣率。

考虑商业折扣情况下经济进货批量的步骤:

(1) 确定无商业折扣条件下的经济进货批量和存货相关总成本;

(2) 加进不同批量的进价成本差异因素;

(3) 比较不同批量下的存货相关总成本,找出存货总成本最低的订货批量。

【例 7-5】 某企业 A 零件的年需要量为 8 000 件,该零件单位标准价格为 50 元,已知每次订货成本为 100 元,单位零件年储存成本为 10 元。销售企业规定:一次订货量不足 1 000 件的按照标准价格计算;一次订货量 1 000 件以上,2 000 件以下的,价格优惠 2%;一次订货量在 2 000 件以上的(含 2 000 件),价格优惠 3%。求最佳经济批量。

解 则按经济进货批量基本模式确定的经济进货批量为:

$$存货的经济批量 Q=\sqrt{\dfrac{2\times 8\,000\times 100}{10}}=400(件)$$

每次进货 400 件时的存货相关总成本为:

存货相关总成本 $TC = \dfrac{8\,000}{400} \times 100 + \dfrac{400}{2} \times 10 + 8\,000 \times 50 = 404\,000$（元）

每次进货1 000件时的存货相关总成本为：

存货相关总成本 $TC = \dfrac{8\,000}{1\,000} \times 100 + \dfrac{1\,000}{2} \times 10 + 8\,000 \times 50 \times (1-2\%) = 397\,800$（元）

每次进货2 000件时的存货相关总成本为：

存货相关总成本 $TC = \dfrac{8\,000}{2\,000} \times 100 + \dfrac{2\,000}{2} \times 10 + 8\,000 \times 50 \times (1-3\%) = 398\,400$（元）

通过上述计算，每次进货为1 000件的存货相关总成本最低，所以此时最佳经济批量为1 000件。

（四）再订货点的确定

企业订货之后，往往不能马上取得货物，这是因为货物的生产和运输需要一定的时间。因此，企业不应等到货物用完了再去订货，而应提前订货。提前订货的时间，称为订货提前期，它是自订货日至到货日的时间。再订货点是指再次订货日尚存的存货储备量。在考虑保险储备量的情况下，再订货点等于订货提前期乘以每日平均耗用量，再加上保险储备量。

再订货点=（订货提前期×每日平均耗用量）+保险储备量

上式中保险储备量是指为了防止意外情况的发生而建立的预防性、机动性库存量。

【例7-6】 某生产企业平均订货提前期为10天，乙材料日均消耗量为200 kg，保险库存量为800 kg，则

乙材料的再订货点=10×200+800=2 800（kg）

即当乙材料库存余量为2 800 kg时，企业就要发下批材料的订单。

（五）存货ABC分类控制法

存货的ABC分类管理就是按照一定的标准，将企业的存货划分为A、B、C三类，按类别一般控制和按总额灵活掌握的存货管理方法，其目的是使企业分清主次，突出重点，提高存货资金管理的整体效果。

1. 存货ABC分类的标准

分类的标准有两个：一是金额标准；二是品种数量标准。其中金额标准是最基本的，品种数量标准仅作为参考。

A类物资是指品种少、实物量少而价值高的物资，其成本金额约占70%，而实物量不超过20%。

C类物资是指品种多、实物量多而价值低的物资，其成本金额约占10%，而实物量不低于50%。

B类物资介于A类、C类物资之间，其成本金额约占20%，而实物量不超过30%。

对于A类存货，要重点规划和控制；对于B类存货，作为次重点管理；对于C类存货，只是从总额上掌握，进行一般管理。

2. ABC三类存货的划分

具体过程可以分为三个步骤：

（1）列示企业全部存货的明细表，并计算出每种存货的价值总额及占全部存货金额的

百分比。

（2）按照金额标志由大到小进行排序并累加金额百分比。

（3）当金额百分比累加到70%左右时，以上存货视为A类存货；介于70%～90%的存货为B类存货；其余则为C类存货。

【例7-7】 某企业共有20种原材料，共占用资金100 000元，按占用资金多少分为A类、B类和C类，如表7-4所示。

表7-4 存货资金占用表

存货名称	占用金额（万元）	类别	各类存货所占的 种类（种）	比重	各类存货占用资金 金额（万元）	比重
1	50 000	A	2	10%	75 000	75%
2	25 000					
3	10 000	B	5	25%	20 000	20%
4	5 000					
5	2 500					
6	1 500					
7	1 000					
8	900	C	13	65%	5 000	5%
9	800					
10	700					
11	600					
12	500					
13	400					
14	300					
15	200					
16	190					
17	180					
18	170					
19	50					
20	10					
合计	100 000		20	100%	100 000	100%

项目小结

1．流动资产的特点有：周转具有短期性、实物形态具有易变现性、数量具有波动性、实物形态具有动态性、来源具有灵活多样性。流动资产如同企业的血液不断地周转循环。营运资金是企业流动资产中满足偿还短期债务后可用于生产经营的流动资金。

2. 企业置存货币资金是为了满足交易性需要、预防性需要和投机性需要;通常会发生四种成本,即持有成本、转换成本、短缺成本、管理成本。最佳现金持有量的确定有成本分析模式和存货模式。

3. 应收账款的信用政策包括信用标准、信用条件和收账政策。信用条件的优化要点是以增加的销售利润与增加的各项成本之和作比较。

4. 存货控制的方法有经济批量模型、实行数量折扣的经济批量模型、再订货点的确定、存货 ABC 分类控制法。

经济批量模型的最优解为

$$存货的经济批量 Q = \sqrt{\frac{2AB}{C}}$$

$$经济批量的存货总成本 TC = \sqrt{2ABC}$$

一、单项选择题

1. 企业持有现金的原因,主要是为了满足( )。
   A. 交易性、预防性、收益性需求 B. 交易性、投机性、收益性需求
   C. 交易性、预防性、投机性需求 D. 预防性、收益性、投机性需求

2. 最佳现金持有量的存货管理模式中,应考虑的相关成本主要是( )。
   A. 机会成本和转换成本 B. 转换成本和短缺成本
   C. 机会成本和短缺成本 D. 持有成本和短缺成本

3. 对于应收账款信用期限的叙述,正确的是( )。
   A. 信用期限越长,企业坏账风险越小
   B. 信用期限越长,表明客户享受的信用条件越优惠
   C. 延长信用期限,不利于销售收入的扩大
   D. 信用期限越长,应收账款的机会成本越低

4. 假设某企业预测的年赊销额为 2 000 万元,应收账款平均收账天数为 45 天,变动成本率为 60%,资金成本率为 8%,一年按 360 天计,则应收账款的机会成本为( )万元。
   A. 250   B. 200   C. 15   D. 12

5. 采用 ABC 法对存货进行控制时,应当重点控制的是( )。
   A. 数量较多的存货 B. 占用资金较多的存货
   C. 品种较多的存货 D. 库存时间较长的存货

二、多项选择题

1. 为了确保公司能一致性地运用信用和保证公平性,公司必须保持书面的信用政策和程序,信用政策和程序必须明确规定( )。
   A. 信用标准 B. 信用条件
   C. 信用期间 D. 商业折扣

2. 下列各项中,属于应收账款管理成本的有(　　)。
　　A. 坏账损失　　　　　　　　　B. 收账费用
　　C. 客户信誉调查费　　　　　　D. 应收账款占用资金的应计利息
3. 在存在商业折扣的情况下,与经济批量有关的成本有(　　)。
　　A. 储存成本　　　　　　　　　B. 购置成本
　　C. 进货成本　　　　　　　　　D. 资金成本
4. 与经济批量决策相关的成本包括(　　)。
　　A. 变动订货成本　　　　　　　B. 变动储存成本
　　C. 缺货成本　　　　　　　　　D. 购置成本
5. 企业如果延长信用期限,可能导致的结果有(　　)。
　　A. 扩大当前销售　　　　　　　B. 延长平均收账期
　　C. 增加坏账损失　　　　　　　D. 增加收账费用

三、判断题

1. 企业营运资金余额越大,说明企业风险越小,收益率越高。(　　)
2. 企业现金持有量过多会降低企业的收益水平。(　　)
3. 在确定应收账款占用资金的应计利息时,应收账款的平均余额是根据平均日赊销额与平均收现期的乘积计算得出的,这里平均收现期是指所有客户收现期的算术平均数。(　　)
4. 赊销是扩大销售的有力手段之一,企业应尽可能放宽信用条件,增加赊销量。(　　)
5. 应收账款管理的总体平均指标主要运用应收账款周转率和周转天数。(　　)

四、计算题

1. 某公司年度赊销收入净额为450万元,应收账款平均收现期为40天,变动成本率为70%,资金成本率为12%。试计算应收账款的机会成本。

2. 某公司现金收支平衡,预计全年现金需要量为600 000元,现金与有价证券转换成本每次为300元,有价证券利率为10%。
　　要求:(1) 计算最佳现金持有量;
　　　　(2) 计算最低现金持有成本。

3. 某公司预计年耗用乙材料8 000 kg,单位采购成本为20元,单位储存成本为8元,平均每次进货费用为50元,假设该材料不存在缺货成本。
　　(1) 计算乙材料的经济进货批量;
　　(2) 计算经济进货批量下的总成本;
　　(3) 计算经济进货批量的平均资金占用额;
　　(4) 计算年度最佳进货批次。

4. 某公司年销售收入净额为100万元,其中60%的客户在10天内付款,另外40%的客户在购货后平均75天内付款。
　　要求:(1) 计算该公司的平均收账期;
　　　　(2) 计算该公司应收账款平均占用额。

5. 某企业计划年度甲材料耗用总量为 7 200 kg,每次订货成本为 800 元,该材料的单价为 30 元/kg,单位储存成本为 2 元。

要求:(1) 计算该材料的经济采购批量;

(2) 若供货方提供商业折扣,当一次采购量超过 3 600 kg 时,该材料的单价为 28 元/kg,则应一次采购多少较经济?

项目八　利润分配管理

【知识目标】
1. 了解利润分配基本原则,掌握利润分配的一般程序。
2. 了解有代表性的几种股利分配理论。
3. 掌握常见的四种股利分配政策。
4. 熟悉利润分配的制约因素和股利支付形式与程序。

【能力目标】
1. 能掌握利润分配的一般程序。
2. 能运用股利政策合理有效地进行利润分配。

万科的股利政策分析

　　企业获取收益后,如何确定分配与留存的比例,才能兼顾各方利益,使企业获得长期稳定的发展? 我们来看一个经典案例。

　　万科企业股份有限公司(以下简称"万科")成立于1984年5月,1988年介入房地产经营,1992年正式确定以大众住宅开发为核心业务。1991年1月29日,万科A股在深圳证券交易所挂牌交易;1993年3月,万科发行4 500万股B股,该股份于1993年5月28日在深圳证券交易所上市。目前,万科已成为中国最大的专业住宅开发企业之一。在中国第一批上市公司中,万科是唯一一家连续20多年保持盈利、保持增长的公司。

　　从1999年到2020年,万科的股利政策可以分为两个阶段:第一阶段是1999—2001年,此阶段我国房地产市场处于低谷阶段;第二阶段是2002—2020年,这一阶段我国房地产市场开始腾飞。

　　1999—2001年,这一阶段万科采用的股利支付方式主要是现金股利,没有发放股票股利,万科这一阶段的平均股利支付率为35.70%,远高于市场平均水平。

　　2002—2020年,万科的股利政策如下:2002—2007年,万科采用的股利支付方式主要是现金股利和转增股本。万科发行的各类可转债的高溢价,使其积累了高额资本公积,从而有实力向股东进行5年的高比例、高频率的转增。2002—2020年,我国房地产市场开始腾飞,万科需要大量的资金扩大生产规模,有效占领市场。但其仍然秉承原先的高股利分配政策,给投资者传递了企业盈利良好且未来可持续发展能力强的信息。

万科的股利政策为其融资提供了便利,在资本市场上,万科凭借一贯的良好形象,融资相对其他企业更容易。

思考:高分配必须有高收益做保障才能持续下去,那么企业怎样才能取得高收益?又如何进行合理分配呢?

任务一　利润分配认知

企业年度决算后实现的利润总额,要在国家、企业的所有者和企业之间进行分配。利润分配关系着国家、企业、职工及所有者各方面的利益,是一项政策性较强的工作,必须严格按照国家的法规和制度执行。利润分配的结果,形成了国家的所得税收入、投资者的投资报酬和企业的留用利润等不同的项目,其中企业的留用利润是指盈余公积金、公益金和未分配利润。由于税法具有强制性和严肃性,缴纳税款是企业必须履行的义务,从这个意义上看,财务管理中的利润分配,主要指企业的净利润分配,利润分配的实质就是确定给投资者分红与企业留用利润的比例。

一、利润分配的基本原则

(一)依法分配原则

为规范企业的利润分配行为,国家制定和颁布了若干法规,这些法规规定了企业利润分配的基本要求、一般程序和重大比例。企业的利润分配必须依法进行,这是正确处理企业各项财务关系的关键。

(二)分配与积累并重原则

企业的利润分配要正确处理长期利益和近期利益两者的关系,坚持分配与积累并重。企业除按规定提取法定盈余公积金以外,可适当留存一部分利润作为积累,这部分未分配利润仍归企业所有者所有。这部分积累的净利润不仅可以为企业扩大生产筹措资金,增强企业发展能力和抵抗风险的能力,同时,还可以供未来年度进行分配,起到以丰补歉、平抑利润分配数额波动、稳定投资报酬率的作用。

(三)兼顾职工利益原则

企业的净利润归投资者所有是企业的基本制度。但企业职工不一定是企业的投资者,净利润就不一定归他们所有,而企业的利润是由全体职工的劳动创造的,他们除了获得工资和奖金等劳动报酬以外,还应该以适当的方式参与净利润的分配,如在净利润中提取公益金,用于企业职工的集体福利设施支出。公益金是所有者权益的一部分,职工对这些福利设施具有使用权并负有保管之责,但没有所有权。

(四) 投资与收益对等原则

企业利润分配应当体现"谁投资谁收益"、收益大小与投资比例相适应，即投资与收益对等原则，这是正确处理企业与投资者利益关系的立足点。投资者因投资行为，以出资额依法享有利润分配权，就要求企业在向投资者分配利润时，要遵守公开、公平、公正的"三公"原则，不搞幕后交易，不帮助大股东侵蚀小股东利益，一视同仁地对待所有投资者，任何人不得以在企业中的其他特殊地位谋取私利，这样才能从根本上保护投资者的利益。

二、利润分配的一般程序

利润分配程序是指公司制企业根据适用法律、法规或规定，对企业一定期间实现的净利润进行分配必须经过的先后步骤。

(一) 非股份制企业的利润分配程序

根据我国《公司法》等有关规定，非股份制企业当年实现的利润总额应按国家有关税法的规定作相应的调整，然后依法交纳所得税。交纳所得税后的净利润按下列顺序进行分配：

1. 弥补以前年度的亏损

按我国财务和税务制度的规定，企业的年度亏损，可以由下一年度的税前利润弥补，下一年度税前利润尚不足以弥补的，可以由以后年度的利润继续弥补，但用税前利润弥补以前年度亏损的连续期限不超过5年。5年内弥补不足的，用本年税后利润弥补。本年净利润与年初未分配利润之和为企业可供分配的利润，只有可供分配的利润大于零时，企业才能进行后续分配。

2. 提取法定盈余公积金

可供分配的利润大于零是计提法定盈余公积金的必要条件。法定盈余公积金以净利润扣除以前年度亏损为基数，按10%提取。即企业年初未分配利润为借方余额时，法定盈余公积金计提基数为：本年净利润—年初未分配利润（借方）余额；若企业年初未分配利润为贷方余额时，法定盈余公积金计提基数为本年净利润，未分配利润贷方余额在计算可供投资者分配的净利润时计入。当企业法定盈余公积金达到注册资本的50%时，可不再提取。法定盈余公积金主要用于弥补企业亏损和按规定转增资本金，但转增资本金后的法定盈余公积金一般不低于注册资本的25%。

3. 提取法定公益金

法定公益金是以法定盈余公积金相同基数的5%～10%计提的职工公共利益资金，主要用于企业职工的福利设施支出。

4. 向投资者分配利润

企业本年净利润扣除弥补以前年度亏损、提取法定盈余公积金和公益金后的余额，加上年初未分配利润贷方余额，即企业本年可供投资者分配的利润，按照分配与积累并重原则，确定应向投资者分配的利润数额。

【例8-1】 某投资公司2013年初未分配利润账户的贷方余额为37万元，2013年发生亏损100万元，2014—2018年间的每年税前利润为10万元，2019年税前利润为15万元，2020

年税前利润为 40 万元。所得税税率为 40%，法定盈余公积金计提比例为 10%。

要求：(1) 2019 年是否交纳所得税？是否计提法定盈余公积金？

(2) 2020 年可供给投资者分配的利润为多少？

解 (1) 2019 年初未分配利润＝37－100＋10×5＝－13（万元）

（为以后年度税后利润应弥补的亏损）

2019 年应交纳所得税＝15×40%＝6（万元）

本年税后利润＝15－6＝9（万元）

企业可供分配的利润＝9－13＝－4（万元），不能计提盈余公积金。

(2) 2020 年税后利润＝40×(1－40%)＝24（万元）

可供给分配的利润＝24－4＝20（万元）

计提法定盈余公积金＝20×10%＝2（万元）

可供给投资者分配的利润＝20－2＝18（万元）

分配给投资者的利润，是投资者从企业获得的投资回报。向投资者分配利润应遵循纳税在先、企业积累在先、无盈余不分利的原则，其分配顺序在利润分配的最后阶段，这体现了投资者对企业的权利、义务以及投资者所承担的风险。

（二）股份制企业的利润分配程序

(1) 弥补以前年度亏损。

(2) 提取法定盈余公积金。

(3) 提取法定公益金。

(4) 支付优先股股息。一般来说，优先股按事先约定的股息率取得股息，不受企业盈利与否或多少的影响。

(5) 提取任意盈余公积金。任意盈余公积金是根据企业发展的需要自行提取的公积金，其提取基数与计提盈余公积金的基数相同，计提比例由股东会根据需要决定。

(6) 支付普通股股利。

从上述利润分配程序看，股利来源于企业的税后利润，但净利润不能全部用于发放股利，股份制企业必须按照有关法规和公司章程规定的顺序、比例，在提取了法定盈余公积金、法定公益金后，才能向优先股股东支付股息，在提取了任意盈余公积金之后，才能向普通股股东发放股利。如股份公司当年无利润或出现亏损，原则上不得分配股利。但为维护公司股票的信誉，经股东大会特别决议，可按股票面值较低比率用盈余公积金支付股利，支付股利后留存的法定盈余公积金不得低于注册资本的 25%。

任务二　股利理论与股利政策

一、股利理论

股利分配的核心问题是如何权衡公司股利支付决策与未来长期增长之间的关系,以实现公司价值最大化的财务管理目标。围绕着公司股利政策是否影响公司价值这一问题,主要有两类不同的股利理论:股利无关论和股利相关论。

(一)股利无关论

股利无关论(也称 MM 理论)认为股利分配对公司的市场价值(或股票价格)不会产生影响。这一理论是米勒(Miller)与莫迪格利安尼(Modigliani)于 1961 年在下面列举的一些假设之上提出的:

(1) 公司的投资政策已确定并且已经为投资者所理解;
(2) 不存在股票的发行和交易费用;
(3) 不存在个人或公司所得税;
(4) 不存在信息不对称;
(5) 经理与外部投资者之间不存在代理成本。

上述假设描述的是一种完美资本市场,因而股利无关论又被称为完全市场理论。

股利无关论认为:

1. 投资者并不关心公司股利的分配

若公司留存较多的利润用于再投资,会导致公司股票价格上升;此时尽管股利较低,但需用现金的投资者可以出售股票换取现金。若公司发放较多的股利,投资者又可以用现金再买入一些股票以扩大投资。也就是说,投资者对股利和资本利得并无偏好。

2. 股利的支付比率不影响公司的价值

既然投资者不关心股利的分配,公司的价值就完全由其投资政策及其获利能力决定,公司的盈余在股利和保留盈余之间的分配并不影响公司的价值,既不会使公司价值增加,也不会使公司价值降低(即使公司有理想的投资机会而又支付了高额股利,也可以募集新股,新投资者会认可公司的投资机会)。

(二)股利相关论

股利无关论是在完美资本市场的一系列假设下提出的,如果放宽这些假设条件,股利政策就会显现出对公司价值(或股票价格)产生的影响。

1. 税差理论

在 MM 理论中假设不存在税收,但在现实条件下,现金股利税与资本利得税不仅是存在的,而且表现出差异性。税差理论强调了税收在股利分配中对股东财富的重要作用。一一般来说，出于保护和鼓励资本市场投资的目的，会采用股利收益税率高于资本利得税率的差异税率制度，致使股东会偏好资本利得而不是派发现金股利。即使股利与资本利得具有相同的税率，股东在支付税金的时间上也是存在差异的。股利收益纳税是在收取股利的当时，而资本利得纳税只是在股票出售时才发生，显然继续持有股票来延迟资本利得的纳税时间，可以体现递延纳税的时间价值。

因此，税差理论认为，如果不考虑股票交易成本，企业应采取低现金股利比率的分配政策，以提高留存收益再投资的比率，使股东在实现未来的资本利得中享有税收节省。税差理论说明了当股利收益税率与资本利得税率存在差异时，将使股东在继续持有股票以期取得预期资本利得与立即实现股利收益之间进行权衡。如果存在股票的交易成本，甚至当资本利得税与交易成本之和大于股利收益税时，偏好取得定期现金股利收益的股东自然会倾向于企业采用高现金股利支付率政策。

2. 客户效应理论

客户效应理论是对税差理论的进一步扩展，研究处于不同税收等级的投资者对待股利分配态度的差异，认为投资者不仅仅是对资本利得和股利收益有偏好，即使是投资者本身，因其所处不同等级的边际税率，对企业股利政策的偏好也是不同的。收入高的投资者因其边际税率较高表现出偏好低股利支付率的股票，希望少分现金股利或不分现金股利，以更多的留存收益进行再投资，从而提高所持有的股票价格。而收入低的投资者以及享有税收优惠的养老基金投资者表现出偏好高股利支付率的股票，希望支付较高而且稳定的现金股利。

投资者的边际税率差异性导致其对待股利政策态度的差异性。边际税率高的投资者会选择实施低股利支付率的股票，边际税率低的投资者则会选择实施高股利支付率的股票。这种投资者依据自身边际税率而显示出的对实施相应股利政策股票的选择偏好现象，被称为"客户效应"。因此，客户效应理论认为，公司在制定或调整股利政策时，不应该忽视股东对股利政策的需求。

3. "一鸟在手"理论

股东的投资收益来自当期股利和资本利得两个方面，利润分配决策的核心问题是在当期股利收益与未来预期资本利得之间进行权衡。企业的当期股利支付率较高时，企业盈余用于未来发展的留存资金会较少，虽然股东在当期获得了较高的股利，但未来的资本利得有可能降低；而当企业的股利支付率较低时，用于发展企业的留存资金会较多，未来股东的资本利得有可能提高。

由于企业在经营过程中存在着诸多的不确定性因素，股东会认为现实的现金股利要比未来的资本利得更为可靠，会更偏好于确定的股利收益。因此，资本利得好像林中之鸟，虽然看上去很多，但不一定抓得到。而现金股利则好像在手之鸟，是股东有把握按时、按量得到的现实收益。股东在对待股利分配政策态度上表现出来的这种宁愿现在取得确定的股利收益，而不愿将同等的资金放在未来价值不确定性投资上的态度偏好，被称为"一鸟在手，强于二鸟在林"。

根据"一鸟在手"理论所体现的收益与风险的选择偏好，股东更偏好于现金股利而非资本利得，倾向于选择股利支付率高的股票。当企业股利支付率提高时，股东承担的收益风险越小，其所要求的权益资本报酬率也越低，权益资本成本也相应越低，则根据永续年金计算所得的企业权益价值（企业权益价值＝分红总额/权益资本成本）将会上升；反之，随着股利支付率的下降，股东的权益资本成本升高，企业的权益价值将会下降。这说明股利政策会对股东价值产生影响，而根据"一鸟在手"理论所强调的为了实现股东价值最大化的目标，企业应实行高股利分配率的股利政策。

4. 代理理论

企业中的股东、债权人、经理人员等诸多利益相关者的目标并非完全一致，在追求自身利益最大化的过程中有可能会以牺牲另一方的利益为代价，这种利益冲突关系反映在公司股利分配决策过程中表现为不同形式的代理成本：反映两类投资者之间利益冲突的是股东与债权人之间的代理关系；反映股权分散情形下内部经理人员与外部投资者之间利益冲突的是经理人员与股东之间的代理关系；反映股权集中情形下控制性大股东与外部中小股东之间利益冲突的是控股股东与中小股东之间的代理关系。

（1）股东与债权人之间的代理冲突。企业股东在进行投资与融资决策时，有可能为增加自身的财富而选择加大债权人风险的政策，如股东通过发行债务支付股利或为发放股利而拒绝净现值为正的投资项目。在股东与债权人之间存在代理冲突时，债权人为保护自身利益，希望企业采取低股利支付率，通过多留存少分配的股利政策，以保证有较为充裕的现金留在企业，以防发生债务支付困难。因此，债权人在与企业签订借款合同时，习惯于制定约束性条款对企业发放股利的水平进行制约。

（2）经理人员与股东之间的代理冲突。当企业拥有较多的自由现金流时，企业经理人员有可能把资金投资于低回报项目，或为了取得个人私利而追求额外津贴及在职消费等，因此，实施高股利支付率的股利政策有利于降低因经理人员与股东之间的代理冲突而引发的这种自由现金流的代理成本。实施多分配少留存的股利政策，既有利于抑制经理人员随意支配自由现金流的代理成本，也有利于满足股东取得股利收益的愿望。

（3）控股股东与中小股东之间的代理冲突。如果所有权与控制权集中于一个或少数大股东手中，企业管理层通常由大股东直接出任或直接指派，管理层与大股东的利益趋于一致。由于所有权集中，控股股东有可能也有能力通过各种手段侵害中小股东的利益。控股股东为取得控制权私利而产生的与中小股东之间的代理冲突，使企业股利政策也呈现出明显的特征。当法律制度较为完善，对外部投资者的保护受到重视时，可以有效降低大股东的代理成本，促使企业实施较为合理的股利分配政策；反之，当法律制度建设滞后，对外部投资者的保护程度较低时，如果控股股东通过利益侵占取得的控制权私利机会较多，会使其忽视基于所有权的正常股利收益分配，甚至因过多的利益侵占而缺乏可供分配的现金。因此，处于对外部投资者的保护程度较弱环境的中小股东希望企业采用多分配少留存的股利政策，以防控股股东的利益侵害。正因为如此，有些企业为了向外部中小投资者表明自身盈利前景与企业治理良好的状况，则通过多分配少留存的股利政策向外界传递了声誉信息。

代理理论的分析视角为研究与解释处于特定治理环境中的企业股利分配行为提供了一个基本分析逻辑。如果在企业进行股利分配决策过程中，同时伴随着其他公司财务决策，并处于不同的公司治理机制条件下（如所有权结构、经理人员持股、董事会结构特征等），基于代理理论对股利分配政策选择的分析将是多种因素权衡的复杂过程。

5. 信号理论

MM理论假设不存在信息不对称，即外部投资者与内部经理人员拥有企业投资机会与收益能力的相同信息。但在现实条件下，企业经理人员比外部投资者拥有更多的企业经营状况与发展前景的信息,这说明在内部经理人员与外部投资者之间存在信息不对称。在这种情形下,能够推测分配股利可以作为一种信息传递机制,使企业股东或市场中的投资者依据股利信息对企业经营状况与发展前景作出判断。内部经理人也认为股利分配政策具有信息含量,特别是股利支付信息向市场传递了企业的盈利能力,能够为其项目投资和股利分配提供充分的内源融资,特别是本期与以前期间的股利支付水平以及变化程度的信息,甚至能够使投资者从中对企业盈利的持续性及增长作出合理判断。

信号理论认为股利向市场传递企业信息可以表现为两个方面:一种是股利增长的信号作用,即如果企业股利支付率提高,则认为是经理人员对企业发展前景作出良好预期的结果,表明企业未来业绩将大幅度增长,通过增加发放股利的方式向股东与投资者传递了这一信息。此时,随着股利支付率提高,企业股票价格应该是上升的。另一种是股利减少的信号作用,即如果企业股利支付率下降,股东与投资者会感受到这是企业经理人员对未来发展前景作出无法避免衰退预期的结果。显然,随着股利支付率下降,企业股票价格应该是下降的。

当然,增发股利是否一定向股东与投资者传递了好消息,对这一点的认识是不同的。如果考虑处于成熟期的企业,其盈利能力相对稳定,此时企业宣布增发股利特别是发放高额股利,可能意味着该企业目前没有新的前景很好的投资项目,预示着企业成长性趋缓甚至下降,此时,随着股利支付率提高,股票价格应该是下降的;而当宣布减少股利,则意味着企业需要通过增加留存收益,为新增投资项目提供融资,预示着未来前景较好。显然,随着股利支付率下降,企业股票价格应该是上升的。

股利信号理论为解释股利是否具有信息含量提供了一个基本分析逻辑,鉴于投资者对股利信号信息的理解不同,所作出的对企业价值的判断也不同。

二、股利政策的类型

股利分配政策是指企业管理层对与股利有关的事项所采取的方针策略。股利分配在公司制企业经营理财决策中,始终占有重要地位。这是因为股利的发放,既关系到公司股东的经济利益,又关系到公司的未来发展。通常较高的股利,一方面可使股东获取可观的投资收益;另一方面还会引起公司股票市价上涨,从而使股东除股利收入外还获得了资本利得。但是过高的股利必将使公司留存收益大量减少,或者影响公司未来发展,或者大量举债,增加公司资本成本负担,最终影响公司未来收益,进而降低股东权益。而较低的股利,虽然使公司有较多的发展资金,但与公司股东的愿望相背离,股票市价可能下降,公司形象将受到损害。因而对公司管理当局而言,如何均衡股利发放与企业的未来发展,并使公司股票价格稳中有升,便成为企业经营管理层孜孜以求的目标。

股利分配政策的核心问题是确定支付股利与留用利润的比例,即股利支付率问题。企业应综合考虑各种影响和自身实际情况,对各种股利政策权衡利弊得失,从优选择。目前企业财务管理中,常用的股利政策主要有以下四种类型:

(一)剩余股利政策

股利分配与公司的资本结构相关,而资本结构又是由投资所需资金构成的,因此实际上股利政策要受到投资机会及其资本成本的双重影响。剩余股利政策就是在公司有着良好的投资机会时,根据一定的目标资本结构(最佳资本结构),测算出投资所需的权益资本,先从盈余当中最大限度地留用,然后将剩余的盈余作为股利予以分配。

采用剩余股利政策时,应遵循四个步骤:

第一步,设定目标资本结构,即确定权益资本与债务资本的比率,在此资本结构下,加权平均资本成本将达到最低水平。

第二步,确定目标资本结构下投资所需的股东权益数额。

第三步,最大限度地使用保留盈余来满足投资方案所需的权益资本数额。

第四步,投资方案所需权益资本已经满足后,若有剩余盈余,再将其作为股利发放给股东。

剩余股利政策的优点是:

(1) 留存收益,优先保证再投资的需要,从而有助于降低再投资的资本成本。

(2) 保持最佳的资本结构,实现公司价值的长期最大化。

剩余股利政策的缺点是:

(1) 完全遵照执行剩余股利政策,将使股利发放额每年随投资机会和盈利水平的波动而波动,不利于投资者安排收入与支出。

(2) 不利于公司树立良好的形象。

剩余股利政策一般适用于公司初创阶段。

【例 8-2】 某公司的当年利润用于下年分配股利。公司上年净利润为 600 万元,今年年初讨论决定股利分配的数额。预计今年需要增加长期资本 800 万元。公司的目标资本结构是权益资本占 60%,债务资本占 40%,今年继续保持。按法律规定,至少要提取 10% 的公积金。公司采用剩余股利政策。问:公司应分配多少股利?

解析:题意要求"保持目标资本结构",是指因目前资本结构已是目标资本结构,所以补充长期资本 800 万元时按目标比例筹集资金即可保持该结构,也就是留存 480 万元,另外的 320 万元通过长期有息负债筹集。因此

$$利润留存 = 800 \times 60\% = 480(万元)$$

$$股利分配 = 600 - 480 = 120(万元)$$

(二) 固定股利或稳定增长股利政策

固定股利或稳定增长股利政策是指企业将每年派发的股利固定在某一特定水平或是在此基础上维持某一固定增长率从而逐年稳定增长。其中,固定股利政策是将每年发放的股利固定在某一相对稳定的水平上并在较长的时期内不变,只有当公司认为未来盈余会显著地、不可逆转地增长时,才会提高年度股利发放额。稳定增长股利政策是指每年发放的股利在上一年股利的基础上按固定增长率稳定增长。

只有当公司对未来利润增长确有把握时,才会采用固定或稳定增长的股利政策。近年来,为了避免通货膨胀对股东收益的影响,最终达到吸引投资的目的,很多公司采用稳定增长的股利政策。

固定股利或稳定增长股利政策的优点是:

(1) 固定或稳定增长的股利政策能将公司未来获利能力强、财务状况稳定以及管理层

对未来充满信心等信息传递出去,这有利于公司树立良好的形象,增强投资者对公司的信心,进而有利于稳定公司股票价格。

(2) 固定或稳定增长的股利政策,有利于吸引那些打算作长期投资的股东。这部分股东希望其投资的获利能够成为其稳定的收入来源,以便安排各种经常性的支出。

固定股利或稳定增长股利政策的缺点是:

(1) 公司股利支付与公司盈利相脱离,造成投资的风险与投资的收益不对称。

(2) 由于公司盈利较低时仍要支付较高的股利,容易引起公司资金短缺,可能导致资金短缺,财务状况恶化,同时不能像剩余股利政策那样保持较低的资本成本。

固定股利或稳定增长股利政策适用于成熟的、盈利充分且获利能力比较稳定的、扩张需求减少的公司。从公司发展的生命周期考虑,稳定成长期的企业可采用稳定增长股利政策,成熟期的企业可采用固定股利政策。

(三) 固定股利支付率政策

固定股利支付率政策是指公司确定一个股利占盈余的比率,长期按此比率支付股利的政策。在这一股利政策下,各年股利额随公司经营的好坏而上下波动,获得较多盈余的年份股利额高,获得盈余少的年份股利额就低。采用此政策,由于公司的盈利能力在年度间是经常变动的,所以每年的股利也随着公司收益的变动而变动。

固定股利支付率政策的优点是:

(1) 使股利与公司盈余紧密结合,以体现多盈多分、少盈少分、不盈不分的原则。

(2) 由于公司的盈利能力在年度间是经常变动的,每年的股利也应随着公司收益的变动而变动,保持股利与利润间的一定比例关系,体现投资风险与收益的对等。

固定股利支付率政策的缺点是:

(1) 由于股利波动容易使外界产生公司经营不稳定的印象,不利于股票价格的稳定与上涨。

(2) 容易使公司面临较大的财务压力,公司实现的盈利越多,支付的股利越多,如果公司的现金流量状况并不好,很容易给公司造成较大的财务压力。

(3) 公司每年按固定比例从净利润中支付股利,缺乏财务弹性。

(4) 确定合理的固定股利支付率难度很大。

固定股利支付率政策只能适用于稳定发展的公司和公司财务状况较稳定的阶段。

(四) 低正常股利加额外股利政策

低正常股利加额外股利政策,是介于固定股利与固定股利支付率之间的一种股利政策。该政策一般情况下每年只支付固定的、数额较低的股利,在盈余多的年份,再根据实际情况向股东发放额外股利。但额外股利并不固定化,不意味着公司永久地提高了规定的股利率。

低正常股利加额外股利政策的优点是:

(1) 这种股利政策使公司具有较大的灵活性。当公司盈余较少或投资需用较多资金时,可维持设定的较低但正常的股利,股东不会有股利跌落感;而当盈余有较大幅度增加时,则可适度增发股利,把经济繁荣的部分利益分配给股东,使他们增强对公司的信心,这有利于稳定股票的价格。

(2) 这种股利政策可使那些依靠股利度日的股东每年至少可以得到虽然较低但比较稳定的股利收入,从而吸引住这部分股东。

(3) 它既可以在一定程度上维持股利的稳定性,又可以根据公司的具体情况,选择不同的股利水平,以完善公司的资本结构,进而实现公司的财务目标。

低正常股利加额外股利政策的缺点是:

(1) 股利派发仍然缺乏稳定性,额外股利随盈利的变化而变化,时有时无,给人漂浮不定的印象。

(2) 如果公司较长时间一直发放额外股利,股东就会误认为这是"正常股利",一旦取消,极易造成公司财务状况恶化的负面影响,股价下跌在所难免。

正常股利加额外股利政策适用于盈利与现金流量波动不够稳定的企业,因而也被大多数企业所采用。

以上各种股利政策各有所长,一般情况下,固定股利或稳定增长股利政策和低正常股利加额外股利政策被公司普遍采用。公司在分配股利时应借鉴其基本决策思想,制定适合自己具体实际情况的股利政策。

【思考】 股份有限公司常见的股利分配政策有哪几种?它们各有哪些优缺点?

三、影响股利分配的因素

在现实生活中,公司的股利分配是在种种制约因素下进行的,采取何种股利政策虽然是由管理层决定的,但是实际上在其决策过程中会受到诸多主观与客观因素的影响。影响股利分配政策的因素主要有:

(一) 法律限制

为了促进公司长期稳定发展,有关法规对公司的股利分配经常作如下限制:

1. 资本保全的限制

规定公司不能用资本(包括股本和资本公积)发放股利。股利的支付不能减少法定资本,如果一个公司的资本已经减少或因支付股利而引起资本减少,则不能支付股利。

2. 企业积累的限制

为了制约公司支付股利的任意性,按照法律规定,公司税后利润必须先提取法定公积金。此外还鼓励公司提取任意公积金,只有当提取的法定公积金达到注册资本的50%时,才可以不再提取。提取法定公积金后的利润净额才可以用于支付股利。

3. 净利润的限制

规定公司年度累计净利润必须为正数时才可发放股利,以前年度亏损必须足额弥补。

4. 超额累积利润的限制

由于许多国家股东接受股利缴纳的所得税税率高于其进行股票交易的资本利得税税率,于是规定公司不得超额累积利润,一旦公司的保留盈余超过法律认可的水平,将被加征额外税额。

5. 无力偿付的限制

基于对债权人的利益保护,如果一个公司已经无力偿付负债,或股利支付会导致公司失去偿债能力,则不能支付股利。

(二) 股东因素

公司的股利政策最终由股东大会决定,因此,股东的要求不可忽视。股东从自身经济利益需要出发,对公司的股利分配往往产生这样一些影响:

1. 稳定的收入和避税

一些股东的主要收入来源是股利,他们往往要求公司支付稳定的股利。他们认为通过保留盈余引起股价上涨而获得资本利得是有风险的。若公司留存较多的利润,将受到这部分股东的反对。另外,一些边际税率较高的股东出于避税的考虑,往往反对公司发放较多的股利。

2. 控制权的稀释

公司支付较高的股利,就会导致留存盈余减少,这又意味着将来发行新股的可能性加大,而发行新股必然稀释公司的控制权,这是拥有公司控制权的股东们不愿看到的局面。因此,若他们拿不出更多的资金购买新股,宁可不分配股利。

(三) 公司因素

公司的经营情况和经营能力影响其股利政策。

1. 盈余的稳定性

公司是否能获得长期稳定的盈余是其股利决策的重要基础。盈余相对稳定的公司相对于盈余不稳定的公司而言具有较高的股利支付能力,因为盈余稳定的公司对保持较高股利支付率更有信心。收益稳定的公司面临的经营风险和财务风险较小,筹资能力较强,这些都是其股利支付能力的保证。

2. 公司的流动性

较多地支付现金股利会减少公司的现金持有量,使公司的流动性降低。这里的公司流动性是指及时满足财务应付义务的能力;而公司保持一定的流动性,不仅是公司经营所必须的,也是在实施股利分配方案时需要权衡的。

3. 举债能力

具有较强举债能力(与公司资产的流动性相关)的公司因为能够及时地筹措到所需的现金,有可能采取高股利政策;而举债能力弱的公司则不得不多滞留盈余,因而往往采取低股利政策。

4. 投资机会

有着良好投资机会的公司,需要有强大的资金支持,因而往往少发放股利,将大部分盈余用于投资。缺乏良好投资机会的公司,保留大量现金会造成资金的闲置,于是倾向于支付较高的股利。正因为如此,处于成长中的公司多采取低股利政策,处于经营收缩中的公司多采取高股利政策。

5. 资本成本

与发行新股相比,保留盈余不需花费筹资费用,是一种比较经济的筹资渠道。所以,从资本成本考虑,如果公司有扩大资金的需要,也应当采取低股利政策。

6. 债务需要

具有较高债务偿还需要的公司,可以通过举借新债、发行新股等方式筹集资金、偿还债务,也可直接用经营积累偿还债务。如果公司认为后者适当的话(比如前者资本成本高或受其他限制难以进入资本市场),将会减少股利的支付。

(四) 其他限制

除了上述的因素以外,还有其他一些因素也会影响公司的股利政策选择。

1. 债务合同约束

公司的债务合同,特别是长期债务合同,往往有限制公司现金支付程度的条款,这使公司只得采取低股利政策。

2. 通货膨胀

在通货膨胀的情况下,由于货币购买力下降,公司计提的折旧不能满足重置固定资产的需要,需要动用盈余补足重置固定资产的需要,因此在通货膨胀时期公司股利政策往往偏紧。

任务三　股利的种类、支付程序与分配方案

一、股利的种类

公司在决定发放股利后,便要作出以何种形式发放股利的决策。股份有限公司分配股利一般有以下几种形式:

1. 现金股利

现金股利是以现金支付的股利,也称为红利。现金股利支付会使企业的现金与未分配利润同时减少。公司支付现金股利除了要有累计盈余(特殊情况下可用弥补亏损后的盈余公积金支付)外,还要有足够的现金。因此,现金股利是公司最常用的,也是最主要的股利发放形式。但这种形式加大了公司的资金流出量,增加了公司的支付压力。

2. 股票股利

股票股利是公司以增发的股票作为股利的支付方式,也称为"红股"。股票股利不会引起公司资产的流出,而只是将公司的留存收益转化为股本,不会改变公司股东权益总额,但会改变股东权益的构成。发放股票股利会增加流通在外的股票数量,同时降低股票的每股价值,但发放股票股利后股东所持股份比例并未改变,因此,每位股东所持股票的价值总额仍能保持不变。

相对现金股利而言,股票股利的作用在于:

(1) 在公司现金短缺又难以从外部筹措现金时,股票股利可以达到既减少现金支出,又使股东分享利润,从而对公司感到满意的目的。

(2) 股票股利有助于公司把股票市价控制在希望的范围内,避免股价过高而使一些投

资者失去购买股票的能力,促进其股票在市场上的交易更为活跃。

(3) 发放股票股利可以降低股价水平,如果以后将要以发行股票方式筹资,则可以降低发行价格,有利于吸引投资者。

(4) 股票股利会降低每股市价,吸引更多的投资者成为公司的股东,从而可以使股权更为分散,有效地防止公司被恶意控制。

(5) 发放股票股利可以传递公司发展前景良好的信息,增强投资者的信心。

3. 财产股利和负债股利

财产股利是以现金以外的资产支付的股利,主要是以公司所拥有的其他企业的有价证券,如债券、股票,作为股利支付给股东。负债股利是公司以负债支付的股利,通常以公司的应付票据支付给股东,在不得已的情况下,也有发行公司债券抵付股利的。财产股利和负债股利实际上是现金股利的替代,严重影响公司形象。这两种股利方式目前在我国公司实务中很少使用,但并非法律所禁止。

【例 8-3】 某企业在发放股票股利前,股东权益情况如表 8-1 所示。

表 8-1 发放股票股利前的股东权益情况

项目	金额(元)
普通股股本(面值1元,已发行200 000股)	200 000
盈余公积(含公益金)	400 000
资本公积	400 000
未分配利润	2 000 000
股东权益合计	3 000 000

解 假定该企业宣布发放 10% 的股票股利,即发放 20 000 股普通股股票,现有股东每持 100 股可得 10 股新发股票。如该股票当时市价为 20 元,发放股票股利以市价计算。则

未分配利润划出的资金为

$$20 \times 200\,000 \times 10\% = 400\,000(元)$$

普通股股本增加为

$$1 \times 200\,000 \times 10\% = 20\,000(元)$$

资本公积增加为

$$400\,000 - 20\,000 = 380\,000(元)$$

发放股票股利后,企业股东权益各项目如表 8-2 所示。

表 8-2 发放股票股利后的股东权益情况

项目	金额(元)
普通股股本(面值1元,已发行220 000股)	220 000
盈余公积(含公益金)	400 000
资本公积	780 000
未分配利润	1 600 000
股东权益合计	3 000 000

可见,发放股票股利后,不会对企业股东权益总额产生影响,但会发生资金在各股东权益项目之间的再分配。如果盈利总额不变,会由于普通股股数增加而引起每股盈余和每股市价的下降,但股东所持股票的市场价值总额仍保持不变。

二、股利支付程序

企业通常在年度末,计算出当期盈利之后,才决定向股东发放股利。但是,在资本市场中,股票可以自由交换,公司的股东也经常变换。那么,哪些人应该领取股利?对此,公司必须事先确定与股利支付相关的时间界限。这个时间界限包括:

1. 股利宣告日(declaration date)

即公司董事会将股东大会通过本年度利润分配方案的情况以及股利支付情况予以公告的日期。公告中将宣布每股派发股利、股权登记日、除息日、股利支付日以及派发对象等事项。

2. 股权登记日(record date)

即有权领取本期股利的股东其资格登记截止日期。只有在股权登记日这一天登记在册的股东(即在此日及之前持有或买入股票的股东)才有资格领取本期股利,而在这一天之后登记在册的股东,即使是在股利支付日之前买入的股票,也无权领取本期分配的股利。此外,我国部分上市公司在进行利润分配时除了分派现金股利以外,还伴随着送股或转增股,在股权登记日这一天仍持有或买进该公司的股票的投资者是可以享有此次分红、送股或转增股的股东,这部分股东名册由证券登记公司统计在案,届时将所应支付的现金红利、应送的红股或转增股划到这部分股东的账上。

3. 除息日(ex-dividend date)

也称除权日,是指股利所有权与股票本身分离的日期,将股票中含有的股利分配权利予以解除,即在除息日当日及以后买入的股票不再享有本次股利分配的权利。我国上市公司的除息日通常是在登记日的下一个交易日。由于在除息日之前的股票价格中包含了本次派发的股利,而自除息日起的股票价格中则不包含本次派发的股利,通常需要除权调整上市公司每股股票对应的股利价值,以便投资者对股价进行对比分析。

4. 股利支付日(payment date)

是公司确定的向股东正式发放股利的日期。公司通过资金清算系统或其他方式将股利支付给股东。

【例8-4】 以上海证券交易所为例,某股份公司董事会在股东大会召开后公布最后分红方案的公告中称:"在2020年3月10日M公司在某地召开的股东大会上,通过了董事会关于每股普通股分派股息0.4元的2019年度股息分配方案。股权登记日是2020年4月16日,除息日是2020年4月17日,股利支付日为2020年4月23日,特此公告。"此例中,股利宣告日是3月10日;股权登记日是4月16日;除息日是4月17日;股利支付日是4月23日。

三、股利分配方案

企业的股利分配方案一般包括以下几个方面:

1. 股利支付形式

决定是以现金股利、股票股利还是其他某种形式支付股利。

2. 股利支付率

是指股利与净利润的比率。按年度计算的股利支付率非常不可靠。由于累计的以前年度盈余也可以用于股利分配,有时股利支付率甚至会大于100%。作为一种财务政策,股利支付率应当是若干年度的平均值。

3. 股利政策的类型

决定采取固定股利政策,还是稳定增长股利政策,或是剩余股利政策等。

4. 股利支付程序

确定股利宣告日、股权登记日、除息日和股利支付日等具体事宜。

项目小结

1. 财务管理中的利润分配主要指企业的净利润分配。利润分配的实质就是确定给投资者分红与企业留用利润的比例。为了正确处理企业与各方面的财务关系,企业利润分配必须遵循依法分配原则、分配与积累并重原则、兼顾职工利益原则和投资与收益对等原则。

2. 利润分配程序是指公司制企业根据适用法律、法规或规定,对企业一定期间实现的净利润进行分派必须经过的先后步骤。

根据我国《公司法》等有关规定,非股份制企业当年实现的利润总额应按国家有关税法的规定作相应的调整,然后依法交纳所得税。交纳所得税后的净利润按下列顺序进行分配:(1) 弥补以前年度的亏损;(2) 提取法定盈余公积金;(3) 提取法定公益金;(4) 向投资者分配利润。

股份制企业的利润分配程序:(1) 弥补以前年度亏损;(2) 提取法定盈余公积金;(3) 提取法定公益金;(4) 支付优先股股息;(5) 提取任意盈余公积金;(6) 支付普通股股利。

3. 股利分配政策是指企业管理层对与股利有关的事项采取的方针策略,其核心问题是确定股利支付率。目前财务管理中,常用的股利政策主要有以下几种类型:(1) 剩余股利政策;(2) 固定股利政策;(3) 固定股利支付率政策;(4) 正常股利加额外股利政策。

4. 企业股利政策的影响因素主要有法律限制、股东因素、公司因素及其他限制等。其中法律限制包括资本保全的限制、企业积累的限制、净利润的限制、超额累积利润的限制、无力偿付的限制。股东因素包括稳定的收入、避税和控制权的稀释。公司因素包括盈余的稳定性、公司的流动性、举债能力、投资机会、资本成本、债务需要。其他限制包括债务合同约束和通货膨胀。

5. 股利种类。企业股利支付形式一般有现金股利、股票股利、财产股利和负债股利,其中最为常见的是现金股利和股票股利。(1) 现金股利。是指企业以现金的方式向股东支付股利,也称为红利。现金股利是企业最常见的、也最易被投资者接受的股利支付方式。现金股利支付会使企业的现金与未分配利润同时减少。(2) 股票股利。是指应分给股东的股利以额外增发股票形式发放,也称为红股。股票股利发放,只涉及所有者权益内部结构的调整,但所有者权益总额不变。

6. 股利支付程序。企业通常在利润分配时,公司必须事先确定与股利支付相关的时间界限。这个时间界限包括:(1)股利宣告日;(2)股权登记日;(3)除息日;(4)股利发放日。

7. 股利分配方案。企业的股利分配方案一般包括:(1)股利支付形式;(2)股利支付率;(3)股利政策的类型;(4)股利支付程序。

一、单项选择题

1. 法定盈余公积金主要用于弥补企业亏损和按照国家规定转增资本金,但转增资本金后的法定盈余公积金一般不得低于注册资本的( )。

   A. 15% B. 20% C. 25% D. 30%

2. 采用剩余股利政策的优点包括( )。

   A. 有利于投资者安排收入与支出 B. 有利于公司树立良好的形象
   C. 有利于公司稳定股票价格 D. 有利于保持理想的资金结构

3. ( )是一种最常见、也是投资者最容易接受的股利支付形式。

   A. 现金股利 B. 股票股利
   C. 财产股利 D. 负债股利

4. 只有在( )登记在册的股东,才有资格领取本期股利。

   A. 股利宣告日 B. 股权登记日
   C. 除息日 D. 股利支付日

5. 极易造成股利的支付与企业盈余相脱节的股利政策是( )。

   A. 固定股利政策 B. 剩余股利政策
   C. 固定股利支付率政策 D. 正常股利加额外股利政策

6. 下列各项股利分配政策中,能保持股利与利润间的一定比例关系,体现风险投资与风险收益的对等关系的是( )。

   A. 剩余股利政策 B. 固定股利政策
   C. 固定股利支付率政策 D. 低正常股利加额外股利政策

7. 剩余股利政策的根本目的是( )。

   A. 调整资金结构 B. 增加留存收益
   C. 更多地使用自有资金进行投资 D. 降低综合资金成本

8. 法定盈余公积金达到注册资本的( )时,可以不再提取。

   A. 55% B. 50% C. 35% D. 25%

9. ( )之后的股票交易,其交易价格可能有所下降。

   A. 股利宣告日 B. 除息日
   C. 股权登记日 D. 股利支付日

10. 下列各项中,在利润分配中优先的是( )。

    A. 法定盈余公积金 B. 公益金
    C. 优先股股利 D. 任意盈余公积金

二、多项选择题

1. 在实际工作中,常用的股利政策主要有( )。

A. 剩余股利政策 B. 固定股利政策
C. 低正常股利加额外股利政策 D. 固定股利支付率政策
2. 我国法律法规对股利分配作了（　　）的限制。
A. 资本保全 B. 企业积累
C. 避税 D. 偿债能力
3. 法律规定，目前我国股份制企业股利支付形式只能采用（　　）的形式。
A. 财产股利 B. 负债股利
C. 现金股利 D. 股票股利
4. 发放股票股利后，不会（　　）。
A. 改变股东的股权比例 B. 引起每股盈余和每股市价发生变化
C. 增加企业的资产 D. 引起股东权益各项目的结构发生变化
5. 发放股票股利后，会使（　　）。
A. 每股盈余和每股市价增加
B. 每股盈余和每股市价减少
C. 每位股东所持股票的市场价值总额变动
D. 每位股东所持股票的市场价值总额不变
6. 净利润分配政策在一定程度上决定企业（　　）。
A. 对外筹资的能力 B. 市场价值的大小
C. 资本数额的多少 D. 资金结构的优劣
7. 资本保全约束要求企业发放的股利或投资分红只能来源于企业的（　　）。
A. 盈利 B. 净利润
C. 当期利润 D. 留存收益
8. 采用固定股利政策的理由包括（　　）。
A. 有利于投资者安排收入与支出 B. 有利于公司树立良好的形象
C. 有利于公司稳定股票价格 D. 有利于保持理想的资金结构
9. 下列项目中不能用于支付股利的有（　　）。
A. 原始投资 B. 实收资本
C. 股本 D. 上年未分配利润
10. 影响收益分配政策的公司因素包括（　　）。
A. 公司举债能力 B. 未来投资机会
C. 资产流动状况 D. 筹资成本

三、判断题

1. 股份制企业以股票形式向股东发放股利，实际上是一种增资行为。（　　）
2. 发放股票股利不仅会引起股东权益各项目结构的变化，而且也会改变股东的股权比例。（　　）
3. 发放股票股利既会增加股东权益总额，也会增加企业的资产。（　　）
4. 由于发放股票股利后，增加了市场流通的股票股数，从而使每位股东所持股票的市场价值总额增加。（　　）
5. 在除息日之前进行的股票交易，其价格往往低于在除息日之后进行交易的股票价

格。（　　）

6. 根据"无利不分"的原则,当企业出现年度亏损时,一般不得分配利润。（　　）

7. 较多地支付现金股利,会提高企业资产的流动性,增加现金流出量。（　　）

8. 不论企业的组织形式如何,法定公积金一律按净利润的10%提取。（　　）

9. 与其他收益分配政策相比,剩余股利分配政策能使公司在股利支付上具有较大的灵活性。（　　）

10. 企业的净利润归投资者所有,这是企业的基本制度,也是企业所有者投资于企业的根本动力所在。（　　）

11. 正确处理投资者利益关系的关键是坚持投资与收益对等原则。（　　）

12. 企业以前年度未分配利润,不得在本年度的利润内向投资者分配,以免过度分利。（　　）

13. 负债资金较多、资金结构不健全的企业在选择筹资渠道时,往往将净利润作为首选。（　　）

14. 在企业的净利润与现金流量不够稳定时,采用剩余股利分配政策对企业和股东都是有利的。（　　）

15. 固定股利支付率政策,能使股利与公司盈余紧密结合,以体现多盈多分、少盈少分的原则。（　　）

四、简答题

1. 利润分配的原则是什么？
2. 非股份制企业利润分配程序是什么？
3. 股利分配政策的类型主要包括哪几类？
4. 影响股利政策的因素有哪些？
5. 股利支付的形式有哪些？

五、计算分析题

1. 某公司本年提取公积金和公益金后的净利润为200万元,明年拟投资一个新项目,需要投资额250万元。公司最佳资本结构为负债资本占42%,权益资本占58%,公司流通在外的普通股为100万股,假如公司采用剩余股利政策。

要求：(1) 计算该公司本年可发放的股利额。

(2) 计算每股股利。

2. W公司2019年税后利润为800万元,发放股利为200万元。2020年预计可供分配股利的税后利润为1 200万元,投资所需资金总额为1 000万元。

要求：按以下股利分配政策分别计算2020年需要支付的股利数额。

(1) 按2019年固定股利支付率。

(2) 2020年的投资中55%利用负债筹资,45%利用内部留存收益,未投资的利润用于发放股利。

3. 某股份公司今年的税后利润为600万元,目前的负债与权益资本比例为6∶4,企业想继续保持这一比例,预计明年将有一项良好的投资机会,需要资金800万元,若采取剩余股利政策。

要求:(1) 计算明年的对外筹资额。

(2) 计算可发放多少股利额,股利发放率为多少。

4. 某企业遵循剩余股利政策,其目标资本结构为资产负债率为60%。

要求:(1) 如果该年的税后利润为60万元,在没有增发新股的情况下,企业可以从事的最大投资支出是多少？

(2) 如果企业下一年拟投资100万元,企业将支付股利多少？

5. 某公司2018年在提取了公积金之后的税后净利润为850万元,若2019年的投资计划所需资金为800万元,公司的目标资金结构为自有资金占60%。

要求:(1) 若公司采用剩余股利政策,计算2018年年末可发放的股利;

(2) 若公司发行在外的普通股股数为1 000万股,计算2018年每股股利;

(3) 若2019年公司决定将公司的股利政策改为逐年稳定增长的股利政策,设股利的逐年增长率为2%,投资者要求的必要报酬率为12%,计算该股票的价值。

六、综合分析题

某公司成立于2017年1月1日,2017年度实现的净利润为1 000万元,分配现金股利550万元,提取盈余公积450万元(所提盈余公积均已指定用途)。2018年实现的净利润为900万元(不考虑计提法定盈余公积)。2019年计划增加投资,所需资金为700万元。假定公司目标资本结构为自有资金占60%,借入资金占40%。

要求:(1) 在保持目标资本结构的前提下,计算2019年投资方案所需的自有资金额和需要从外部借入的资金额。

(2) 在保持目标资本结构的前提下,如果公司执行剩余股利政策,计算2018年度应分配的现金股利。

(3) 在不考虑目标资本结构的前提下,如果公司执行固定股利政策,计算2018年度应分配的现金股利、可用于2019年投资的留存收益和需要额外筹集的资金额。

(4) 不考虑目标资本结构的前提下,如果公司执行固定股利支付率政策,计算该公司的股利支付率和2018年度应分配的现金股利。

(5) 假定公司2019年面临着从外部筹资的困难,只能从内部筹资,不考虑目标资本结构,计算在此情况下2019年度应分配的现金股利。

项目九　财务分析与评价

【知识目标】

通过学习本项目,要求掌握财务分析的方法,掌握偿债能力、营运能力、盈利能力分析的内容;掌握杜邦财务分析体系;理解财务分析的概念和作用;理解现金流量分析的内容;了解沃尔比重分析法。

【能力目标】

理解企业的基本财务报表;能够利用财务指标对企业的财务状况和经营成果进行分析评价;能够利用杜邦分析法评价企业业绩。

乐视不乐了

2016年的乐视生态全球年会,曾经以一首《野子》抒发自己造车梦的贾跃亭,激动得泪洒现场。"怎么大风越狠,我心越荡。……我会变成巨人,踏着力气踩着梦……"创业的艰辛和造车梦不易,在这首歌里被述说得淋漓尽致。可时隔不久,乐视即陷入债务危机,乐视造车也变得生死未卜。

贾跃亭规划了乐视发展的"七大生态"产业圈,雄心勃勃地想创造奇迹。俗话说:"成也萧何,败也萧何。"这"七大生态"也成为乐视危机爆发的主要原因,"生态战略"缺少核心竞争力,子生态之间缺乏黏性,各业务之间跨度过大,营销概念眼花缭乱。关键是投资资金的无底洞的需求,贾跃亭不断加大了融资杠杆的力度,导致债务不断攀升。

后来,乐视深陷债务危机,2017年6月20多家乐视手机供应商登门要债,高呼"乐视还钱",这成为乐视生态倒塌的导火索。

上市公司乐视网2018年度业绩快报显示:全年营业收入为16.04亿元,同比下降77.4%;其中营业利润亏损33.61亿元,利润总额亏损33.37亿元。2018年全年净亏损20.26亿元,乐视网出现经营性亏损。截至2018年底,负债总额为119亿元,金融机构的有息债务超过80亿元,贾跃亭的整个乐视集团更是负债累累。

孙宏斌投资150亿元欲救贾跃亭乐视于危难,但最终以投资失败而告终。从孙宏斌退出后,乐视网的终局就已经明朗了,等待它的是变卖资产、破产重组以及退市。

【讨论分析】
1. 你认为什么原因导致了乐视网由盛及衰？
2. 如何评价贾跃亭？你有何看法？

任务一　财务分析与评价概述

一、财务分析的概念及作用

财务分析又称财务报表分析，财务报表是企业财务状况和经营成果的信息载体，但财务报表所列示的各类项目的金额，如果孤立地看，并无多大意义，必须与其他数据相比较，才能成为有用的信息。这种参照一定标准将财务报表的各项数据与有关数据进行比较、评价就是企业财务分析。具体地说，财务分析就是以财务报表和其他资料为依据和起点，采用专门方法，系统分析和评价企业的财务状况、经营成果和现金流量状况的过程。其目的是评价过去的经营业绩，衡量现在的财务状况，预测未来的发展趋势。

财务分析既是财务预测的前提，也是过去经营活动的总结，具有承上启下的作用。

1. 财务分析是评价财务状况及经营业绩的重要依据

通过财务分析，可以了解企业偿债能力、营运能力、盈利能力和现金流量状况，合理评价经营者的经营业绩，以奖优罚劣，促进管理水平的提高。

2. 财务分析是实现理财目标的重要手段

企业理财的根本目标是实现企业价值最大化。通过财务分析，不断挖掘潜力，从各方面揭露矛盾，找出差距，充分认识未被利用的人力、物力资源，寻找利用不当的原因，促进企业经营活动按照企业价值最大化目标运行。

3. 财务分析是实施正确投资决策的重要步骤

投资者通过财务分析，可了解企业获利能力、偿债能力，从而进一步预测投资后的收益水平和风险程度，以作出正确的投资决策。

二、财务分析的目的

所谓财务报表分析的目的，就是通过企业财务报表提供的会计信息揭示财务数据背后隐含的信息，由此分析企业的生产经营状况以及据此预测企业未来的发展趋势，为财务报表使用者进行科学决策提供依据。一般来说，财务报表的使用者主要有投资者、债权人、经营者、政府机构、竞争对手以及其他使用者。不同的报表使用者与企业有着不同的利害关系，对企业财务信息关系的侧重点不一样，因此，不同的报表使用者进行报表分析的目的是不同的。

（一）投资者

企业的投资者包括企业的所有者和潜在投资者。他们进行财务分析的最根本目的是了解企业的盈利状况,关心企业的发展前景。对于企业的年报,作为普通投资者想要了解和研究的主要内容、信息,往往集中在年报的几个重要部分。抓住了这些部分的要点,投资者就可对上市公司基本情况有一个初步的了解。这些信息主要集中在会计资料和业务资料、董事会报告、财务报告三部分。会计资料和业务资料向投资者提供了上市公司报告期内的诸如主营业务收入、净利润、每股净资产等基本的财务数据和指标;董事会报告向投资者陈述了报告期内公司经营情况、财务状况、投资情况等基本信息;财务报告主要提供财务报表数据等内容。投资者最关心会计信息的质量,会计信息质量的高低是投资者从年报中发掘有价值线索的关键。

(二)债权人

企业债权人包括银行以及一些金融机构。一般来说,银行、金融机构及其他债权人不仅要求本金及时回收,而且要得到相应的报酬或收益,而这个收益的大小又与其承担风险程度相适应,通常偿还期越长,其风险越大。因此,从债权人角度进行财务分析,研究的重点是企业偿债能力的大小。

(三)经营者

经营者主要指企业的经营管理人员。他们进行财务分析的目的是综合的和多方面的,从对企业所有者负责的角度,一方面,通过阅读分析财务报表,可以系统全面地了解企业的经营活动、经营成果、财务状况,并能及时发现管理中存在的问题和薄弱环节,以便迅速采取改进措施,以加强经营管理,不断提高经济效益;另一方面,关心企业成长,持续稳定的增长是企业发展的基础。

(四)政府机构

政府机构主要指工商、物价、财政、税务、统计以及审计等部门。他们通过阅读分析财务报表,可以检查监督企业财经纪律执行情况和财务管理状况,通过对企业财务报告的资料汇总,分析宏观经济的运行情况、社会资源配置情况,评价各项经济政策制定的科学性,为政府进行宏观管理和调控提供决策依据。

(五)社会学者

社会学者是指高校或社会科研工作者,他们以科研为核心,研究企业发展的现状,预测企业未来发展趋势,研究成果用于教学或服务企业,学以致用。

此外,供应商和企业内部职工也比较关心企业的财务状况。供应商可以通过企业财务报表分析,深入了解企业的财务状况和企业的销售信用水平,以便决定是否与企业进行长期合作。企业内部员工关心企业的财务状况,有助于企业的内部管理。

三、财务分析的内容

财务分析的内容是由分析对象的内容和分析的目的决定的。分析的目的不同,分析的内容和侧重点也就不相同。从满足各方的需要出发,财务分析的内容主要包括以下四个方面。

(一) 偿债能力分析

偿债能力是指企业如期偿付债务的能力,它包括短期偿债能力和长期偿债能力。由于短期债务是企业日常经营活动中弥补营运资金不足的一个重要来源,通过分析有助于判断企业短期资金的营运能力以及营运资金的周转状况。通过对长期偿债能力的分析,不仅可以判断企业的经营状况,还可以促使企业提高融通资金的能力,长期负债是企业资本化资金的重要组成部分,也是企业的重要融资途径。而从债权人的角度看,通过偿债能力分析,有助于了解其贷款的安全性,以确保其债务本息能够即时、足额地得以偿还。

(二) 营运能力分析

营运能力分析主要是从企业所运用的资产进行全面分析。分析企业各项资产的使用效果、资金周转的快慢以及挖掘资金的潜力,提高资金的使用效果。

(三) 盈利能力分析

盈利能力分析主要是通过将资产、负债、所有者权益与经营成果相结合,来分析企业的各项报酬率指标,从而从不同角度判断企业的获利能力。

(四) 现金流量分析

现金流量分析主要通过现金流量的结构分析、流动性分析、获取现金能力分析、财务弹性分析、收益质量分析等五个方面来分析评价企业资金的来龙去脉、融投资能力和财务弹性。

以上四个方面的财务分析指标中,偿债能力是财务目标实现的稳健保证;营运能力与现金流量是财务目标实现的物质基础;盈利能力是三者共同作用的结果,同时也对三者的增强起着推动作用。四者相辅相成,共同构成企业财务分析的基本内容。

任务二 财务分析的方法

财务分析的方法多种多样,但常用的有以下四种方法:比较分析法、比率分析法、因素分析法和趋势分析法。

一、比较分析法

比较分析法是指通过主要项目或指标值变化的对比,从数量上确定出差异,分析和判断企业经营及财务状况的一种分析方法。

$$实际指标-标准指标=差异$$

标准指标可以分为以下四类:

1. 目标基准

目标基准也称为计划标准或者预算标准,目标基准是财务分析人员综合历史财务数据和现实经济状况提出的理想标准。实际与计划比较,可以揭示实际与计划的差异,了解计划完成情况。

2. 历史基准

历史基准是指本企业在过去某段时间内的实际值。根据需要,可以选择历史平均值,也可以选择最佳值作为基准。这是一种纵向比较,通过比较可以确定前后不同时期有关指标的变动情况,了解企业生产经营管理的发展趋势和管理工作的改进情况。

3. 行业基准

行业基准是行业内所有企业某个相同财务指标的平均水平,或者是较优水平。与同行业平均水平或先进企业横向比较,可以确定企业在同行业中的位置,发现差距与问题,推动本企业改善经营管理,提高竞争能力,赶超先进水平。

4. 经验基准

经验基准是依据大量的长期的日常观察和实践形成的基准,该基准的形成一般没有理论支撑,只是简单地根据事实现象归纳的结果。如一般认为企业的流动比率为2∶1、速动比率为1∶1的财务状况比较稳妥可靠。

比较分析法是财务报表分析中最常用的方法,也是其他分析方法运用的基础。

在运用比较分析法时应注意相关指标的可比性。具体来说,要注意以下几个方面的可比性问题。

(1) 指标的计算口径、方法和经济内容的可比。在运用比较分析法时,需用到资产负债表、利润表、现金流量表等财务报表中的数据进行比较,必须注意这些数据的内容范围,以及在利用这些数据计算财务指标时在计算口径、计算方法、计算范围上的一致性。只有相互比较的基础是一致的,指标间才具有可比性,比较的结果才有意义。

(2) 会计处理方法、会计政策的选用以及会计计量标准的可比。财务报表中的数据来源于账簿记录,而在会计核算中,会计处理方法、会计政策的选用以及会计计量标准的确定会对财务数据的形成产生影响,如选择两个不同时期或不同企业的会计报表数据进行比较,若其所用会计处理方法、会计政策、会计计量标准不同,则不具备比较的基础。因此,必须对会计报表进行调整,使其会计处理方法、会计政策、会计计量标准相一致,才可以进行比较。

(3) 时间单位长度具有可比性。采用比较分析法时,不管是本期实际与本期计划相比,还是本期实际与上期实际相比,或本企业与同行业先进企业相比,都必须注意所使用数据的时间长度的一致性,包括年度、季度、月份的可比,不同年度之间的可比,不同年度的同期可比,本企业与同行业先进企业在同一期间的可比,如果不同财务数据在比较时不具备可比性,则比较出来的结果没有任何意义。

(4) 企业间具有可比性。这主要是指在不同企业之间进行比较时,要注意所选择的企业在企业类型、经营规模、财务规模等方面大体一致。只有相互比较的企业间具有一致性,企业间的数据才具有可比性,比较出来的结果才能说明问题,才有一定的经济价值。

二、比率分析法

比率分析法是把两个相互联系的项目加以对比,计算出比率,以确定经济活动变动情况的分析方法。比率指标主要有以下三类:

1. 效率比率

效率比率是某项经济活动中所费与所得的比例,反映投入与产出的关系。利用效率比率指标,可以进行得失比较,考察经营成果,评价经济效益。例如,将利润项目与销售成本、销售收入、资本金等项目加以对比,可计算出成本利润率、销售利润率以及资本利润率等利润率指标,可以从不同角度观察比较企业获利能力的高低及其增减变化情况。

2. 结构比率

结构比率又称构成比率,是某项经济指标的某个组成部分与总体的比率,反映部分与总体的关系。其计算公式为

$$结构比率 = 某个组成部分 / 总体数额$$

例如,企业资产中流动资产、固定资产和无形资产占资产总额的百分比(资产构成比率),企业负债中流动负债和长期负债占负债总额的百分比(负债构成比率)等。利用构成比率,可以考察总体中某个部分的形成和安排是否合理,以便协调各项财务活动。

3. 相关比率

相关比率是将两个不同但又有一定关联的项目加以对比得出的比率,以反映经济活动的各种相互关系。实际上财务分析的许多指标都是这种相关比率,如流动比率、资金周转率等。

比率分析法的优点是计算简便,计算结果容易判断分析,而且可以使某些指标在不同规模企业间进行比较。但要注意以下几点:

(1) 对比项目的相关性。计算比率的分子和分母必须具有相关性,否则就不具有可比性。构成比率指标必须是部分与总体的关系;效率比率指标要具有某种投入产出关系;相关比率指标分子、分母也要有某种内在联系,否则比较就毫无意义。

(2) 对比口径的一致性。计算比率的子项和母项在计算时间、范围等方面要保持口径一致。

(3) 衡量标准的科学性。要选择科学合理的参照标准与之对比,以便对财务状况作出恰当评价。

三、因素分析法

一个经济指标往往是由多种因素造成的。它们各自对某一个经济指标都有不同程度的影响。只有将这一综合性的指标分解成各个构成因素,才能从数量上把握每一个因素的影响程度,给工作指明方向,这种通过逐步分解来确定几个相互联系的因素对某一综合性指标的影响程度的分析方法叫因素分析法。因素分析法是经济活动分析最重要的方法之一,也是财务报表分析的方法之一。因素分析法根据其分析特点可分为连环替代法和差额分析法。

（一）连环替代法

连环替代法是将分析指标分解为各个可以计量的因素，并根据各个因素之间的依存关系，顺次用各因素的比较值（实际值）替代基准值（计划值），据以测定各因素对分析指标的影响。

分析步骤如下：

（1）确定分析对象，运用比较分析法，将分析对象的指标与选择的基准进行比较，求出差异数。

（2）确定分析对象的影响因素。确定分析对象指标与其影响因素之间的数量关系，建立函数关系式。

（3）按照一定顺序依次替换各个因素变量，并计算出替代结果。

（4）比较各因素替代结果，确定各个因素对分析对象的影响程度。

（5）检验分析结果。检验分析结果是将各因素对分析指标的影响额相加，其代数和应等于分析对象。如果二者相等，说明分析结果可能是正确的；如果二者不相等，则说明分析结果一定是错误的。

例如，某项财务指标 P 是由 A、B、C 三个因素的乘积构成的，其实际指标与标准指标以及有关因素的关系由下式构成：

$$实际指标：P_a = A_a \times B_a \times C_a$$
$$计划指标：P_s = A_s \times B_s \times C_s$$

实际与计划的总差异为 $P_a - P_s$，这一总差异同时受到 A、B、C 三个因素的影响。在测定各个因素的变动对指标 P 的影响程度时，可按以下顺序计算：

$$计划指标：P_s = A_s \times B_s \times C_s$$
$$第一次替代：P_1 = A_a \times B_s \times C_s$$
$$第二次替代：P_2 = A_a \times B_a \times C_s$$
$$第三次替代：P_a = A_a \times B_a \times C_a$$

据此测定的结果如下：

$(P_1 - P_s)$ 为 A 因素变动的影响

$(P_2 - P_1)$ 为 B 因素变动的影响

$(P_a - P_2)$ 为 C 因素变动的影响

三因素的影响合计如下：

$$(P_1 - P_s) + (P_2 - P_1) + (P_a - P_2) = P_a - P_s$$

（二）差额分析法

差额分析法作为连环替代法的简化形式，原理与连环替代法是相同的。

区别只在于分析程序上，差额计算法是连环替代法的简化，即它可直接利用各影响因素的实际数与基期数的差额，在其他因素不变的假定条件下，计算各影响因素对分析指标的影响程度。

它们各自的变动对指标总差异的影响程度可分别由下式计算求得：

A 因素变动的影响：$(A_a-A_s)\times B_s\times C_s$

B 因素变动的影响：$A_a\times(B_a-B_s)\times C_s$

C 因素变动的影响：$A_a\times B_a\times(C_a-C_s)$

将以上三因素的影响数相加等于总差异 P_a-P_s。

【例 9-1】 某企业甲产品的材料成本如表 9-1 所示，运用因素分析法分析各因素变动对材料成本的影响程度。

表 9-1　材料成本资料表

项目	计量单位	计划数	实际数
产品产量	件	160	180
单位产品材料消耗量	千克/件	14	12
材料单价	元/千克	8	10
材料总成本	元	17 920	21 600

根据以上资料分析如下：

材料成本＝产量×单位产品材料消耗量×材料单价

材料成本总差异＝21 600－17 920＝3 680(元)

产量变动对材料成本的影响值：(180－160)×14×8＝2 240(元)

单位产品材料消耗量变动对材料成本的影响值：180×(12－14)×8＝－2 880(元)

材料单价变动对材料成本的影响值：180×12×(10－8)＝4 320(元)

将以上三因素的影响值相加：2 240＋(－2 880)＋4 320＝3 680(元)

因素分析法既可以全面分析各因素对某一经济指标的影响，又可以单独分析某个因素对某一经济指标的影响，在财务分析中颇为广泛，但应用因素分析法须注意以下几个问题：

(1) 因素分解的关联性。即构成经济指标的各因素确实是形成该项指标差异的内在构成原因，它们之间存在着客观的因果关系。

(2) 因素替代的顺序性。替代因素时，必须按照各因素的依存关系，排列成一定顺序依次替代，不可随意加以颠倒，否则各个因素的影响值就会得出不同的计算结果。在实际工作中，往往是先替代数量因素，后替代质量因素；先替代实物量、劳动量因素，后替代价值量因素；先替代原始的、主要的因素，后替代派生的、次要的因素；在有除号的关系式中，先替代分子，后替代分母。

(3) 顺序替代的连环性。计算每个因素变动的影响数值时，都是在前一次计算的基础上进行的，并采用连环比较的方法确定因素变化影响结果。只有保持这种连环性，才能使各因素影响之和等于分析指标变动的总差异。

(4) 计算结果的假定性。由于因素分析法计算各个因素变动的影响值会因替代计算顺序的不同而有差别，计算结果具有一定顺序上的假定性和近似性。

四、趋势分析法

趋势分析法是将两期或连续数期财务报告中的相同指标进行对比,确定其增减变动的方向、数额和幅度,以说明企业财务状况及经营成果变动趋势的一种方法。趋势分析法主要有三种比较方式:

(一)重要财务指标的比较

这种方法是将不同时期财务报告中相同的重要指标或比率进行比较,直接观察其增减变动情况幅度及发展趋势。它又分两种比率:

1. 定基动态比率

它是将分析期数额与某一固定基期数额对比计算的比率。其计算公式为

$$定基动态比率=分析期指标/固定基期指标$$

2. 环比动态比率

它是将每一分析期数额与前一期同一指标进行对比计算得出的动态比率。其计算公式为

$$环比动态比率=分析期指标/分析前期指标$$

(二)会计报表的比较

这种方法是将连续数期的会计报表有关数字并行排列,比较相同指标的增减变动金额及幅度,以此来说明企业财务状况和经营成果的发展变化。一般可以通过编制比较资产负债表、比较损益表及比较现金流量表来进行,计算出各有关项目增减变动的金额及变动百分比。

(三)会计报表项目构成的比较

这种方法是以会计报表中某个总体指标作为100%,再计算出报表各构成项目占该总体指标的百分比,依次来比较各个项目百分比的增减变动,以及判断有关财务活动的变化趋势。这种方法既可用于同一企业不同时期财务状况的纵向比较,又可用于不同企业间的横向比较,并且还可以消除不同时期(不同企业)间业务规模差异的影响,有助于正确分析企业财务状况及发展趋势。

但采用趋势分析法时,应注意以下几个问题:

(1)用于对比的各项指标的计算口径要一致。

(2)剔除偶然性因素的影响,使分析数据能反映正常的经营及财务状况。

(3)对有显著变动的指标要作重点分析。

任务三　财务指标分析

前已述及,财务指标分析的内容包括偿债能力分析、营运能力分析、盈利能力分析和现金流量分析四个方面,以下分别加以介绍。

一、偿债能力分析

企业偿债能力是反映企业财务状况和经营能力的重要标志。企业偿债能力低不仅说明企业资金紧张,难以支付日常经营支出,而且说明企业资金周转不灵,难以偿还到期债务,甚至面临破产危险。企业偿债能力分析包括短期偿债能力分析和长期偿债能力分析。

(一) 短期偿债能力分析

企业短期债务一般要用流动资产来偿付,短期偿债能力是指企业流动资产对流动负债及时足额偿还的保证程度,是衡量流动资产变现能力的重要标志。企业短期偿债能力的衡量指标主要有流动比率、速动比率和现金比率。

1. 流动比率

流动比率是企业流动资产与流动负债之比。其计算公式为

$$流动比率 = 流动资产 / 流动负债$$

一般认为,生产企业合理的最低流动比率是 2。这是因为流动资产中变现能力最差的存货金额约占流动资产总额的一半,剩下的流动性较大的流动资产至少要等于流动负债,企业短期偿债能力才会有保证。人们长期以来的这种认识因其未能从理论上证明,还不能成为一个统一标准。

运用流动比率进行分析时,要注意以下几个问题:

(1) 流动比率高。一般认为偿债保证程度较强,但并不一定有足够的现金或银行存款偿债,因为流动资产除了货币资金以外,还有存货、应收账款、待摊费用等项目,有可能出现虽说流动比率高,但真正用来偿债的现金和存款严重短缺的现象,所以分析流动比率时,还需进一步分析流动资产的构成项目。

(2) 计算出来的流动比率。只有和同行业平均流动比率、本企业历史流动比率进行比较,才能知道这个比率是高还是低。这种比较通常并不能说明流动比率为什么这么高或低,要找出过高或过低的原因还必须分析流动资产和流动负债包括的内容以及经营上的因素。一般情况下,营业周期、流动资产中的应收账款和存货的周转速度是影响流动比率的主要因素。

【例 9-2】 为便于说明,本项目各项财务比率的计算,将主要采用 A 公司作为例子,该公司的资产负债表、利润表如表 9-2、表 9-3 所示。

表 9-2　资产负债表

编制单位:A 公司　　　　　　　　2020 年 12 月 31 日　　　　　　　　（单位:万元）

资产	年初数	年末数	负债及所有者权益	年初数	年末数
流动资产:			流动负债:		
货币资金	125	250	短期借款	225	300
交易性金融资产	60	30	应付票据	20	25
应收票据	55	40	应付账款	545	500
应收账款	995	1 990	预收账款	20	50
预付账款	20	60	其他应付款	60	35
其他应收款	110	110	应付工资	5	10
存货	1 630	595	应付福利费	80	60
待摊费用	55	200	未交税金	20	25
一年内到期的长期债权投资	0	225	未付利润	50	140
流动资产合计	3 050	3 500	其他未交款	5	35
			预提费用	25	45
长期投资	225	150	待扣税金	20	10
			一年内到期的长期负债	0	250
固定资产:			其他流动负债	25	15
固定资产原价	8 085	10 000	流动负债合计	1 100	1 500
减:累计折旧	3 310	3 810			
固定资产净值	4 775	6 190	长期负债:		
固定资产清理	60	0	长期借款	1 225	2 250
在建工程	175	90	应付债券	1 300	1 200
固定资产合计	5 010	6 280	其他长期负债	375	350
			长期负债合计	2 900	3 800
无形及递延资产:					
无形资产	40	30	所有者权益:		
递延资产	75	25	实收资本	3 000	3 000
其他长期资产	0	15	资本公积	50	80
			盈余公积	200	370
无形及递延资产合计	115	70	未分配利润	1 150	1 250
			所有者权益合计	4 400	4 700
资产总计	8 400	10 000	负债及所有者权益总计	8 400	10 000

表 9-3　利润表

编制单位:A 公司　　　　　　　　2020 年度　　　　　　　　（单位:万元）

项目	上年实际	本年累计
一、营业收入	14 250	15 000
减:营业成本	12 515	13 220
税金及附加	140	140
销售费用	100	110

续表

项目	上年实际	本年累计
管理费用	200	230
财务费用	480	550
加：投资收益	120	200
二、营业利润	935	950
加：营业外收入	85	50
减：营业外支出	25	100
三、利润总额	995	900
减：所得税费用	249	225
四、净利润	746	675

根据表 9-2 资料，A 公司 2020 年年初与年末的流动资产分别为 3 050 万元、3 500 万元，流动负债分别为 1 100 万元、1 500 万元，则该公司流动比率为

年初流动比率＝3 050÷1 100＝2.77

年末流动比率＝3 500÷1 500＝2.33

A 公司年初年末流动比率均大于 2，说明该企业具有较强的短期偿债能力。

流动比率虽然可以用来评价流动资产总体的变现能力，但流动资产中包含像存货这类变现能力较差的资产，如能将其剔除，其所反映的短期偿债能力更加令人可信，这个指标就是速动比率。

2. 速动比率

速动比率是企业速动资产与流动负债之比，速动资产是指流动资产减去变现能力较差且不稳定的存货、待摊费用等后的余额。由于剔除了存货等变现能力较差的资产，速动比率比流动比率能更准确、更可靠地评价企业资产的流动性及偿还短期债务的能力。其计算公式为

速动比率＝速动资产÷流动负债

速动资产＝流动资产－存货－预付账款－一年内到期的非流动资产－其他流动资产

或

速动资产＝货币资金＋金融性金融资产＋应收票据＋应收账款＋其他应收款

一般认为速动比率为 1 较合适，速动比率过低，企业面临偿债风险；但速动比率过高，会因占用现金及应收账款过多而增加企业的机会成本。

根据表 9-2 资料，A 公司 2020 年的年初速动资产为 1 345 万元(125＋60＋55＋995＋110)，年末速动资产为 2 420 万元(250＋30＋40＋1 990＋110)。A 公司的速动比率为

年初速动比率＝1 345÷1 100＝1.22

年末速动比率＝2 420÷1 500＝1.61

A 公司 2020 年年初年末的速动比率都比一般公认标准高，一般认为其短期偿债能力较强，但进一步分析可以发现，在 A 公司的速动资产中应收账款比重很高(分别占 73% 和 80%)，而应收账款不一定能按时收回，所以我们还必须计算分析第三个重要比率——现金比率。

3. 现金比率

现金比率是企业现金类资产与流动负债的比率。现金类资产包括企业拥有的货币资金和持有的有价证券(即资产负债表中的短期投资)。它是速动资产扣除应收账款后的余额。速动资产扣除应收账款后计算出来的金额,最能反映企业直接偿付流动负债的能力。现金比率一般认为20%以上为好。但这一比率过高,就意味着企业流动负债未能得到合理运用,而现金类资产获利能力低,这类资产金额太高会导致企业机会成本增加。现金比率计算公式为

$$现金比率 = (货币资金 + 交易性金融资产) \div 流动负债$$

根据表9-2资料,A公司的现金比率为

年初现金比率 $= (125 + 60) \div 1\,100 = 0.17$

年末现金比率 $= (250 + 30) \div 1\,500 = 0.19$

A公司虽然流动比率和速动比率都较高,但现金比率偏低,说明该公司短期偿债能力还是有一定风险,应缩短收账期,加大应收账款催账力度,以加速应收账款资金的周转。

(二) 长期偿债能力分析

长期偿债能力是指企业偿还长期负债的能力。其分析指标主要有三项:资产负债率、产权比率和利息保障倍数。

1. 资产负债率

资产负债率是企业负债总额与资产总额之比。其计算公式为

$$资产负债率 = (负债总额 \div 资产总额) \times 100\%$$

资产负债率反映债权人所提供的资金占全部资金的比重,以及企业资产对债权人权益的保障程度。这一比率越低(50%以下),表明企业的偿债能力越强。

事实上,对这一比率的分析,还要看站在谁的立场上。从债权人的立场看,债务比率越低越好,企业偿债有保证,贷款不会有太大风险;从股东的立场看,在全部资本利润率高于借款利息率时,负债比率越大越好,因为股东所得到的利润就会加大。从财务管理的角度看,在进行借入资本决策时,企业应当审时度势,全面考虑,充分估计预期的利润和增加的风险,权衡利害得失,作出正确的分析和决策。

根据表9-2资料,A公司的资产负债率为

年初资产负债率 $= (1\,100 + 2\,900) \div 8\,400 \times 100\% = 47.62\%$

年末资产负债率 $= (1\,500 + 3\,800) \div 10\,000 \times 100\% = 53\%$

A公司年初资产负债率为47.62%,低于50%,而年末资产负债率为53%,虽然偏高,但在合理的范围内,说明A公司有一定的偿债能力和负债经营能力。

但是,并非企业所有的资产都可以作为偿债的物质保证。待摊费用、递延资产等不仅在清算状态下难以作为偿债的保证,即便在持续经营期间,上述资产的摊销价值也需要依靠存货等资产的价值才能得以补偿和收回,其本身并无直接的变现能力,相反,还会削弱其他资产的变现能力,无形资产能否用于偿债,也存在极大的不确定性。有形资产负债率相对于资产负债率而言更稳健。

$$有形资产负债率 = 负债总额 \div 有形资产总额 \times 100\%$$

其中:有形资产总额 = 资产总额 − (无形资产及递延资产 + 待摊费用)

根据表 9-2 资料，A 公司的有形资产负债率为

$$年初有形资产负债率 = \frac{1\,100+2\,900}{8\,400-(40+75+55)} \times 100\% = \frac{4\,000}{8\,230} \times 100\% = 48.6\%$$

$$年末有形资产负债率 = \frac{1\,500+3\,800}{10\,000-(30+25+200)} \times 100\% = \frac{5\,300}{9\,745} \times 100\% = 54.4\%$$

相对于资产负债率来说，有形资产负债率指标将企业偿债安全性的分析建立在更加切实可靠的物质保障基础之上。

2. 产权比率

产权比率又称资本负债率，是负债总额与所有者权益之比，它是企业财务结构稳健与否的重要标志。其计算公式为

$$产权比率 = (负债总额 \div 所有者权益总额) \times 100\%$$

产权比率不仅反映了由债务人提供的资本与所有者提供的资本的相对关系，而且反映了企业自有资金偿还全部债务的能力，因此它又是衡量企业负债经营是否安全有利的重要指标。一般来说，这一比率越低，表明企业长期偿债能力越强，债权人权益保障程度越高，承担的风险越小，一般认为这一比率为 1∶1，即 100% 以下时，应该是有偿债能力的，但还应该结合企业的具体情况加以分析。当企业的资产收益率大于负债成本率时，负债经营有利于提高资金收益率，获得额外的利润，这时的产权比率可适当高些。产权比率高，是高风险、高报酬的财务结构；产权比率低，是低风险、低报酬的财务结构。

根据表 9-2 资料，A 公司的产权比率为

$$年初产权比率 = (1\,100+2\,900) \div 4\,400 \times 100\% = 90.91\%$$

$$年末产权比率 = (1\,500+3\,800) \div 4\,700 \times 100\% = 112.77\%$$

由计算可知，A 公司年初的产权比率不是很高，而年末的产权比率偏高，表明年末该公司举债经营程度偏高，财务结构很不稳定。

产权比率与资产负债率对评价偿债能力的作用基本一致，只是资产负债率侧重于分析债务偿付安全性的物质保障程度，产权比率则侧重于揭示财务结构的稳健程度以及自有资金对偿债风险的承受能力。

3. 利息保障倍数

利息保障倍数是指企业息税前利润与利息费用之比，又称已获利息倍数，用以衡量偿付借款利息的能力。其计算公式为

$$利息保障倍数 = 息税前利润 \div 利息费用$$

$$息税前利润 = 税前利润 + 利息费用$$

公式中的分子"息税前利润"是指利润表中未扣除利息费用和所得税前的利润，公式中的分母"利息费用"是指本期发生的全部应付利息，不仅包括财务费用中的利息费用，还应包括计入固定资产成本的资本化利息。资本化利息虽然不在利润表中扣除，但仍然是要偿还的。利息保障倍数的重点是衡量企业支付利息的能力，没有足够大的息税前利润，利息的支付就会发生困难。

利息保障倍数不仅反映了企业获利能力的大小，而且反映了获利能力对偿还到期债务的保证程度，它既是企业举债经营的前提依据，也是衡量企业长期偿债能力大小的重要标志。要维持正常偿债能力，利息保障倍数至少应大于 1，且比值越高，企业长期偿债能力越

强。如果利息保障倍数过低,企业将面临亏损、偿债的安全性与稳定性下降的风险。

根据表9-3资料,假定表中财务费用全部为利息费用,资本化利息为0,则A公司利息保障倍数为

上年利息保障倍数＝(995＋480)÷480＝3.06
本年利息保障倍数＝(900＋550)÷550＝2.64

从以上计算结果看,A公司这两年的利息保障倍数虽不太高,但大于1,说明有一定的偿债能力,但还需要与其他企业特别是本行业平均水平进行比较来分析评价。从稳健角度看,还要比较本企业连续几年的该项指标进行分析评价。

二、营运能力分析

企业的经营活动离不开各项资产的运用,对企业营运能力的分析,实质上就是对各项资产的周转使用情况进行分析,一般而言,资金周转速度越快,说明企业的资金管理水平越高,资金利用效率越高。企业营运能力分析主要包括流动资产周转情况分析、固定资产周转情况分析和总资产周转情况分析三个方面。

(一)流动资产周转情况分析

反映流动资产周转情况的指标主要有应收账款周转率、存货周转率和流动资产周转率。

1. 应收账款周转率

应收账款在流动资产中有着举足轻重的地位,及时收回应收账款,不仅增强了企业的短期偿债能力,也反映出企业管理应收账款的效率。

应收账款周转率(次数)是指一定时期内应收账款平均收回的次数,是一定时期内商品或产品销售收入净额与应收账款平均余额的比值。其计算公式为

应收账款周转次数＝销售收入净额÷应收账款平均余额

其中,销售收入净额＝销售收入－销售折扣与折让;

应收账款平均余额＝(期初应收账款＋期末应收账款)÷2;

应收账款周转天数＝计算期天数÷应收账款周转次数

＝计算期天数×应收账款平均余额÷销售收入净额。

公式中的应收账款包括会计报表中"应收账款"和"应收票据"等全部赊销账款在内,且其金额应为扣除坏账后的金额。

应收账款周转率反映了企业应收账款周转速度的快慢及企业对应收账款管理效率的高低。在一定时期内周转次数多,周转天数少表明:

(1)企业收账迅速,信用销售管理严格。

(2)应收账款流动性强,从而增强企业短期偿债能力。

(3)可以减少收账费用和坏账损失,相对增加企业流动资产的投资收益。

(4)通过比较应收账款周转天数及企业信用期限,可评价客户的信用程度,调整企业的信用政策。

根据表9-2、表9-3资料,A公司2020年度销售收入净额为15 000万元,2020年年末应收账款、应收票据净额为2 030(即1 990＋40)万元,年初数为1 050(即995＋55)万元;则

2020年该公司应收账款周转率指标计算如下：

$$应收账款周转次数 = \frac{15\,000}{(2\,030+1\,050)\div 2} = 9.74(次)$$

$$应收账款周转天数 = 360 \div 9.74 = 37(天)$$

在评价应收账款周转率指标时，应将计算出的指标与该企业前期、与行业平均水平或其他类似企业相比较来判断该指标的高低。

2. 存货周转率

在流动资产中，存货所占比重较大，存货的流动性将直接影响企业的流动比率。因此，必须特别重视对存货的分析。存货流动性的分析一般通过存货周转率来进行。

存货周转率（次数）是指一定时期内企业销售成本与存货平均资金占用额的比率，是衡量和评价企业购入存货、投入生产、销售收回等各环节管理效率的综合性指标。其计算公式为

$$存货周转次数 = 销售成本 \div 存货平均余额$$

$$存货平均余额 = (期初存货+期末存货) \div 2$$

$$存货周转天数 = 计算期天数 \div 存货周转次数$$

$$= 计算期天数 \times 存货平均余额 \div 销货成本$$

根据表9-2、表9-3资料，A公司2020年度销售成本为13 220万元，期初存货为1 630万元，期末存货为595万元，该公司存货周转率指标为

$$存货周转次数 = \frac{13\,220}{(1\,630+595)\div 2} = 11.88(次)$$

$$存货周转天数 = 360 \div 11.88 = 30(天)$$

一般来讲，存货周转速度越快，存货占用水平越低，流动性越强，存货转化为现金或应收账款的速度就越快，这样会增强企业的短期偿债能力及获利能力。通过存货周转速度分析，有利于找出存货管理中存在的问题，尽可能降低资金占用水平。

3. 流动资产周转率

流动资产周转率是反映企业流动资产周转速度的指标。流动资产周转率（次数）是一定时期销售收入净额与企业流动资产平均占用额之间的比率。其计算公式为

$$流动资产周转次数 = 销售收入净额 \div 流动资产平均余额$$

$$流动资产周转天数 = 计算期天数 \div 流动资产周转次数$$

$$= 计算期天数 \times 流动资产平均余额 \div 销售收入净额$$

式中，流动资产平均余额 = (期初流动资产+期末流动资产)÷2。

在一定时期内，流动资产周转次数越多，表明以相同的流动资产完成的周转额越多，流动资产利用效果越好。流动资产周转天数越少，表明流动资产在经历生产、销售各阶段所占用的时间越短，可相对节约流动资产，增强企业盈利能力。

根据表9-2、表9-3资料，A公司2020年销售收入净额为15 000万元，2020年流动资产期初数为3 050万元，期末数为3 500万元，则该公司流动资产周转指标计算如下：

$$流动资产周转次数 = \frac{15\,000}{(3\,050+3\,500)\div 2} = 4.58(次)$$

$$流动资产周转天数 = 360 \div 4.58 = 78.6(天)$$

（二）固定资产周转情况分析

固定资产周转率是指企业年销售收入净额与固定资产平均净额的比率。它是反映企业固定资产周转情况，从而衡量固定资产利用效率的一项指标。其计算公式为

$$固定资产周转率 = 销售收入净额 \div 固定资产平均净值$$

式中，固定资产平均净值＝（期初固定资产净值＋期末固定资产净值）÷2

固定资产周转率高，说明企业固定资产投资得当，结构合理，利用效率高；反之，如果固定资产周转率不高，则表明固定资产利用效率不高，提供的生产成果不多，企业的营运能力不强。

根据表9-2、表9-3资料，A公司2019年、2020年的销售收入净额分别为14 250万元、15 000万元，2020年年初固定资产净值为4 775万元，2020年年末固定资产净值为6 190万元。假设2019年年初固定资产净值为4 000万元，则固定资产周转率计算如下：

$$2019年固定资产周转率 = \frac{14\ 250}{(4\ 000 + 4\ 775) \div 2} = 3.25（次）$$

$$2020年固定资产周转率 = \frac{15\ 000}{(4\ 775 + 6\ 190) \div 2} = 2.74（次）$$

通过以上计算可知，2020年固定资产周转率为2.74次，2019年固定资产周转率为3.25次，说明2020年度周转速度要比上年慢，其主要原因在于固定资产净值增加幅度要大于销售收入净额增长幅度，说明企业营运能力有所减弱，这种减弱幅度是否合理，还要视公司目标及同行业水平的比较而定。

（三）总资产周转情况分析

总资产周转率是企业销售收入净额与企业资产平均总额的比率。其计算公式为

$$总资产周转率 = 销售收入净额 \div 资产平均总额$$

如果企业各期资产总额比较稳定，波动不大，则

$$资产平均总额 = （期初资产总额 + 期末资产总额） \div 2$$

如果资金占用的波动性较大，企业应采用更详细的资料进行计算，如按照各月份的资金占用额计算，则

$$月平均资产总额 = （月初资产总额 + 月末资产总额） \div 2$$

$$季平均占用额 = （1/2季初 + 第一月末 + 第二月末 + 1/2季末） \div 3$$

$$年平均占用额 = （1/2年初 + 第一季末 + 第二季末 + 第三季末 + 1/2年末） \div 4$$

计算总资产周转率时，分子、分母在时间上应保持一致。

这一比率用来衡量企业全部资产的使用效率，如果该比率较低，说明企业全部资产营运效率较低，可采用薄利多销或处理多余资产等方法，加速资产周转，提高运营效率；如果该比率较高，说明资产周转快、销售能力强、资产运营效率高。

根据表9-2、表9-3资料，2019年A公司销售收入净额为14 250万元，2020年销售收入净额为15 000万元，2020年年初资产总额为8 400万元，2020年年末资产总额为10 000万元。假设2019年年初资产总额为7 500万元，则该公司2019年、2020年总资产周转率计算如下：

$$2019年总资产周转率 = \frac{14\,250}{(7\,500 + 8\,400) \div 2} = 1.79(次)$$

$$2020年总资产周转率 = \frac{15\,000}{(8\,400 + 10\,000) \div 2} = 1.63(次)$$

从以上计算可知,A 公司 2020 年总资产周转率比上年减慢,这与前面计算分析固定资产周转速度减慢的结论一致,该公司应扩大销售额,处理闲置资产,以提高资产使用效率。

三、盈利能力分析

不论是投资人、债权人,还是经理人员,都会非常重视和关心企业的盈利能力。盈利能力就是企业获取利润、资金不断增殖的能力。反映企业盈利能力的指标主要有销售毛利率、销售净利率、成本费用利润率、总资产净利率、净资产收益率和资本保值增值率。

(一)销售毛利率

销售毛利率是企业一定时期销售毛利与销售收入之比,其计算公式如下:

$$销售毛利率 = (销售毛利 \div 销售收入) \times 100\%$$

其中,销售毛利=销售收入-销售成本。

销售毛利率越高,表明企业的市场竞争力越强,发展潜力越大,从而盈利能力越强。将销售毛利率与行业水平进行比较,可以反映企业产品的市场竞争地位。

根据表 9-3 资料,可计算 A 公司销售毛利率如下:

2019 年销售毛利率=(14 250-12 515)÷14 250=12.18%

2020 年销售毛利率=(15 000-13 220)÷15 000=11.87%

(二)销售净利率

销售净利率是净利润与销售收入之比,其计算公式为

$$销售净利率 = (净利润 \div 销售收入) \times 100\%$$

根据表 9-3 资料,可计算 A 公司销售净利率如下:

2019 年销售净利率=746÷14 250=5.23%

2020 年销售净利率=675÷15 000=4.5%

从上述计算分析可以看出,2020 年各项销售利润率指标均比上年有所下降。说明企业盈利能力有所下降,企业应查明原因,采取相应措施,提高盈利水平。

(三)成本费用利润率

成本费用利润率是反映盈利能力的另一个重要指标,是利润与成本费用之比。成本有多种形式,但这里的成本主要指经营成本,其计算公式如下:

$$成本费用利润率 = 营业利润 \div 经营成本$$

其中,经营成本=营业成本+税金及附加。

根据表 9-3 资料,可计算 A 公司成本利润率如下:

2019 年经营成本利润率=935÷(12 515+140)=7.38%

2020 年经营成本利润率=950÷(13 220+140)=7.11%

从以上计算可知，A 公司 2020 年成本利润率指标比 2019 年也有所下降，这进一步验证了前面销售利润率指标所得出的结论，说明其盈利能力下降。公司应进一步分析利润下降、成本上升的因素，采取有效措施，降低成本，提高盈利能力。

（四）总资产净利率

总资产净利率是企业净利润与企业资产平均总额的比率。因为资产总额等于债权人权益和所有者权益的总额，所以该比率既可以衡量企业资产综合利用的效果，又可以反映企业利用债权人及所有者提供资本的盈利能力和增值能力。其计算公式为

$$总资产净利率=\frac{净利润}{资产平均总额}=\frac{净利润}{(期初资产+期末资产)\div 2}$$

该指标越高，表明资产利用效率越高，说明企业在增加收入、节约资金使用等方面取得了良好的效果；该指标越低，说明企业资产利用效率低，应分析差异原因，提高销售利润率，加速资金周转，提高企业经营管理水平。

据表 9-2、表 9-3 资料，A 公司 2019 年净利润为 746 万元，年末资产总额为 8 400 万元；2020 年净利润为 675 万元，年末资产总额为 10 000 万元。假设 2019 年年初资产总额为 7 500 万元，则 A 公司总资产报酬率计算如下：

$$2019 年总资产净利率=\frac{746}{(7\,500+8\,400)\div 2}\times 100\%=9.38\%$$

$$2020 年总资产净利率=\frac{675}{(8\,400+10\,000)\div 2}\times 100\%=7.34\%$$

由计算结果可知，A 公司 2020 年总资产净利率要大大低于上年，需要对公司资产的使用情况、增产节约情况，结合成本效益指标一起分析，以改进管理，提高资产利用效率和企业经营管理水平，增强盈利能力。

（五）净资产收益率

净资产收益率又叫自有资金利润率或权益报酬率，是净利润与平均所有者权益的比值，它反映企业自有资金的投资收益水平。其计算公式为

$$净资产收益率=净利润\div 平均所有者权益\times 100\%$$

该指标是企业盈利能力指标的核心，也是杜邦财务指标体系的核心，更是投资者关注的重点。

据表 9-2、表 9-3 资料，A 公司 2019 年净利润为 746 万元，年末所有者权益为 4 400 万元；2020 年净利润为 675 万元，年末所有者权益为 4 700 万元。假设 2019 年年初所有者权益为 4 000 万元，则 A 公司净资产收益率为

$$2019 年净资产收益率=\frac{746}{(4\,000+4\,400)\div 2}\times 100\%=17.76\%$$

$$2020 年净资产收益率=\frac{675}{(4\,400+4\,700)\div 2}\times 100\%=14.84\%$$

由于该公司所有者权益的增长快于净利润的增长，2020 年净资产收益率要比上年低了 3 个多百分点，盈利能力明显降低。

（六）资本保值增值率

资本保值增值率是指所有者权益的期末总额与期初总额之比。其计算公式为

$$资本保值增值率＝期末所有者权益÷期初所有者权益×100\%$$

如果企业盈利能力提高,利润增加,必然会使期末所有者权益大于期初所有者权益,所以该指标也是衡量企业盈利能力的重要指标。当然,这一指标的高低,除了受企业经营成果的影响外,还受企业利润分配政策的影响。

根据前面净资产收益率的有关资料,A 公司资本保值增值率计算如下：

2019 年资本保值增值率＝4 400/4 000×100%＝110%

2020 年资本保值增值率＝4 700/4 400×100%＝107%

可见该公司 2020 年资本保值增值率比上年有所降低。

四、现金流量分析

现金流量分析一般包括现金流量的结构分析、流动性分析、获取现金能力分析、财务弹性分析及收益质量分析。这里将主要介绍获取现金能力分析及收益质量分析。

（一）获取现金能力分析

获取现金的能力,可通过经营活动现金流量净额与投入资源之比来反映。投入资源可以是销售收入、资产总额、营运资金净额、净资产或普通股股数等。

1. 销售现金比率

销售现金比率是指企业经营活动现金流量净额与企业销售额的比值。其计算公式为

$$销售现金比率＝经营活动现金流量净额÷销售收入$$

如果 A 公司销售收入(含增值税)为 15 000 万元,经营活动现金流量净额为 5 716.5 万元,则

$$销售现金比率＝5 716.5÷15 000＝0.38$$

该比率反映每元销售收入得到的现金流量净额,其数值越大越好。

2. 每股营业现金净流量

每股营业现金净流量是通过企业经营活动现金流量净额与普通股股数之比来反映的。其计算公式为

$$每股营业现金净流量＝经营活动现金流量净额÷普通股股数$$

假设 A 公司有普通股 40 000 万股,则

$$每股营业现金净流量＝5 716.5÷40 000＝0.14(元/股)$$

该指标反映企业最大的分派股利能力,超过此限度,可能就要借款分红。

3. 全部资产现金回收率

全部资产现金回收率是通过企业经营活动现金流量净额与企业资产总额之比来反映的,它说明企业全部资产产生现金的能力。其计算公式为

$$全部资产现金回收率＝经营活动现金流量净额÷企业资产总额×100\%$$

假设 A 公司全部资产总额为 85 000 万元,则

全部资产现金回收率＝5 716.5÷85 000×100％＝6.73％

如果同行业平均全部资产现金回收率为7％,说明A公司资产产生现金的能力较弱。

(二)收益质量分析

收益质量是指会计收益与公司业绩之间的相关性。如果会计收益能如实反映公司业绩,则其收益质量高;反之,则收益质量不高。收益质量分析主要包括净收益营运指数分析与现金营运指数分析。

1. 净收益营运指数

净收益营运指数是指经营净收益与净利润之比,其计算公式为

$$净收益营运指数＝经营净收益÷净利润$$

其中,经营净收益＝净利润－非经营净收益。

假设A公司有关收益质量的现金流量补充资料如表9-4所示。

表9-4 A公司现金流量补充资料

将净利润调整为经营现金流量	金额(万元)	说明
净利润	3 568.5	
加:计提的资产减值准备	13.5	非付现费用共3 913.5万元,少提取这类费用,可增加会计收益却不会增加现金流入,会使收益质量下降
固定资产折旧	1 500	
无形资产摊销	900	
长期待摊费用摊销	0	
待摊费用减少(减增加)	1 500	
处置固定资产损失(减收益)	－750	
固定资产报废损失	295.5	非经营净收益为604.5万元,不代表正常的收益能力
财务费用	322.5	
投资损失(减收益)	－472.5	
递延税款贷项(减借项)	0	
存货减少(减增加)	79.5	经营资产净增加655.5万元,如收益不变而现金减少,收益质量下降(收入未收到现金),应查明应收项目增加的原因
经营性应收项目减少(减增加)	－735	
经营性应付项目增加(减减少)	－790.5	无息负债净减少505.5万元,收益不变而现金减少,收益质量下降
其他	285	
经营活动现金流量净额	5 716.5	

根据表9-4资料,A公司净收益营运指数计算如下:

A公司经营活动净收益＝3 568.5－604.5＝2 964(万元)

净收益营运指数＝2 964÷3 568.5＝0.83

净收益营运指数越小,非经营收益所占比重越大,收益质量越差,因为非经营收益不反

映公司的核心能力及正常的收益能力,可持续性较低。

2. 现金营运指数

现金营运指数反映企业经营活动现金流量净额与企业经营所得现金的比值,其计算公式为

$$现金营运指数 = 经营活动现金流量净额 \div 经营所得现金$$

式中,经营所得现金=经营净收益+非付现费用。

根据表9-4资料,A公司现金营运指数计算如下:

$$经营所得现金 = 经营活动净收益 + 非付现费用$$
$$= 2\,964 + 3\,913.5 = 6\,877.5(万元)$$
$$现金营运指数 = 5\,716.5 \div 6\,877.5 = 0.83$$

现金营运指数小于1,说明收益质量不够好,A公司每1元的经营活动收益,只收回约0.83元。首先,现金营运指数小于1,说明一部分收益尚没有取得现金,停留在实物或债权形态,而实物或债权资产的风险大于现金,应收账款不一定能足额变现,存货也有贬值的风险,所以未收现的收益质量低于已收现的收益。其次,现金营运指数小于1,说明营运资金增加了,反映企业为取得同样的收益占用了更多的营运资金,取得收益的代价增加了,同样的收益代表着较差的业绩。

任务四　财务综合分析

一、财务综合分析概述

(一)财务综合分析的概念

在任务三中,我们已经介绍了企业偿债能力、营运能力和盈利能力以及现金流量等各种财务分析指标,但单独分析任何一项财务指标,都难以全面评价企业的经营与财务状况。要作全面的分析,必须采取适当的方法,对企业财务进行综合分析与评价。所谓财务综合分析就是将企业营运能力、偿债能力和盈利能力等方面的分析纳入到一个有机的分析系统之中,全面地对企业财务状况、经营状况进行解剖和分析,从而对企业经济效益作出较为准确的评价与判断。

(二)财务综合分析的特点

一个健全有效的财务综合指标体系必须具有以下特点:

1. 评价指标要全面

设置的评价指标要尽可能涵盖偿债能力、营运能力和盈利能力等各方面的考核要求。

2. 主辅指标功能要匹配

在分析中要做到:(1)要明确企业分析指标的主辅地位;(2)要能从不同侧面、不同层次

反映企业财务状况,揭示企业经营业绩。

3. 满足各方面经济需求

设置的指标评价体系既要能满足企业内部管理者决策的需要,也要能满足外部投资者和政府管理机构决策及实施宏观调控的要求。

二、财务综合分析的方法

财务综合分析的方法主要有两种:杜邦财务分析体系法和沃尔比重评分法。

(一)杜邦财务分析体系法

这种分析方法首先由美国杜邦公司的经理创立并首先在杜邦公司成功运用,称之为杜邦系统(the Du Pont System),它是利用财务指标间的内在联系,对企业综合经营理财能力及经济效益进行系统的分析评价的方法。

根据表9-2、表9-3资料,可作出杜邦财务分析的基本结构图,如图9-1所示。

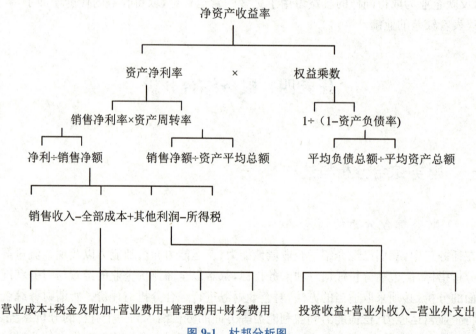

图 9-1　杜邦分析图

在杜邦分析图中,净资产收益率反映所有者投入资本的获利能力,反映企业筹资、投资、资产运营等活动的效率,它是综合性最强、最具代表性的一个指标,是杜邦系统的核心,该指标的高低取决于总资产净利率与权益乘数。

总资产净利率是净利润与总资产平均余额之比,它等于销售净利率与总资产周转率之积。

权益乘数是平均资产与平均权益之比,等于1−资产负债率的倒数,用公式表示:

$$权益乘数 = 1 \div (1 - 资产负债率)$$

式中,资产负债率是指全年平均资产负债率,它是企业全年平均负债总额与全年平均资产总额之比。

权益乘数主要受资产负债率的影响。负债比率大,权益乘数就高,说明企业有较高的负债程度,给企业带来了较多的杠杆利益,同时也给企业带来了较多的风险。企业既要充分有效地利用全部资产,提高资产利用效率,又要妥善安排资金结构。

销售净利率是净利润与销售收入之比,它是反映企业盈利能力的重要指标。提高这一比率的途径有扩大销售收入和降低成本费用等。

资产周转率是销售收入与资产平均总额之比,是反映企业运用资产以产生销售收入能力的指标。对资产周转率的分析,除了对资产构成部分从总占有量上是否合理进行分析外,还可通过流动资产周转率、存货周转率、应收账款周转率等有关资产使用效率的分析,判明影响资产周转的主要问题所在。

杜邦财务指标体系的作用在于解释指标变动的原因和变动趋势。

$$净资产收益率 = 资产净利率 \times 权益乘数$$

通过分解可以看出,净资产收益率的下降不在于资本结构(权益乘数没变),而是资产利用或成本控制发生了问题,造成了净资产收益率的下降。

这种分解可以在任何层次上进行,如可以对资产净利率进一步分解:

$$资产净利率 = 销售净利率 \times 资产周转率$$

通过分解可以看出,资产使用效率提高了,但由此带来的收益不足以抵补销售利润率下降造成的损失。而销售净利率下降的原因可能是由于售价太低、成本太高或费用过大,需进一步通过分解指标来揭示。

可见,杜邦体系就是通过自上而下的分析、指标的层层分解来揭示企业各项指标间的结构关系,查明各主要指标的影响因素,为决策者优化经营理财状况、提高企业经营效率提供思路。

(二)沃尔比重评分法

亚历山大·沃尔在21世纪初出版的《信用晴雨表研究》和《财务报表比率分析》中提出了信用能力指数的概念,他选择了7个财务比率,即流动比率、产权比率、固定资产比率、存货周转率、应收账款周转率、固定资产周转率和自有资金周转率,分别给定各指标的比重,然后确定标准比率(以行业平均数为基础),将实际比率与标准比率相比,得出相对比率,将此相对比率与各指标比重相乘,得出总评分。

沃尔比重评分法有两个缺陷:一是选择这7个比率及给定的比重缺乏说服力;二是如果某一个指标严重异常时,会对总评分产生不合逻辑的重大影响。

项目小结

1. 财务分析就是以财务报表和其他资料为依据和起点,采用专门方法,系统分析和评价企业的财务状况、经营成果和现金流量状况的过程。财务分析是评价财务状况及经营业绩的重要依据,是实现理财目标的重要手段,也是实施正确投资决策的重要步骤。

2. 财务分析方法多种多样,但常用的有以下三种方法:比率分析法、因素分析法和趋势分析法。

3. 财务分析的内容主要包括以下四个方面:偿债能力分析、营运能力分析、盈利能力分析和现金流量分析。企业偿债能力分析包括短期偿债能力分析和长期偿债能力分析。企业短期偿债能力的衡量指标主要有流动比率、速动比率和现金比率。长期偿债能力是指企业偿还长期负债的能力,其分析指标主要有三项:资产负债率、产权比率和利息保障倍数。企业营运能力分析主要包括流动资产周转情况分析、固定资产周转情况分析、和总资产周转情况分析三个方面。企业盈利能力的一般分析指标主要有销售毛利率、销售净利润、成本费用利润率、总资产净利润、净资产收益率和资本保值增值率。

4. 财务综合分析就是将企业营运能力、偿债能力和盈利能力等方面的分析纳入到一个有机的分析系统之中,全面地对企业财务状况、经营状况进行解剖和分析,从而对企业经济效益作出较为准确的评价与判断。财务综合分析的方法主要有两种:杜邦财务分析体系法和沃尔比重评分法。

一、判断题

1. 相关比率反映部分与总体的关系。（　　）
2. 在采用因素分析法时,可任意颠倒顺序,其计算结果是相同的。（　　）
3. 盈利能力分析主要分析企业各项资产的使用效果。（　　）
4. 存货周转率是销售收入与存货平均余额之比。（　　）
5. 采用因素分析法,可以分析引起变化的主要原因、变动性质,并可预测企业未来的发展前景。（　　）
6. 流动比率的分子是流动资产。（　　）
7. 现金流量表是按权责发生制编制的。（　　）
8. 现金流量表中的现金是指库存现金。（　　）
9. 因素分析法包括连环替代法和差额分析法。（　　）
10. 权益乘数越大,净资产收益率越高。（　　）

二、单项选择题

1. 权益乘数是（　　）。
   A. 1÷(1－产权比率) B. 1÷(1－资产负债率)
   C. 1－资产负债率   D. 1－净资产收益率
2. 某企业2002年年初与年末所有者权益分别为250万元和400万元,则资本保值增值率为（　　）。
   A. 62.5%   B. 160%
   C. 60%   D. 40%
3. （　　）指标不是评价企业短期偿债能力的指标。
   A. 流动比率 B. 速动比率
   C. 现金比率 D. 产权比率
4. （　　）是企业财务结构稳健与否的重要标志。
   A. 资产负债率 B. 产权比率

C. 现金比率　　　　　　　　　　D. 流动比率
5. 下列分析法中,属于财务综合分析方法的是(　　)。
   A. 因素分析法　　　　　　　　B. 比率分析法
   C. 趋势分析法　　　　　　　　D. 沃尔比重分析法
6. (　　)指标是一个综合性最强的财务比率,也是杜邦财务分析体系的核心。
   A. 销售利润率　　　　　　　　B. 资产周转率
   C. 权益乘数　　　　　　　　　D. 净资产收益率
7. 财务报表分析中最基本的方法是(　　)。
   A. 趋势分析法　　　　　　　　B. 因素分析法
   C. 比率分析法　　　　　　　　D. 比较分析法
8. 债权人在进行企业财务分析时,最为关注的是(　　)。
   A. 获利能力　　　　　　　　　B. 偿债能力
   C. 发展能力　　　　　　　　　D. 资产营运能力
9. (　　)报表使用者比较关心企业的每股收益。
   A. 经营者　　　　　　　　　　B. 投资者
   C. 债权人　　　　　　　　　　D. 社会公众
10. 下列指标中(　　)不能反映企业偿债能力的指标。
    A. 流动比率　　　　　　　　　B. 资产负债率
    C. 存货周转率　　　　　　　　D. 营运资金

三、多项选择题

1. 财务综合分析的方法有(　　)。
   A. 因素分析法　　　　　　　　B. 比率分析法
   C. 杜邦财务分析体系法　　　　D. 沃尔比重评分法
2. 财务分析的基本内容包括(　　)。
   A. 现金流量分析　　　　　　　B. 营运能力分析
   C. 盈利能力分析　　　　　　　D. 偿债能力分析
3. 衡量企业短期偿债能力的指标有(　　)。
   A. 资产负债率　　　　　　　　B. 流动比率
   C. 速动比率　　　　　　　　　D. 现金比率
4. 影响存货周转率的因素有(　　)。
   A. 销售收入　　　　　　　　　B. 销售成本
   C. 存货计价方法　　　　　　　D. 存货余额
5. 反映企业长期偿债能力的指标有(　　)。
   A. 产权比率　　　　　　　　　B. 资产负债率
   C. 总资产周转率　　　　　　　D. 利息保障倍数
6. 属于营运能力分析的指标有(　　)。
   A. 存货周转率　　　　　　　　B. 应收账款周转率
   C. 固定资产周转率　　　　　　D. 流动资产周转率
7. 企业盈利能力分析可以运用的指标有(　　)。

A. 资本保值增值率　　　　　　　　B. 成本费用利润率
C. 权益乘数　　　　　　　　　　　D. 总资产周转率

8. 以下各项中属于财务报表分析主体的有（　　）。
A. 债权人　　　　　　　　　　　　B. 经营者
C. 投资者　　　　　　　　　　　　D. 政府机构

9. 财务报表分析的基本方法有（　　）。
A. 比较分析法　　　　　　　　　　B. 比率分析法
C. 趋势分析法　　　　　　　　　　D. 因素分析法

10. 已获利息倍数的大小与下列（　　）因素有关。
A. 营业利润　　　　　　　　　　　B. 利润总额
C. 营业收入　　　　　　　　　　　D. 利息费用

四、计算分析题

1. 某公司年末资产负债表简略形式如表 9-5 所示。

表 9-5　资产负债表

资产	期末数(元)	负债及所有者权益	期末数(元)
货币资金	25 000	应付账款	C
应收账款	A	应交税费	25 000
存货	B	非流动负债	D
固定资产	294 000	实收资本	300 000
		未分配利润	E
资产总计	432 000	负债及所有者权益总计	432 000

已知：

(1) 期末流动比率＝1.5。

(2) 期末资产负债率＝50%。

(3) 本期存货周转次数＝4.5 次。

(4) 本期营业成本＝315 000 元。

(5) 期末存货＝期初存货。

要求：根据上述资料，计算资产负债表中空白项 A、B、C、D、E（在计算过程中要求写出计算公式和计算步骤）。

2. 已知：某公司材料消耗统计资料如表 9-6 所示。

表 9-6　某公司材料消耗统计

项目	计划数	实际数
产品产量(件)	280	300
单位产品消耗量(kg)	50	45
材料单价(元)	8	10
材料消耗总额(元)	112 000	135 000

要求：(1)采用因素分析法(两种方法任选一种)计算各因素变动对材料消耗总额的影响(写出计算过程)。

(2)简要分析评价各因素变动对材料消耗总额的影响。

3. 某公司的流动资产由速动资产和存货组成。2012年年末流动资产余额为300万元，流动比率为3，速动比率为1.2，非流动负债余额为200万元，全部债务现金流量比率为1.5。

要求：(1)计算该公司2012年年末流动负债余额。

(2)计算该公司2012年年末存货余额。

(3)计算该公司2012年经营活动产生的现金净流量。

4. 某公司2012年财务报表的有关资料如表9-7所示，该公司适用的所得税税率为25%。

表9-7　某公司2012年有关的财务资料　　　　　　　　　　（单位：万元）

项目	年末数	年初数
资产总额	8 000	7 650
所有者权益总额	3 000	2 800
营业收入	6 700	5 380
营业成本	5 500	4 660
管理费用	460	450
利息费用	310	280
经营活动产生的现金净流量	100	90

要求：(1)根据上述有关资料，计算该公司2012年的销售毛利和净利润。

(2)计算该公司2012年的营业利润率、成本费用利润率、总资产报酬率、净资产收益率和盈余现金保障倍数。

5. 某公司2012年度简化的资产负债表如表9-8所示。

表9-8　某公司2012年度简化的资产负债表

项目	金额(万元)	项目	金额(万元)
货币资金	50	应付账款	100
应收账款	A	非流动负债	E
存货	B	实收资本	100
固定资产	C	留存收益	100
资产合计	D	负债及所有者权益合计	D

已知其他有关财务指标如下：

(1)非流动负债与所有者权益之比=1.5。

(2)销售毛利率=10%。

(3)存货周转率(存货按年末数计算)=9次。

(4)应收账款周转天数=18天。

(5) 总资产周转率(总资产按年末数计算)＝2.5次。

要求:利用上述资料,计算资产负债表中空白项 A、B、C、D、E,并列示所填数据的计算过程。

6. 某企业 2012 年流动负债为 250 万元,流动资产为 500 万元,其中应收账款为 200 万元,应收票据为 60 万元,预付账款为 10 万元,存货为 100 万元。

要求:计算该企业 2012 年的流动比率和速动比率。

7. 已知某企业资产负债表如表 9-9 所示。

表 9-9　资产负债表　　　　　　　　　　　　　　　　　　(单位:元)

	金额		金额
流动资产合计	44 820	流动负债合计	11 730
非流动资产合计	12 242	长期负债合计	12 000
		所有者权益合计	41 359
资产合计	65 089	权益合计	65 089

要求:请结合上述简表对该企业的资产结构和资本结构进行总体分析。

8. 某公司 2011 年、2012 年的相关财务资料如表 9-10 所示。

表 9-10　某公司相关财务资料

项目	2011年(万元)	2012年(万元)
营业外收支净额	25	27
资产总额	1 100	1 300
利息支出净额	12	16

此外,营业成本为 630 万元,毛利率为 30%,假设全部为赊销,无销售退回折扣与折让,当年的所得税为 36 万元。

要求:计算 2012 年的营业净利率、营业利润率和总资产周转率。

9. 某公司 2012 年底的部分账面资料如表 9-11 所示。

表 9-11　某公司 2012 年底的部分账面资料

项目	2012年(元)
库存现金	3 600
银行存款	1 500 000
交易性金融资产	29 160
应收票据	60 000
应收账款	198 000
存货	450 000
固定资产	24 540 000

续表

项目	2012年(元)
短期借款	1 000 000
应付票据	90 000
应交税金	60 000
长期借款-基建借款	1 800 000

要求：(1) 计算该企业的营运资本。

(2) 计算该企业的流动比率。

(3) 计算该企业的速动比率。

(4) 计算该企业的现金比率。

(5) 将以上指标与标准值对照，简要说明其短期偿债能力的高低。

10. 某公司的有关资料如表9-12所示。

表9-12 某公司的有关资料　　　　　　　　　　　　（单位：万元）

项目	上年	本年
营业收入	29 312	31 420
总资产	36 592	36 876
流动资产合计	13 250	13 846

要求（计算结果保留两位小数）：

(1) 计算上年及本年的总资产周转率指标。

(2) 计算上年及本年的流动资产周转率指标。

(3) 计算上年及本年的流动资产的结构比率。

(4) 分析总资产周转率变化的原因。

附　表

附表1　复利终值系数表

期数	1%	2%	3%	4%	5%	6%	7%	8%	9%	10%
1	1.010 0	1.020 0	1.030 0	1.040 0	1.050 0	1.060 0	1.070 0	1.080 0	1.090 0	1.100 0
2	1.020 1	1.040 4	1.060 9	1.081 6	1.102 5	1.123 6	1.144 9	1.166 4	1.188 1	1.210 0
3	1.030 3	1.061 2	1.092 7	1.124 9	1.157 6	1.191 0	1.225 0	1.259 7	1.295 0	1.331 0
4	1.040 6	1.082 4	1.125 5	1.169 9	1.215 5	1.262 5	1.310 8	1.360 5	1.411 6	1.464 1
5	1.051 0	1.104 1	1.159 3	1.216 7	1.276 3	1.338 2	1.402 6	1.469 3	1.538 6	1.610 5
6	1.061 5	1.126 2	1.194 1	1.265 3	1.340 1	1.418 5	1.500 7	1.586 9	1.677 1	1.771 6
7	1.072 1	1.148 7	1.229 9	1.315 9	1.407 1	1.503 6	1.605 8	1.713 8	1.828 0	1.948 7
8	1.082 9	1.171 7	1.266 8	1.368 6	1.477 5	1.593 8	1.718 2	1.850 9	1.992 6	2.143 6
9	1.093 7	1.195 1	1.304 8	1.423 3	1.551 3	1.689 5	1.838 5	1.999 0	2.171 9	2.357 9
10	1.104 6	1.219 0	1.343 9	1.480 2	1.628 9	1.790 8	1.967 2	2.158 9	2.367 4	2.593 7
11	1.115 7	1.243 4	1.384 2	1.539 5	1.710 3	1.898 3	2.104 9	2.331 6	2.580 4	2.853 1
12	1.126 8	1.268 2	1.425 8	1.601 0	1.795 9	2.012 2	2.252 2	2.518 2	2.812 7	3.138 4
13	1.138 1	1.293 6	1.468 5	1.665 1	1.885 6	2.132 9	2.409 8	2.719 6	3.065 8	3.452 3
14	1.149 5	1.319 5	1.512 6	1.731 7	1.979 9	2.260 9	2.578 5	2.937 2	3.341 7	3.797 5
15	1.161 0	1.345 9	1.558 0	1.800 9	2.078 9	2.396 6	2.759 0	3.172 2	3.642 5	4.177 2
16	1.172 6	1.372 8	1.604 7	1.873 0	2.182 9	2.540 4	2.952 2	3.425 9	3.970 3	4.595 0
17	1.184 3	1.400 2	1.652 8	1.947 9	2.292 0	2.692 8	3.158 8	3.700 0	4.327 6	5.054 5
18	1.196 1	1.428 2	1.702 4	2.025 8	2.406 6	2.854 3	3.379 9	3.996 0	4.717 1	5.559 9
19	1.208 1	1.456 8	1.753 5	2.106 8	2.527 0	3.025 6	3.616 5	4.315 7	5.141 7	6.115 9
20	1.220 2	1.485 9	1.806 1	2.191 1	2.653 3	3.207 1	3.869 7	4.661 0	5.604 4	6.727 5
21	1.232 4	1.515 7	1.860 3	2.278 8	2.786 0	3.399 6	4.140 6	5.033 8	6.108 8	7.400 2
22	1.244 7	1.546 0	1.916 1	2.369 9	2.925 3	3.603 5	4.430 4	5.436 5	6.658 6	8.140 3
23	1.257 2	1.576 9	1.973 6	2.464 7	3.071 5	3.819 7	4.740 5	5.871 5	7.257 9	8.954 3
24	1.269 7	1.608 4	2.032 8	2.563 3	3.225 1	4.048 9	5.072 4	6.341 2	7.911 1	9.849 7
25	1.282 4	1.640 6	2.093 8	2.665 8	3.386 4	4.291 9	5.427 4	6.848 5	8.623 1	10.835
26	1.295 3	1.673 4	2.156 6	2.772 5	3.555 7	4.549 4	5.807 4	7.396 4	9.399 2	11.918
27	1.308 2	1.706 9	2.221 3	2.883 4	3.733 5	4.822 3	6.213 9	7.988 1	10.245	13.110
28	1.321 3	1.741 0	2.287 9	2.998 7	3.920 1	5.111 7	6.648 8	8.627 1	11.167	14.421
29	1.334 5	1.775 8	2.356 6	3.118 7	4.1161	5.418 4	7.114 3	9.317 3	12.172	15.863
30	1.347 8	1.811 4	2.427 3	3.243 4	4.321 9	5.743 5	7.612 3	10.063	13.268	17.449
40	1.488 9	2.208 0	3.262 0	4.801 0	7.040 0	10.286	14.975	21.725	31.409	45.259
50	1.644 6	2.691 6	4.383 9	7.106 7	11.467	18.420	29.457	46.902	74.358	117.39
60	1.816 7	3.281 0	5.891 6	10.520	18.679	32.988	57.946	101.26	176.03	304.48

续表

期数	12%	14%	15%	16%	18%	20%	24%	28%	32%	36%
1	1.1200	1.1400	1.1500	1.1600	1.1800	1.2000	1.2400	1.2800	1.3200	1.3600
2	1.2544	1.2996	1.3225	1.3456	1.3924	1.4400	1.5376	1.6384	1.7424	1.8496
3	1.4049	1.4815	1.5209	1.5609	1.6430	1.7280	1.9066	2.0972	2.3000	2.5155
4	1.5735	1.6890	1.7490	1.8106	1.9388	2.0736	2.3642	2.6844	3.0360	3.4210
5	1.7623	1.9254	2.0114	2.1003	2.2878	2.4883	2.9316	3.4360	4.0075	4.6526
6	1.9738	2.1950	2.3131	2.4364	2.6996	2.9860	3.6352	4.3980	5.2899	6.3275
7	2.2107	2.5023	2.6600	2.8262	3.1855	3.5832	4.5077	5.6295	6.9826	8.6054
8	2.4760	2.8526	3.0590	3.2784	3.7589	4.2998	5.5895	7.2058	9.2170	11.703
9	2.7731	3.2519	3.5179	3.8030	4.4355	5.1598	6.9310	9.2234	12.167	15.917
10	3.1058	3.7072	4.0456	4.4114	5.2338	6.1917	8.5944	11.806	16.060	21.647
11	3.4785	4.2262	4.6524	5.1173	6.1759	7.4301	10.657	15.112	21.199	29.439
12	3.8960	4.8179	5.3503	5.9360	7.2876	8.9161	13.215	19.343	27.983	40.038
13	4.3635	5.4924	6.1528	6.8858	8.5994	10.699	16.386	24.759	36.937	54.451
14	4.8871	6.2613	7.0757	7.9875	10.147	12.839	20.319	31.691	48.757	74.053
15	5.4736	7.1379	8.1371	9.2655	11.974	15.407	25.196	40.565	64.359	100.71
16	6.1304	8.1372	9.3576	10.748	14.129	18.488	31.243	51.923	84.954	136.97
17	6.8660	9.2765	10.761	12.468	16.672	22.186	38.741	66.461	112.14	186.28
18	7.6900	10.575	12.376	14.463	19.673	26.623	48.039	85.071	148.02	253.34
19	8.6128	12.056	14.232	16.777	23.214	31.948	59.568	108.89	195.39	344.54
20	9.6463	13.744	16.367	19.461	27.393	38.338	73.864	139.38	257.92	468.57
21	10.804	15.668	18.822	22.575	32.324	46.005	91.592	178.41	340.45	637.26
22	12.100	17.861	21.645	26.186	38.142	55.206	113.57	228.36	449.39	866.67
23	13.552	20.362	24.892	30.376	45.008	66.247	140.83	292.30	593.20	1178.7
24	15.179	23.212	28.625	35.236	53.109	79.497	174.63	374.14	783.02	1603.0
25	17.000	26.462	32.919	40.874	62.669	95.396	216.54	478.90	1033.6	2180.1
26	19.040	30.167	37.857	47.414	73.949	114.48	268.51	613.00	1364.5	2964.9
27	21.325	34.390	43.535	55.000	87.260	137.37	332.96	784.64	1800.9	4032.3
28	23.884	39.205	50.066	63.800	102.97	164.84	412.86	1004.3	2377.2	5483.9
29	26.750	44.693	57.576	74.009	121.50	197.81	511.95	1285.6	3137.9	7458.1
30	29.960	50.950	66.212	85.850	143.37	237.38	634.82	1645.5	4142.1	10143
40	93.051	188.88	267.86	378.72	750.38	1469.8	5455.9	19427	66521	*
50	289.00	700.23	1083.7	1670.7	3927.4	9100.4	46890	*	*	*
60	897.60	2595.9	4384.0	7370.2	20555	56348	*	*	*	*

注:*>99 999。

计算公式:复利终值系数=$(1+i)^n$,$S=P(1+i)^n$,其中 P 为现值或初始值;i 为报酬率或利率;n 为计息期数;S 为终值或本利和。

附表 2　复利现值系数表

期数	1%	2%	3%	4%	5%	6%	7%	8%	9%	10%
1	0.990 1	0.980 4	0.970 9	0.961 5	0.952 4	0.943 4	0.934 6	0.925 9	0.917 4	0.909 1
2	0.980 3	0.961 2	0.942 6	0.924 6	0.907 0	0.890 0	0.873 4	0.857 3	0.841 7	0.826 4
3	0.970 6	0.942 3	0.915 1	0.889 0	0.863 8	0.839 6	0.816 3	0.793 8	0.772 2	0.751 3
4	0.961 0	0.923 8	0.888 5	0.854 8	0.822 7	0.792 1	0.762 9	0.735 0	0.708 4	0.683 0
5	0.951 5	0.905 7	0.862 6	0.821 9	0.783 5	0.747 3	0.713 0	0.680 6	0.649 9	0.620 9
6	0.942 0	0.888 0	0.837 5	0.790 3	0.746 2	0.705 0	0.666 3	0.630 2	0.596 3	0.564 5
7	0.932 7	0.870 6	0.813 1	0.759 9	0.710 7	0.665 1	0.622 7	0.583 5	0.547 0	0.513 2
8	0.923 5	0.853 5	0.789 4	0.730 7	0.676 8	0.627 4	0.582 0	0.540 3	0.501 9	0.466 5
9	0.914 3	0.836 8	0.766 4	0.702 6	0.644 6	0.591 9	0.543 9	0.500 2	0.460 4	0.424 1
10	0.905 3	0.820 3	0.744 1	0.675 6	0.613 9	0.558 4	0.508 3	0.463 2	0.422 4	0.385 5
11	0.896 3	0.804 3	0.722 4	0.649 6	0.584 7	0.526 8	0.475 1	0.428 9	0.387 5	0.350 5
12	0.887 4	0.788 5	0.701 4	0.624 6	0.556 8	0.497 0	0.444 0	0.397 1	0.355 5	0.318 6
13	0.878 7	0.773 0	0.681 0	0.600 6	0.530 3	0.468 8	0.415 0	0.367 7	0.326 2	0.289 7
14	0.870 0	0.757 9	0.661 1	0.577 5	0.505 1	0.442 3	0.387 8	0.340 5	0.299 2	0.263 3
15	0.861 3	0.743 0	0.641 9	0.555 3	0.481 0	0.417 3	0.362 4	0.315 2	0.274 5	0.239 4
16	0.852 8	0.728 4	0.623 2	0.533 9	0.458 1	0.393 6	0.338 7	0.291 9	0.251 9	0.217 6
17	0.844 4	0.714 2	0.605 0	0.513 4	0.436 3	0.371 4	0.316 6	0.270 3	0.231 1	0.197 8
18	0.836 0	0.700 2	0.587 4	0.493 6	0.415 5	0.350 3	0.295 9	0.250 2	0.212 0	0.179 9
19	0.827 7	0.686 4	0.570 3	0.474 6	0.395 7	0.330 5	0.276 5	0.231 7	0.194 5	0.163 5
20	0.819 5	0.673 0	0.553 7	0.456 4	0.376 9	0.311 8	0.258 4	0.214 5	0.178 4	0.148 6
21	0.811 4	0.659 8	0.537 5	0.438 8	0.358 9	0.294 2	0.241 5	0.198 7	0.163 7	0.135 1
22	0.803 4	0.646 8	0.521 9	0.422 0	0.341 8	0.277 5	0.225 7	0.183 9	0.150 2	0.122 8
23	0.795 4	0.634 2	0.506 7	0.405 7	0.325 6	0.261 8	0.210 9	0.170 3	0.137 8	0.111 7
24	0.787 6	0.621 7	0.491 9	0.390 1	0.310 1	0.247 0	0.197 1	0.157 7	0.126 4	0.101 5
25	0.779 8	0.609 5	0.477 6	0.375 1	0.295 3	0.233 0	0.184 2	0.146 0	0.116 0	0.092 3
26	0.772 0	0.597 6	0.463 7	0.360 7	0.281 2	0.219 8	0.172 2	0.135 2	0.106 4	0.083 9
27	0.764 4	0.585 9	0.450 2	0.346 8	0.267 8	0.207 4	0.160 9	0.125 2	0.097 6	0.076 3
28	0.756 8	0.574 4	0.437 1	0.333 5	0.255 1	0.195 6	0.150 4	0.115 9	0.089 5	0.069 3
29	0.749 3	0.563 1	0.424 3	0.320 7	0.242 9	0.184 6	0.140 6	0.107 3	0.082 2	0.063 0
30	0.741 9	0.552 1	0.412 0	0.308 3	0.231 4	0.174 1	0.131 4	0.099 4	0.075 4	0.057 3
35	0.705 9	0.500 0	0.355 4	0.253 4	0.181 3	0.130 1	0.093 7	0.067 6	0.049 0	0.035 6
40	0.671 7	0.452 9	0.306 6	0.208 3	0.142 0	0.097 2	0.066 8	0.046 0	0.031 8	0.022 1
45	0.639 1	0.410 2	0.264 4	0.171 2	0.111 3	0.072 7	0.047 6	0.031 3	0.020 7	0.013 7
50	0.608 0	0.371 5	0.228 1	0.140 7	0.087 2	0.054 3	0.033 9	0.021 3	0.013 4	0.008 5
55	0.578 5	0.336 5	0.196 8	0.115 7	0.068 3	0.040 6	0.024 2	0.014 5	0.008 7	0.005 3

续表

期数	12%	14%	15%	16%	18%	20%	24%	28%	32%	36%
1	0.8929	0.8772	0.8696	0.8621	0.8475	0.8333	0.8065	0.7813	0.7576	0.7353
2	0.7972	0.7695	0.7561	0.7432	0.7182	0.6944	0.6504	0.6104	0.5739	0.5407
3	0.7118	0.6750	0.6575	0.6407	0.6086	0.5787	0.5245	0.4768	0.4348	0.3975
4	0.6355	0.5921	0.5718	0.5523	0.5158	0.4823	0.4230	0.3725	0.3294	0.2923
5	0.5674	0.5194	0.4972	0.4761	0.4371	0.4019	0.3411	0.2910	0.2495	0.2149
6	0.5066	0.4556	0.4323	0.4104	0.3704	0.3349	0.2751	0.2274	0.1890	0.1580
7	0.4523	0.3996	0.3759	0.3538	0.3139	0.2791	0.2218	0.1776	0.1432	0.1162
8	0.4039	0.3506	0.3269	0.3050	0.2660	0.2326	0.1789	0.1388	0.1085	0.0854
9	0.3606	0.3075	0.2843	0.2630	0.2255	0.1938	0.1443	0.1084	0.0822	0.0628
10	0.3220	0.2697	0.2472	0.2267	0.1911	0.1615	0.1164	0.0847	0.0623	0.0462
11	0.2875	0.2366	0.2149	0.1954	0.1619	0.1346	0.0938	0.0662	0.0472	0.0340
12	0.2567	0.2076	0.1869	0.1685	0.1372	0.1122	0.0757	0.0517	0.0357	0.0250
13	0.2292	0.1821	0.1625	0.1452	0.1163	0.0935	0.0610	0.0404	0.0271	0.0184
14	0.2046	0.1597	0.1413	0.1252	0.0985	0.0779	0.0492	0.0316	0.0205	0.0135
15	0.1827	0.1401	0.1229	0.1079	0.0835	0.0649	0.0397	0.0247	0.0155	0.0099
16	0.1631	0.1229	0.1069	0.0930	0.0708	0.0541	0.0320	0.0193	0.0118	0.0073
17	0.1456	0.1078	0.0929	0.0802	0.0600	0.0451	0.0258	0.0150	0.0089	0.0054
18	0.1300	0.0946	0.0808	0.0691	0.0508	0.0376	0.0208	0.0118	0.0068	0.0039
19	0.1161	0.0829	0.0703	0.0596	0.0431	0.0313	0.0168	0.0092	0.0051	0.0029
20	0.1037	0.0728	0.0611	0.0514	0.0365	0.0261	0.0135	0.0072	0.0039	0.0021
21	0.0926	0.0638	0.0531	0.0443	0.0309	0.0217	0.0109	0.0056	0.0029	0.0016
22	0.0826	0.0560	0.0462	0.0382	0.0262	0.0181	0.0088	0.0044	0.0022	0.0012
23	0.0738	0.0491	0.0402	0.0329	0.0222	0.0151	0.0071	0.0034	0.0017	0.0008
24	0.0659	0.0431	0.0349	0.0284	0.0188	0.0126	0.0057	0.0027	0.0013	0.0006
25	0.0588	0.0378	0.0304	0.0245	0.0160	0.0105	0.0046	0.0021	0.0010	0.0005
26	0.0525	0.0331	0.0264	0.0211	0.0135	0.0087	0.0037	0.0016	0.0007	0.0003
27	0.0469	0.0291	0.0230	0.0182	0.0115	0.0073	0.0030	0.0013	0.0006	0.0002
28	0.0419	0.0255	0.0200	0.0157	0.0097	0.0061	0.0024	0.0010	0.0004	0.0002
29	0.0374	0.0224	0.0174	0.0135	0.0082	0.0051	0.0020	0.0008	0.0003	0.0001
30	0.0334	0.0196	0.0151	0.0116	0.0070	0.0042	0.0016	0.0006	0.0002	0.0001
35	0.0189	0.0102	0.0075	0.0055	0.0030	0.0017	0.0005	0.0002	0.0001	*
40	0.0107	0.0053	0.0037	0.0026	0.0013	0.0007	0.0002	0.0001	*	*
45	0.0061	0.0027	0.0019	0.0013	0.0006	0.0003	0.0001	*	*	*
50	0.0035	0.0014	0.0009	0.0006	0.0003	0.0001	*	*	*	*
55	0.0020	0.0007	0.0005	0.0003	0.0001	*	*	*	*	*

注：*＜0.0001。

计算公式：复利现值系数＝$(1+i)^{-n}$，$P=\dfrac{S}{(1+i)^n}=S(1+i)^{-n}$，其中 P 为现值或初始值；i 为报酬率或利率；n 为计息期数；S 为终值或本利和。

附表3 年金终值系数表

期数	1%	2%	3%	4%	5%	6%	7%	8%	9%	10%
1	1.000 0	1.000 0	1.000 0	1.000 0	1.000 0	1.000 0	1.000 0	1.000 0	1.000 0	1.000 0
2	2.010 0	2.020 0	2.030 0	2.040 0	2.050 0	2.060 0	2.070 0	2.080 0	2.090 0	2.100 0
3	3.030 1	3.060 4	3.090 9	3.121 6	3.152 5	3.183 6	3.214 9	3.246 4	3.278 1	3.310 0
4	4.060 4	4.121 6	4.183 6	4.246 5	4.310 1	4.374 6	4.439 9	4.506 1	4.573 1	4.641 0
5	5.101 0	5.204 0	5.309 1	5.416 3	5.525 6	5.637 1	5.750 7	5.866 6	5.984 7	6.105 1
6	6.152 0	6.308 1	6.468 4	6.633 0	6.801 9	6.975 3	7.153 3	7.335 9	7.523 3	7.715 6
7	7.213 5	7.434 3	7.662 5	7.898 3	8.142 0	8.393 8	8.654 0	8.922 8	9.200 4	9.487 2
8	8.285 7	8.583 0	8.892 3	9.214 2	9.549 1	9.897 5	10.260	10.637	11.029	11.436
9	9.368 5	9.754 6	10.159	10.583	11.027	11.491	11.978	12.488	13.021	13.580
10	10.462	10.950	11.464	12.006	12.578	13.181	13.816	14.487	15.193	15.937
11	11.567	12.169	12.808	13.486	14.207	14.972	15.784	16.646	17.560	18.531
12	12.683	13.412	14.192	15.026	15.917	16.870	17.889	18.977	20.141	21.384
13	13.809	14.680	15.618	16.627	17.713	18.882	20.141	21.495	22.953	24.523
14	14.947	15.974	17.086	18.292	19.599	21.015	22.551	24.215	26.019	27.975
15	16.097	17.293	18.599	20.024	21.579	23.276	25.129	27.152	29.361	31.773
16	17.258	18.639	20.157	21.825	23.658	25.673	27.888	30.324	33.003	35.950
17	18.430	20.012	21.762	23.698	25.840	28.213	30.840	33.750	36.974	40.545
18	19.615	21.412	23.414	25.645	28.132	30.906	33.999	37.450	41.301	45.599
19	20.811	22.841	25.117	27.671	30.539	33.760	37.379	41.446	46.019	51.159
20	22.019	24.297	26.870	29.778	33.066	36.786	40.996	45.762	51.160	57.275
21	23.239	25.783	28.677	31.969	35.719	39.993	44.865	50.423	56.765	64.003
22	24.472	27.299	30.537	34.248	38.505	43.392	49.006	55.457	62.873	71.403
23	25.716	28.845	32.453	36.618	41.431	46.996	53.436	60.893	69.532	79.543
24	26.974	30.422	34.427	39.083	44.502	50.816	58.177	66.765	76.790	88.497
25	28.243	32.030	36.459	41.646	47.727	54.865	63.249	73.106	84.701	98.347
26	29.526	33.671	38.553	44.312	51.114	59.156	68.677	79.954	93.324	109.18
27	30.821	35.344	40.710	47.084	54.669	63.706	74.484	87.351	102.72	121.10
28	32.129	37.051	42.931	49.968	58.403	68.528	80.698	95.339	112.97	134.21
29	33.450	38.792	45.219	52.966	62.323	73.640	87.347	103.97	124.14	148.63
30	34.785	40.568	47.575	56.085	66.439	79.058	94.461	113.28	136.31	164.49
40	48.886	60.402	75.401	95.026	120.80	154.76	199.64	259.06	337.88	442.59
50	64.463	84.579	112.80	152.67	209.35	290.34	406.53	573.77	815.08	1 163.9
60	81.670	114.05	163.05	237.99	353.58	533.13	813.52	1 253.2	1 944.8	3 034.8

续表

期数	12%	14%	15%	16%	18%	20%	24%	28%	32%	36%
1	1.0000	1.0000	1.0000	1.0000	1.0000	1.0000	1.0000	1.0000	1.0000	1.0000
2	2.1200	2.1400	2.1500	2.1600	2.1800	2.2000	2.2400	2.2800	2.3200	2.3600
3	3.3744	3.4396	3.4725	3.5056	3.5724	3.6400	3.7776	3.9184	4.0624	4.2096
4	4.7793	4.9211	4.9934	5.0665	5.2154	5.3680	5.6842	6.0156	6.3624	6.7251
5	6.3528	6.6101	6.7424	6.8771	7.1542	7.4416	8.0484	8.6999	9.3983	10.146
6	8.1152	8.5355	8.7537	8.9775	9.4420	9.9299	10.980	12.136	13.406	14.799
7	10.089	10.731	11.067	11.414	12.142	12.916	14.615	16.534	18.696	21.126
8	12.300	13.233	13.727	14.240	15.327	16.499	19.123	22.163	25.678	29.732
9	14.776	16.085	16.786	17.519	19.086	20.799	24.713	29.369	34.895	41.435
10	17.549	19.337	20.304	21.322	23.521	25.959	31.643	38.593	47.062	57.352
11	20.655	23.045	24.349	25.733	28.755	32.150	40.238	50.399	63.122	78.998
12	24.133	27.271	29.002	30.850	34.931	39.581	50.895	65.510	84.320	108.44
13	28.029	32.089	34.352	36.786	42.219	48.497	64.110	84.853	112.30	148.48
14	32.393	37.581	40.505	43.672	50.818	59.196	80.496	109.61	149.24	202.93
15	37.280	43.842	47.580	51.660	60.965	72.035	100.82	141.30	198.00	276.98
16	42.753	50.980	55.718	60.925	72.939	87.442	126.01	181.87	262.36	377.69
17	48.884	59.118	65.075	71.673	87.068	105.93	157.25	233.79	347.31	514.66
18	55.750	68.394	75.836	84.141	103.74	128.12	195.99	300.25	459.45	700.94
19	63.440	78.969	88.212	98.603	123.41	154.74	244.03	385.32	607.47	954.28
20	72.052	91.025	102.44	115.38	146.63	186.69	303.60	494.21	802.86	1 298.8
21	81.699	104.77	118.81	134.84	174.02	225.03	377.46	633.59	1 060.8	1 767.4
22	92.503	120.44	137.63	157.42	206.34	271.03	469.06	812.00	1401.2	2 404.7
23	104.60	138.30	159.28	183.60	244.49	326.24	582.63	1 040.4	1 850.6	3 271.3
24	118.16	158.66	184.17	213.98	289.49	392.48	723.46	1 332.7	2 443.8	4 450.0
25	133.33	181.87	212.79	249.21	342.60	471.98	898.09	1 706.8	3 226.8	6 053.0
26	150.33	208.33	245.71	290.09	405.27	567.38	1 114.6	2 185.7	4 260.4	8 233.1
27	169.37	238.50	283.57	337.50	479.22	681.85	1 383.1	2 798.7	5 624.8	11 198
28	190.70	272.89	327.10	392.50	566.48	819.22	1 716.1	3 583.3	7 425.7	15 230
29	214.58	312.09	377.17	456.30	669.45	984.07	2 129.0	4 587.7	9 802.9	20 714
30	241.33	356.79	434.75	530.31	790.95	1 181.9	2 640.9	5 873.2	12 941	28 172
40	767.09	1 342.0	1 779.1	2 360.8	4 163.2	7 343.9	22 729	69 377	207 874	609 890
50	2 400.0	4 994.5	7 217.7	10 436	21 813	45 497	195 373	819 103	*	*
60	7 471.6	18 535	29 220	46 058	114 190	281 733	*	*	*	*

注：*＞999 999.99。

计算公式：年金终值系数 $=\dfrac{(1+i)^n-1}{i}$，$S=A\dfrac{(1+i)^n-1}{i}$，其中 A 为每期等额支付（或收入）的金额；i 为报酬率或利率；n 为计息期数；S 为年金终值或本利和。

附表 4　年金现值系数表

期数	1%	2%	3%	4%	5%	6%	7%	8%	9%	10%
1	0.9901	0.9804	0.9709	0.9615	0.9524	0.9434	0.9346	0.9259	0.9174	0.9091
2	1.9704	1.9416	1.9135	1.8861	1.8594	1.8334	1.8080	1.7833	1.7591	1.7355
3	2.9410	2.8839	2.8286	2.7751	2.7232	2.6730	2.6243	2.5771	2.5313	2.4869
4	3.9020	3.8077	3.7171	3.6299	3.5460	3.4651	3.3872	3.3121	3.2397	3.1699
5	4.8534	4.7135	4.5797	4.4518	4.3295	4.2124	4.1002	3.9927	3.8897	3.7908
6	5.7955	5.6014	5.4172	5.2421	5.0757	4.9173	4.7665	4.6229	4.4859	4.3553
7	6.7282	6.4720	6.2303	6.0021	5.7864	5.5824	5.3893	5.2064	5.0330	4.8684
8	7.6517	7.3255	7.0197	6.7327	6.4632	6.2098	5.9713	5.7466	5.5348	5.3349
9	8.5660	8.1622	7.7861	7.4353	7.1078	6.8017	6.5152	6.2469	5.9952	5.7590
10	9.4713	8.9826	8.5302	8.1109	7.7217	7.3601	7.0236	6.7101	6.4177	6.1446
11	10.3676	9.7868	9.2526	8.7605	8.3064	7.8869	7.4987	7.1390	6.8052	6.4951
12	11.2551	10.5753	9.9540	9.3851	8.8633	8.3838	7.9427	7.5361	7.1607	6.8137
13	12.1337	11.3484	10.6350	9.9856	9.3936	8.8527	8.3577	7.9038	7.4869	7.1034
14	13.0037	12.1062	11.2961	10.5631	9.8986	9.2950	8.7455	8.2442	7.7862	7.3667
15	13.8651	12.8493	11.9379	11.1184	10.3797	9.7122	9.1079	8.5595	8.0607	7.6061
16	14.7179	13.5777	12.5611	11.6523	10.8378	10.1059	9.4466	8.8514	8.3126	7.8237
17	15.5623	14.2919	13.1661	12.1657	11.2741	10.4773	9.7632	9.1216	8.5436	8.0216
18	16.3983	14.9920	13.7535	12.6593	11.6896	10.8276	10.0591	9.3719	8.7556	8.2014
19	17.2260	15.6785	14.3238	13.1339	12.0853	11.1581	10.3356	9.6036	8.9501	8.3649
20	18.0456	16.3514	14.8775	13.5903	12.4622	11.4699	10.5940	9.8181	9.1285	8.5136
21	18.8570	17.0112	15.4150	14.0292	12.8212	11.7641	10.8355	10.0168	9.2922	8.6487
22	19.6604	17.6580	15.9369	14.4511	13.1630	12.0416	11.0612	10.2007	9.4424	8.7715
23	20.4558	18.2922	16.4436	14.8568	13.4886	12.3034	11.2722	10.3711	9.5802	8.8833
24	21.2434	18.9139	16.9355	15.2470	13.7986	12.5504	11.4693	10.5288	9.7066	8.9847
25	22.0232	19.5235	17.4131	15.6221	14.0939	12.7834	11.6536	10.6748	9.8226	9.0770
26	22.7952	20.1210	17.8768	15.9828	14.3752	13.0032	11.8258	10.8100	9.9290	9.1609
27	23.5596	20.7069	18.3270	16.3296	14.6430	13.2105	11.9867	10.9352	10.0266	9.2372
28	24.3164	21.2813	18.7641	16.6631	14.8981	13.4062	12.1371	11.0511	10.1161	9.3066
29	25.0658	21.8444	19.1885	16.9837	15.1411	13.5907	12.2777	11.1584	10.1983	9.3696
30	25.8077	22.3965	19.6004	17.2920	15.3725	13.7648	12.4090	11.2578	10.2737	9.4269
35	29.4086	24.9986	21.4872	18.6646	16.3742	14.4982	12.9477	11.6546	10.5668	9.6442
40	32.8347	27.3555	23.1148	19.7928	17.1591	15.0463	13.3317	11.9246	10.7574	9.7791
45	36.0945	29.4902	24.5187	20.7200	17.7741	15.4558	13.6055	12.1084	10.8812	9.8628
50	39.1961	31.4236	25.7298	21.4822	18.2559	15.7619	13.8007	12.2335	10.9617	9.9148
55	42.1472	33.1748	26.7744	22.1086	18.6335	15.9905	13.9399	12.3186	11.0140	9.9471

续表

期数	12%	14%	15%	16%	18%	20%	24%	28%	32%	36%
1	0.8929	0.8772	0.8696	0.8621	0.8475	0.8333	0.8065	0.7813	0.7576	0.7353
2	1.6901	1.6467	1.6257	1.6052	1.5656	1.5278	1.4568	1.3916	1.3315	1.2760
3	2.4018	2.3216	2.2832	2.2459	2.1743	2.1065	1.9813	1.8684	1.7663	1.6735
4	3.0373	2.9137	2.8550	2.7982	2.6901	2.5887	2.4043	2.2410	2.0957	1.9658
5	3.6048	3.4331	3.3522	3.2743	3.1272	2.9906	2.7454	2.5320	2.3452	2.1807
6	4.1114	3.8887	3.7845	3.6847	3.4976	3.3255	3.0205	2.7594	2.5342	2.3388
7	4.5638	4.2883	4.1604	4.0386	3.8115	3.6046	3.2423	2.9370	2.6775	2.4550
8	4.9676	4.6389	4.4873	4.3436	4.0776	3.8372	3.4212	3.0758	2.7860	2.5404
9	5.3282	4.9464	4.7716	4.6065	4.3030	4.0310	3.5655	3.1842	2.8681	2.6033
10	5.6502	5.2161	5.0188	4.8332	4.4941	4.1925	3.6819	3.2689	2.9304	2.6495
11	5.9377	5.4527	5.2337	5.0286	4.6560	4.3271	3.7757	3.3351	2.9776	2.6834
12	6.1944	5.6603	5.4206	5.1971	4.7932	4.4392	3.8514	3.3868	3.0133	2.7084
13	6.4235	5.8424	5.5831	5.3423	4.9095	4.5327	3.9124	3.4272	3.0404	2.7268
14	6.6282	6.0021	5.7245	5.4675	5.0081	4.6106	3.9616	3.4587	3.0609	2.7403
15	6.8109	6.1422	5.8474	5.5755	5.0916	4.6755	4.0013	3.4834	3.0764	2.7502
16	6.9740	6.2651	5.9542	5.6685	5.1624	4.7296	4.0333	3.5026	3.0882	2.7575
17	7.1196	6.3729	6.0472	5.7487	5.2223	4.7746	4.0591	3.5177	3.0971	2.7629
18	7.2497	6.4674	6.1280	5.8178	5.2732	4.8122	4.0799	3.5294	3.1039	2.7668
19	7.3658	6.5504	6.1982	5.8775	5.3162	4.8435	4.0967	3.5386	3.1090	2.7697
20	7.4694	6.6231	6.2593	5.9288	5.3527	4.8696	4.1103	3.5458	3.1129	2.7718
21	7.5620	6.6870	6.3125	5.9731	5.3837	4.8913	4.1212	3.5514	3.1158	2.7734
22	7.6446	6.7429	6.3587	6.0113	5.4099	4.9094	4.1300	3.5558	3.1180	2.7746
23	7.7184	6.7921	6.3988	6.0442	5.4321	4.9245	4.1371	3.5592	3.1197	2.7754
24	7.7843	6.8351	6.4338	6.0726	5.4509	4.9371	4.1428	3.5619	3.1210	2.7760
25	7.8431	6.8729	6.4641	6.0971	5.4669	4.9476	4.1474	3.5640	3.1220	2.7765
26	7.8957	6.9061	6.4906	6.1182	5.4804	4.9563	4.1511	3.5656	3.1227	2.7768
27	7.9426	6.9352	6.5135	6.1364	5.4919	4.9636	4.1542	3.5669	3.1233	2.7771
28	7.9844	6.9607	6.5335	6.1520	5.5016	4.9697	4.1566	3.5679	3.1237	2.7773
29	8.0218	6.9830	6.5509	6.1656	5.5098	4.9747	4.1585	3.5687	3.1240	2.7774
30	8.0552	7.0027	6.5660	6.1772	5.5168	4.9789	4.1601	3.5693	3.1242	2.7775
35	8.1755	7.0700	6.6166	6.2153	5.5386	4.9915	4.1644	3.5708	3.1248	2.7777
40	8.2438	7.1050	6.6418	6.2335	5.5482	4.9966	4.1659	3.5712	3.1250	2.7778
45	8.2825	7.1232	6.6543	6.2421	5.5523	4.9986	4.1664	3.5714	3.1250	2.7778
50	8.3045	7.1327	6.6605	6.2463	5.5541	4.9995	4.1666	3.5714	3.1250	2.7778
55	8.3170	7.1376	6.6636	6.2482	5.5549	4.9998	4.1666	3.5714	3.1250	2.7778

计算公式：年金现值系数 $=\dfrac{1-(1+i)^{-n}}{i}$，$P=A\dfrac{1-(1+i)^{-n}}{i}$，其中 A 为每期等额支付（或收入）的金额；i 为报酬率或利率；n 为计息期数；P 为年金现值或本利和。

参 考 文 献

[1] 财政部会计资格评价中心.财务管理[M].北京:中国财政经济出版社,2011.
[2] 马元兴.企业财务管理[M].北京:高等教育出版社,2011.
[3] 上海立信会计学院.财务管理[M].2版.北京:电子工业出版社,2007.
[4] 边建文,郝德鸿,王海燕.财务管理教程[M].北京:首都经济贸易大学出版社,2010.
[5] 何爱赟,银加峰.财务管理项目化教程[M].北京:西苑出版社,2010.
[6] 波恩斯,莫里斯.企业财务管理漫画读本[M].史建华,杨贵山,译.北京:华夏出版社,2004.
[7] 孔德兰.财务管理实务[M].北京:高等教育出版社,2008.
[8] 张玉英.财务管理[M].北京:高等教育出版社,2008.
[9] 张梅.财务管理[M].北京:北京理工大学出版社,2010.
[10] 王红姝,王希旗.财务管理实训与案例[M].北京:科学出版社,2008.
[11] 陈玉菁.财务快车道[M].大连:东北财经大学出版社,2011.
[12] 李代广.财务主管必备全书[M].呼和浩特:远方出版社,2008.
[13] 钟文庆.财务是个真实的谎言[M].北京:机械工业出版社,2009.
[14] 史永翔.向财务要利润[M].北京:机械工业出版社,2010.
[15] 宋娟.财务报表从分析到精通[M].北京:机械工业出版社,2010.
[16] 林万龙.投资项目财务分析实务[M].北京:中国农业出版社,2011.
[17] 李姣姣.财务管理与分析[M].北京:机械工业出版社,2011.